KB166025

더 나은 ——

웹
개발을
위한

—— 가이드

더 나은 웹 개발을 위한 가이드

프런트엔드 웹 개발 라이프 사이클의 이해부터 효율적인 웹사이트 구축까지

초판 1쇄 발행 2023년 6월 9일

지은이 고승원 / **펴낸이** 김태헌
펴낸곳 한빛미디어(주) / **주소** 서울시 서대문구 연희로2길 62 한빛미디어(주) IT출판2부
전화 02-325-5544 / **팩스** 02-336-7124
등록 1999년 6월 24일 제 25100-2017-000058호 / **ISBN** 979-11-6921-114-7 93000

총괄 송경석 / **책임편집** 홍성신 / **기획** 김민경 / **편집** 김수민
디자인 표지 최연희 내지 박정화 / **전산편집** 다인
영업 김형진, 장경환, 조유미 / **마케팅** 박상용, 한종진, 이행은, 김선아, 고광일, 성화정 / **제작** 박성우, 김정우

이 책에 대한 의견이나 오탈자 및 잘못된 내용에 대한 수정 정보는 한빛미디어(주)의 홈페이지나 아래 이메일로
알려주십시오. 잘못된 책은 구입하신 서점에서 교환해드립니다. 책값은 뒤표지에 표시되어 있습니다.

한빛미디어 홈페이지 www.hanbit.co.kr / **이메일** ask@hanbit.co.kr

Published by Hanbit Media, Inc. Printed in Korea
Copyright © 2023 고승원 & Hanbit Media, Inc.
이 책의 저작권은 고승원과 한빛미디어(주)에 있습니다.
저작권법에 의해 보호를 받는 저작물이므로 무단 복제 및 무단 전재를 금합니다.

지금 하지 않으면 할 수 없는 일이 있습니다.
책으로 펴내고 싶은 아이디어나 원고를 메일(writer@hanbit.co.kr)로 보내주세요.
한빛미디어(주)는 여러분의 소중한 경험과 지식을 기다리고 있습니다.

더 나은 ——— 웹 개발을 위한 ——— 가이드

프런트엔드 웹 개발
라이프 사이클의 이해부터
효율적인 웹사이트 구축까지

고승원 지음

한빛미디어
Hanbit Media, Inc.

베타리더의 말

이 책은 웹 개발 실무에 쓰이는 비장의 도구를 전수해줍니다. 허술했던 기초를 처음부터 다시 쌓는 기분이었습니다. 특히 웹 접근성을 설명하는 부분에서 많은 도움을 얻었는데, 웹 접근성의 필요성은 알고 있었지만 어떻게 실현해야 할지 막막했던 부분이 말끔하게 해소되었습니다. 개발 공부를 시작했을 때나 기술 면접을 보기 전에 이 책을 만났다면 얼마나 좋았을까 싶습니다.

권령빈, 신입 프런트엔드 개발자

이 책은 프런트엔드 웹 개발을 아우르는 종합선물세트입니다. 기획, 디자인, 개발 어느 한쪽으로 치우침 없이 다루려는 저자의 노력이 돋보이고 독자의 니즈까지 하나하나 꼼꼼하게 짚어나갑니다. 또한 '더 나은 웹페이지 만들기'라는 특명을 완주하고자 하는 단호함이 곳곳에 나타납니다. 웹을 잘 알고 있다고 생각했던 독자라도 책에서 안내하는 실무 테크닉과 저자의 풍부한 경험이 절대 가볍지 않다고 느낄 것입니다. 이제 막 웹 개발을 시작하는 독자에게는 벅찰 수 있지만, 더 나은 웹 개발자가 되기 위한 초석을 다지고 싶다면 이 책으로 웹 개발 시 치열하게 고민하는 방법을 배우길 바랍니다.

복종순, 메가존클라우드 데브옵스 엔지니어

프런트엔드 개발 기본 지식은 있지만 더 깊이 있는 개발자가 되고 싶은 분에게 이 책을 추천합니다. HTML, CSS, 자바스크립트 영역별로 '더' 알면 좋은 깊이 있는 내용이 담겨 있습니다. 또한 신규 개발을 위한 정보 수집부터 운영까지의 웹 개발 라이프 사이클을 설명하는 2장은 개발자가 전체적인 프로젝트 진행 흐름과 다른 파트의 업무를 이해하고, 이를 활용하여 효율적으로 협업하는 데 많은 도움이 됩니다.

원종필, 프런트엔드 개발자

처음 개발을 할 때는 프로그래밍 언어 문법과 기능 구현에만 초점을 맞춥니다. 이 경우 내가 하는 일과 관련된 좁은 범위만 학습하게 되고, 이는 전반적인 흐름에 대한 이해 부족으로 이어져 결국 협업 시에 의사소통 문제를 만듭니다. 이 책은 프런트엔드 관점에서 전반적인 웹 개발 라이프 사이클을 다루면서 이런 문제를 해결하는 방법을 제시합니다. 또한 HTML, CSS, 자바스크립트, 타입스크립트를 활용한 더 나은 웹 개발 방법과 다양한 기기를 고려하는 방법을 안내합니다. 그리고 Copilot이나 챗GPT 같은 서비스를 어떻게 활용하는지, 인공지능 시대에 개발자에게 필요한 역량은 무엇인지를 안내하며, 제목 그대로 '더 나은 웹 개발'을 하고 '더 나은 개발자'가 되기 위해 필요한 내용이 담겨 있습니다. 웹 개발 라이프 사이클에 대한 깊은 학습을 원하는 분들께 추천합니다.

유승완, 스타트업 프런트엔드 개발자

이 책은 전공 공부나 선배들의 조언만으로는 얻을 수 없는 내용을 담고 있습니다. 직접 부딪히며 경험해야 알 수 있는 실무 지식과 실사용자를 위한 고려사항까지 웹 개발에 대한 모든 것을 다룹니다. 이 책을 읽고 중구난방으로 흩어져 있던 지식이 차곡차곡 정리되었습니다. 주니어 개발자에게 이 책을 추천합니다.

이경진, 웹 개발자

자바스크립트를 더욱 잘 다루고 싶은 개발자를 위한 책입니다. 이제 막 자바스크립트에 입문한 분이라면 이 책을 통해 자바스크립트를 더욱 깊이 이해할 수 있을 것이고, 이미 익숙한 분이라면 더 나은 웹 개발을 위해 고려해야 하는 점을 신중히 생각해볼 수 있을 것입니다.

이영은, 웹 개발자

이 책은 프런트엔드 환경에서 어떤 프로세스로 개발하는지, 어떤 원리와 원칙으로 서비스가 완성되는지 명쾌하게 안내합니다. 더 나아가 단순히 동작하는 웹 서비스가 아니라, 사용자 경험을 고려한 설계로 '친절한 웹'의 초석을 다지는 방향을 예시와 함께 제시합니다. 더 나은 프런트엔드 웹 개발자로 성장하고 싶다면 이 책과 함께하는 것을 강력히 추천합니다.

이종원, 시스템 엔지니어

단순히 웹 개발에 필요한 코드를 넘어서 기획부터 운영까지 전체 사이클을 총망라하는 데 힘을 실은 책입니다. 따라서 이 책은 개발을 시작하는 입문자뿐 아니라 현업 주니어 개발자에게도 도움이 됩니다. 곁에 두고 필요할 때마다 꺼내어 여러 번 읽어보길 추천합니다.

이희수, 지식피플 스타트업 웹 개발자

웹 애플리케이션을 개발하기 이전과 이후에 반드시 진행하는 실무와 HTML, CSS, 자바스크립트, 타입스크립트 언어를 이해하고 활용하기 위한 필수 지식이 담겨 있습니다. 또한 사용자 중심의 웹 개발 방법뿐만 아니라 사용자와 서비스를 연결해주는 전 과정을 구현하는 방법을 안내합니다. 마지막으로 인공지능 시대의 개발자에게는 서비스 관점에서 사용자를 이해하고 비즈니스의 핵심 기술을 파악하는 능력이 필요한데, 이를 위한 인사이트도 얻을 수 있습니다.

최낙현, 프런트엔드 웹 개발자

저자의 말

웹은 약 20년 전 세상에 등장했습니다. 그동안 웹은 무수히 많은 진화를 거쳤고 세상을 연결하는 기술이 되었으며 지금도 계속 발전하고 있습니다. 그리고 현재의 웹은 데스크톱뿐만 아니라 스마트폰, 태블릿, 키오스크, 자동차 등 일상 생활에서 쉽게 접하는 기기에 모두 탑재되어 있습니다. 그럼에도 불구하고 우리는 웹의 핵심 기술인 HTML, CSS, 자바스크립트를 20년 전과 동일한 방법으로 배우고 있습니다. 아직도 HTML을 이루는 수많은 태그와 각 태그에 적용할 수 있는 CSS를 암기하듯 학습합니다. 이제는 기존의 개발 방식에서 벗어나 더 나은 웹을 만들기 위해 새로운 관점으로 접근해야 합니다.

이 책의 독자분들은 이미 HTML, CSS, 자바스크립트를 어느 정도 다룰 수 있을 겁니다. 기술을 '어느 정도' 다루는 개발자가 아닌 '더 나은 웹을 개발하는' 개발자가 되고 싶지 않나요? 일하는 조직 내에 좋은 개발자로 성장할 수 있도록 이끌어주는 멘토가 없다면 현재 알고 있는 수준 그 이상으로 나아가는 데 많은 어려움을 겪게 됩니다. 여러분이 더 나은 웹 개발자로 성장하는 것을 돕기 위해 이 책을 집필했습니다.

그렇다면 더 나은 웹 개발자에게 필요한 역량은 무엇일까요?

첫째, 웹 개발자는 전통적인 데스크톱뿐만 아니라 스마트폰, 태블릿, 키오스크 등 다양한 기기 환경에 최적화된 웹을 구현할 수 있어야 합니다. 둘째, 사용자를 끌어들일 수 있도록 검색 엔진에 잘 읽히는 웹을 개발해야 합니다. 검색 엔진이 잘 읽을 수 있는 태그에 의미를 부여한 웹을 개발하는 것은 단순히 웹 사용성 측면을 넘어 더 잘 팔리는 웹이 되게 하므로 큰 의미가 있습니다. 셋째, 사용하기 편하고 빠르며 필요한 콘텐츠를 제공하는 웹을 개발해야 합니다. 사용자 데이터를 끊임없이 수집하고 이를 통해 발전하는 매력적인 웹만이 선택받을 수 있습니다.

현재는 인공지능을 기반으로 하는 노코드, 로우코드 솔루션의 등장으로 개발자의 자리를 위협받고 있는 시대입니다. 시장은 개발자에게 더 많은 능력을 요구하고 있습니다. 따라서 AI 시대에도 시장을 리드할 수 있는 개발자가 되어야 합니다.

여러분이 더 나은 웹 개발자가 되기 위해 필요한 테크닉과 인사이트를 이 책에 모두 담았습니다. 이 책이 여러분의 성장 지침서가 되길 바랍니다.

이 책의 특징

이 책은 다양한 기기에 최적화된 웹 구현, 검색 엔진 최적화, 사용자 중심 웹 개발, 인공지능 기반 솔루션 활용 방법을 포함한 실용적인 테크닉과 인사이트를 제공합니다. 이를 통해 더 나은 웹 개발자로 성장하고, 다양한 기기 환경과 사용자 요구를 충족하는 더 나은 웹을 구축할 수 있습니다.

- 웹 개발 전에 어떤 작업이 이루어지는지 이해할 수 있습니다.
- 더 나은 HTML, CSS, 자바스크립트 개발을 위한 실무 지식을 얻을 수 있습니다.
- 데스크톱, 스마트폰, 태블릿, 키오스크 등 다양한 기기 환경에서의 웹 최적화 방법을 학습하며 사용자 경험을 습득하고 기기 간 호환성을 높일 수 있습니다.
- 웹이 검색 엔진에 잘 노출되는 방법을 익혀 사용자 유입을 증가시킬 수 있습니다.
- 인공지능 기반의 노코드, 로우코드 솔루션에 관한 이해를 바탕으로 기술 변화에 빠르게 대응하고 시장을 선도하는 개발자로 성장할 수 있습니다.

대상 독자

이 책은 HTML, CSS, 자바스크립트를 포함한 기본적인 웹 개발 지식을 갖춘 개발자를 대상으로 합니다. 더 나은 웹 개발을 위한 깊이 있는 지식과 실무 팁을 얻고자 하는 초급 이상의 수준에 맞춰 집필했기 때문에 프런트엔드 개발을 위한 기초적인 내용은 다루지 않습니다.

깃허브

https://github.com/seungwongo/better-web

저자 소개

지은이 **고승원**

24년 차 개발자이자 컨설턴트, 창업가, 작가, 번역가, 유튜버, 강사, 임팩트 투자자 등으로 활동하는 N잡러입니다. 다수의 국내외 글로벌 기업 ERP 시스템을 구축하는 프로젝트에 참여했고 20개가 넘는 해외 도시에서 일한 경험이 있습니다. 다섯 번의 창업을 거쳐 현재는 회사 세 곳의 일원으로 일하며 끊임없이 도전하는 삶을 살고 있습니다.

- (현)주식회사 더그레잇 공동 창업자
- (현)주식회사 썬슈어 CTO
- (현)팬임팩트코리아 기술전문위원
- 서울시 SIB 2호 사업 임팩트 투자자
- 스타트업 아일랜드 제주 개인투자조합 1호 조합원

- **번역서**
  『러닝 타입스크립트』(한빛미디어, 2023)

- **저서**
  『개발자가 되기 위해 알아야 하는 IT 용어』(비제이퍼블릭, 2022) 『Node.js 프로젝트 투입 일주일 전』(비제이퍼블릭, 2021) 『Vue.js 프로젝트 투입 일주일 전』(비제이퍼블릭, 2021) 『바닐라 자바스크립트』(비제이퍼블릭, 2021) 『저는 아직 아이들에게 코딩을 가르치지 않습니다』(비제이퍼블릭, 2021) 『디자인 씽킹을 넘어 프로그래밍 씽킹으로』(비제이퍼블릭, 2021) 『The Essentials of Smart Contract Development for Solidity Developers』(사도출판, 2018)

- **이메일** seungwon.go@gmail.com
- **블로그** https://seungwongo.medium.com
- **유튜브** ▶ 개발자의품격

감사의 말

책을 집필하는 순간은 제가 가장 좋아하는 시간인 동시에 가장 어려운 시간이기도 합니다. 정확하고 도움이 되는 지식을 전달해야 한다는 중압감도 크지만, 집필하는 과정에서 얻는 수많은 깨달음과 경험은 그 무엇과도 바꿀 수 없이 소중합니다. 이 책을 통해 '지식 나눔'을 실천할 수 있어 너무나도 기쁩니다. 또한 저에게 기회를 준 한빛미디어 관계자에게 진심으로 감사 말씀을 드립니다.

제 옆에서 항상 든든한 동반자가 되어준 사랑하는 아내 하영, 엄마를 닮아 잘생긴 은혁, 아빠를 닮아 똑똑한 은서, 세상에 하나뿐인 사랑스러운 보물 은솔에게 사랑과 감사를 전합니다.

목차

목차

3장
더 나은
HTML 개발

목차

5장
더 나은
자바스크립트 개발

목차

6장

**타입스크립트:
자바스크립트에
타입을 더하다**

목차

코딩은 시와 같다.

간결하고 효과적인 방법으로 아름다운 것을 만들어낼 수 있다.

린다 리우카스 (Linda Liukas)

1장

웹은
어디에나 있다

1.1 웹은 어떤 모양을 가지고 있을까?

노트북, 스마트폰과 같은 기기에 설치되어 있는 브라우저에 특정 주소[URL]를 입력하여 이동하는 모든 화면을 웹[web]이라고 부릅니다. [그림 1-1]은 우리나라 대표 검색 서비스인 네이버의 메인 화면입니다. 이와 같이 사용자가 웹브라우저로 보는 화면은 다양한 메뉴와 각종 정보(뉴스, 상품, 블로그 등)가 시각적으로 일목요연하게 정돈되어 있습니다.

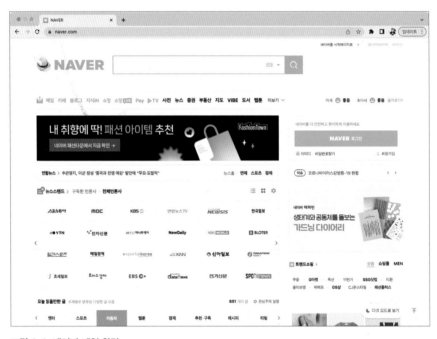

그림 1-1 네이버 메인 화면

네이버 화면 아무 곳에서나 마우스를 우클릭하면 [그림 1-2]와 같은 콘텍스트 메뉴가 보입니다. 여기서 '페이지 소스 보기'를 클릭하면 [그림 1-3]과 같이 숨겨진 프로그래밍 코드를 볼 수 있습니다.

그림 1-2 콘텍스트 메뉴

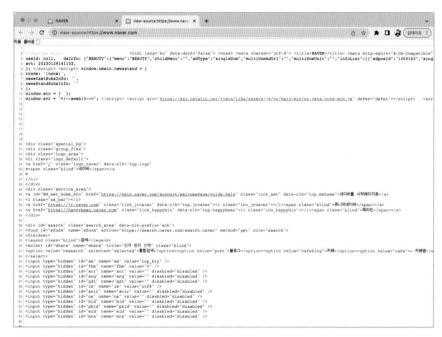

그림 1-3 페이지 소스 보기 화면

HTML 태그 코드는 눈에 보이진 않지만 모든 웹사이트가 [그림 1-3]과 같이 코드로 구현되어 있고, 이 코드는 웹사이트를 생성할 때 기본적으로 쓰이는 언어인 HTML, CSS, 자바스크립트 JavaScript로 만들어집니다.

1.2 문서 공유를 위해 탄생한 HTML

이 책의 독자는 이미 HTML에 대해 잘 알고 있을 것입니다. 다음 두 개의 그림으로 과거의 HTML을 간단하게 살펴보겠습니다.

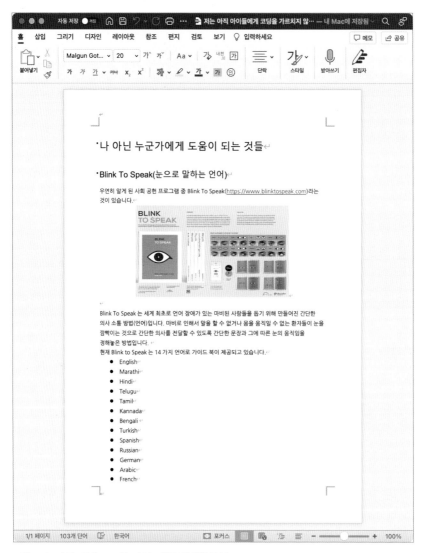

그림 1-4 마이크로소프트 워드(Word)로 작성한 문서

나 아닌 누군가에게 도움이 되는 것들

Blink To Speak(눈으로 말하는 언어)

우연히 알게 된 사회 공헌 프로그램 중 Blink To Speak(https://www.blinktospeak.com)라는 것이 있습니다.

Blink To Speak는 세계 최초로 언어 장애가 있는 마비된 사람들을 돕기 위해 만들어진 간단한 의사 소통 방법(언어)입니다. 마비로 인해서 말을 할 수 없거나 몸을 움직일 수 없는 환자들이 눈을 깜빡이는 것으로 간단한 의사를 전달할 수 있도록 간단한 문장과 그에 따른 눈의 움직임을 정해놓은 방법입니다.

현재 Blink to Speak는 14가지 언어로 가이드 북이 제공되고 있습니다.

- English
- Marathi
- Hindi
- Telugu
- Tamil
- Kannada
- Bengali
- Turkish
- Spanish
- Russian
- German
- Arabic
- French

그림 1-5 [그림 1-4]와 동일한 내용의 웹페이지

[그림 1-4]는 마이크로소프트 워드로 생성된 문서이고, [그림 1-5]는 HTML과 CSS로 [그림 1-4]와 동일한 내용을 웹으로 만든 것입니다. 육안으로는 두 그림에서 큰 차이를 느낄 수 없습니다. 초기의 웹은 이렇게 인터넷을 통해 문서를 공유하기 위한 용도로 만들어졌습니다. 그래서 [그림 1-5]처럼 워드로 만든 문서와 매우 유사하고 제공하는 기능도 비슷했습니다.

[그림 1-6]은 웹페이지가 어떻게 구성되어 있는지 표시해주는 마크업을 나타낸 것입니다.

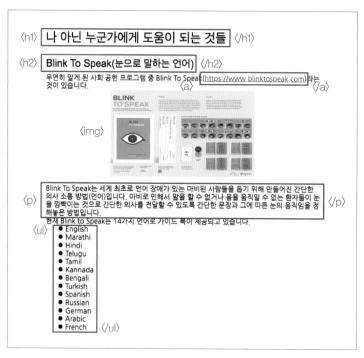

그림 1-6 웹페이지의 숨겨진 마크업

1.3 브라우저를 탑재한 기기의 종류

앞서 설명했듯 초기의 웹은 인터넷상에서 문서 공유를 위한 용도로 사용되었기 때문에 워드 기능과 매우 유사했습니다. 하지만 인터넷 속도가 점차 빨라지고 스마트폰 같은 모바일 기기가 발전하면서 사용자는 웹에서 더 많은 서비스를 이용하길 원했습니다. 이러한 사용자 요구에 따라 웹 애플리케이션을 개발하는 언어인 HTML, CSS, 자바스크립트 역시 빠르게 발전했습니다.

브라우저는 더 이상 책상 위의 데스크톱 컴퓨터를 통해서만 이용할 수 있는 것이 아닙니다. 이제는 스마트폰, 태블릿과 같은 모바일은 물론 키오스크, 스마트 TV, 게임 콘솔, 전자책 리더기, 자동차, VR 기기 등 수많은 기기에 브라우저가 기본으로 탑재됩니다. 따라서 앞으로 웹 개발자는 웹 애플리케이션을 개발할 때 다양한 기기를 고려해야 합니다.

1.3.1 데스크톱 컴퓨터

데스크톱 컴퓨터에는 운영체제별로 기본 웹브라우저가 탑재되어 있고 사용자가 원하는 웹브라우저를 추가로 설치할 수 있습니다.

몇 년 전까지만 해도 데스크톱 화면을 기준으로 웹 UI를 설계했지만, 현재는 모바일 화면 UI를 먼저 설계하기도 합니다. 모바일 웹 사용자의 수가 데스크톱 사용자 수를 넘어섰기 때문입니다.[1] 그럼에도 불구하고 데스크톱은 여전히 많은 사람이 사용하며, 특히 복잡한 데이터를 한눈에 봐야 하는 경우나 사용자 입력이 많은 애플리케이션인 경우 데스크톱에 최적화하여 개발합니다.

그런데 사용자 대다수는 모바일 기기로 웹을 이용한 경험을 가지고 있습니다. 모바일 웹은 간결하고 깔끔한 UI를 가지고 있으며 모바일 네이티브 앱과 비슷한 수준의 사용자 인터랙션을 제공합니다. 이러한 모바일 웹을 경험한 사용자는 자연스럽게 데스크톱에서도 동일한 수준을 요구합니다. 즉, 이제는 데스크톱 웹 애플리케이션 역시 단순히 정보를 처리하는 기능뿐만 아니라 화려한 외관과 모바일 앱 수준의 성능을 갖춰야 합니다.

1.3.2 스마트폰

몇 년 전부터 데스크톱 컴퓨터보다 스마트폰과 같은 모바일 기기에 최적화한 개발이 우선시되고 있습니다. 스마트폰은 사람들이 가장 많은 시간을 사용하는 기기가 되었고, 스마트폰으로 웹을 이용하는 사용자 수가 다른 모든 기기의 사용자 수를 넘어섰습니다.

스마트폰은 웹브라우저를 이용할 수 있는 기기 중 크기가 작은 편에 속합니다. 이런 작은 기기는 휴대하기 쉽고 언제 어디서나 사용할 수 있다는 장점이 있습니다. 최근에는 스마트폰의 크기가 점점 커지는 추세이고, 폴더블폰, 롤러블폰과 같이 크기를 확장할 수 있는 형태도 출시되

---

1 https://www.zippia.com/advice/mobile-vs-desktop-usage-statistics

었습니다. 그럼에도 불구하고 작은 화면 때문에 일부 콘텐츠는 여전히 사용하기 불편합니다. 이는 데스크톱에서 제공하는 콘텐츠를 스마트폰에서 동일하게 제공하면 사용자 경험이 저해될 수 있다는 뜻입니다. 스마트폰에서 웹 콘텐츠를 제공할 때 웹 개발자가 고려해야 할 부분에 대해서는 7.2절에서 다루겠습니다.

1.3.3 태블릿

태블릿은 개발자가 간과하기 쉬운 기기입니다. 태블릿 해상도가 노트북 해상도와 유사하기 때문에 노트북과 동일한 UI/UX를 제공하는 오류를 범할 수 있습니다. 그러나 태블릿은 노트북과는 달리 웹브라우저를 탐색하는 주 도구가 키보드나 마우스가 아닌 손가락입니다.

스마트폰은 사용자 손 크기에 맞는 버튼과 메뉴, 작은 화면에서도 읽기 쉬운 텍스트 크기 등을 고려하는 반면, 태블릿은 노트북 UI를 그대로 사용할 때가 많습니다. 그래서 태블릿 사용자가 손가락을 이용해서 웹을 탐색하기 쉽지 않은 경우가 발생합니다. 특히 최근에는 태블릿의 크기가 7인치부터 14인치까지 더욱 다양해졌고, 사용자 수도 지속적으로 증가하고 있기 때문에 동일한 해상도라도 태블릿인지 데스크톱인지에 따라 콘텐츠를 제공하는 방식에 차이를 두어야 합니다.

1.3.4 키오스크

키오스크는 주문을 위한 화면과 결제를 위한 카드 결제기가 결합된 무인 단말기로, 최근 확산되고 있는 언택트^{untact} 서비스의 대표적인 사례입니다. 점원과 대면 없이 스크린 터치를 통해 주문과 결제를 빠르고 간편하게 처리할 수 있지만, 고령자의 경우 복잡한 UI/UX 때문에 사용에 많은 어려움을 겪고 있습니다. 그렇기 때문에 키오스크의 UI/UX는 직관적이고 사용하기 쉬워야 합니다.

키오스크는 모바일 기기와 달리 하나의 기기를 다수의 사용자가 사용하기 때문에 이전 사용자가 키오스크를 떠나면 남아 있는 사용자 정보를 삭제하는 기능이 있어야 합니다. 예를 들면 사용자 인터랙션이 30초간 없다면 지금까지 사용한 모든 기록을 초기화하고 첫 화면으로 이동해야 합니다. 또한 키오스크 브라우저에는 데스크톱 브라우저 상단에 있는 툴바가 없습니다. 따라서 '뒤로 가기', '홈 화면으로 가기' 등 사용자에게 필요한 버튼을 제공해야 합니다. 그리고 키오스크에는 키보드가 없기 때문에 웹 개발자가 키보드로 사용할 수 있는 컴포넌트를 직접 개발해서 제공해야 합니다. 키오스크에서 웹 콘텐츠를 제공할 때 웹 개발자가 고려해야 할 부분에 대해서는 7.3절에서 다룹니다.

1.3.5 스마트 TV와 빔 프로젝터

스마트 TV에는 유튜브, 넷플릭스 등과 같은 온라인 비디오 서비스에 접근할 수 있는 앱이 내장되어 있습니다.

스마트 TV에서 주목해야 할 점은 웹브라우저를 탐색하기 위해 사용하는 도구가 마우스나 키보드가 아닌 리모컨이라는 것입니다. 리모컨에 있는 키패드를 이용하거나 화면에 나타나는 가상 키보드를 사용해서 원하는 웹사이트로 이동하는 것은 생각보다 쉽지 않습니다. 어렵게 찾아 들어간 웹사이트 페이지에서 콘텐츠를 탐색하는 것 역시 리모컨의 방향 키에 의존해야 하기 때문에 좋은 사용자 경험을 얻을 수 없습니다. 이렇다 보니 불편함을 느낀 사용자는 스마트 TV와 같은 기기에서 웹브라우저를 잘 사용하지 않습니다. 그래서 스마트 TV에는 웹브라우징 경험이 많지 않은 유아 대상의 교육용 콘텐츠가 많습니다.

1.3.6 전자책 리더기

아마존 킨들Amazon Kindle은 약 9천만 대가 팔린 전 세계에서 가장 인기 있는 전자책 리더기입니다. 킨들에는 아마존 온라인 스토어의 책을 검색하고 구입할 수 있는 앱이 내장되어 있습니다. 또한 웹 검색을 할 수 있는 웹킷 기반의 브라우저도 있습니다.

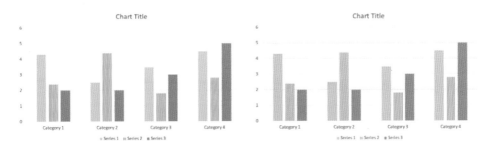

그림 1-7 컬러와 무늬를 같이 사용한 차트(좌)와 흑백 기기에서 보이는 차트(우)[2]

---

2 https://accessibility.oit.ncsu.edu/accessible-color-and-color-contrast

킨들을 웹브라우저로 사용하는 사용자를 위해서 개발자는 무엇을 고려해야 할까요? 화려한 이미지와 색상으로 꾸며진 웹사이트도 킨들에서는 모두 흑백으로 나타납니다. 만약 여러분의 웹사이트에서 빨간색은 매출, 파란색은 매입을 의미하는 막대 차트를 제공한다고 가정하면, 킨들에서 이 차트는 무용지물입니다. 킨들과 같이 색상을 구분할 수 없는 기기에서는 이러한 차트를 제공할 때 색상뿐만 아니라 무늬를 추가해서 사용자가 식별할 수 있도록 해야 합니다.

1.3.7 자동차

머지않은 미래의 자동차는 단순히 이동을 위한 수단이 아닌 미디어를 즐기고, 업무를 수행하고, 웹사이트를 이용할 수 있는 공간이 될 것입니다. 이미 테슬라 같은 전기차는 대시보드에 웹브라우저를 포함하고 있습니다. 이러한 발전 방향을 고려할 때 자동차의 범용 플랫폼은 애플 iOS나 구글 안드로이드 같은 운영체제의 네이티브 앱이 아닌 웹브라우저 형태가 되고, 자동차 제조사에 따라 다양해질 가능성이 매우 높습니다. 왜냐하면 자동차 내부 OS는 자율주행과도 관련이 있으므로 다른 기업의 OS를 사용하지 않고 직접 개발해야 자동차를 제어하고 운전자의 각종 빅데이터 수집이 용이하기 때문입니다. 또한 웹은 OS마다 별도로 개발할 필요가 없기 때문에 자동차의 범용 플랫폼이 될 확률이 높습니다.

자동차는 멈춰 있는 공간이 아니라 움직이는 공간입니다. 자동차라는 특수 환경에서 웹사이트를 더 편하게 이용할 수 있는 방법에 대한 고민이 필요합니다. 예를 들어 키보드 또는 터치를 통해 검색어를 입력하지 않고 웹사이트로 이동할 수 있도록 사용자 음성 기반의 콘텐츠 탐색 기능을 제공해야 하고, 웹사이트 내 콘텐츠를 음성으로 읽어주는 기능도 고려해야 합니다. 또한 계속 이동하는 자동차의 현 위치를 인식하고 주변의 관련 정보도 제공할 수 있어야 합니다.

2장

웹 개발을 위한 라이프 사이클

2.1 웹 개발 라이프 사이클

HTML, CSS, 자바스크립트와 같은 언어로 웹 애플리케이션을 개발할 수 있습니다. 하지만 이 언어들을 공부했다고만 해서 바로 개발할 수 있는 것은 아닙니다.

웹 애플리케이션을 개발하기 위해서는 개발 전후로 반드시 진행해야 하는 과정이 있습니다. 개발자는 개발 영역만 관여하지 않고 개발하기 전에 준비해야 하는 것은 무엇인지, 개발한 프로그램을 실제로 운영하기 전에는 무엇을 해야 하는지 등 전체적인 과정을 이해해야 합니다.

다음은 웹을 개발하는 7가지 단계입니다.

1 정보 수집

2 기획

3 디자인

4 콘텐츠 생성

5 개발

6 테스트 및 품질 보증

7 배포 및 운영

개발을 시작하기에 앞서 가장 먼저 개발할 애플리케이션을 분석하고 설계합니다. 이 단계는 일반적으로 기획자가 담당합니다. 물론 애플리케이션의 규모에 따라 분석과 설계를 나눠서 분석은 비즈니스 분석가$^{business\ analyst}$(BA)가, 설계는 기획자가 담당하는 경우도 있습니다. 이 과정에서 와이어프레임, 스토리보드, 프로토타입 같은 결과물이 만들어지고 웹 개발자는 이런 결과물을 바탕으로 실제 개발에 착수합니다. 웹 개발자가 스스로 알아서 개발하는 것이 아니라, 개발에 앞서 분석 및 설계 담당자가 어떤 기능을 갖는 화면을 개발할지 정의한 기획 문서를 만들고 웹 개발자는 그 문서에 명시된 기준을 바탕으로 개발하는 것입니다.

개발이 1차 완료된 화면은 단위 테스트$^{unit\ test}$를 진행합니다. 단위 테스트는 미리 작성된 테스트 항목과 통과 기준을 바탕으로 화면 하나하나를 테스트하는 것입니다. 개발팀에 따라서 하나의 단위 화면을 개발한 이후 바로 진행하기도 하고, 전체 화면을 어느 정도 개발한 후 한 번에 진행하기도 합니다. 단위 테스트는 해당 화면을 개발한 개발자가 직접 진행하는 경우가 많습니다. 즉, 내가 개발한 화면을 내가 직접 단위 테스트하고 통과 기준을 모두 만족하면 해당 화면을 개발 완료로 표기하는 것입니다.

전체 화면을 개발하고 단위 테스트까지 완료하면 통합 테스트^{integration test}를 진행합니다. 통합 테스트는 하나의 화면이 아니라 업무 시나리오에 맞춰서 업무 프로세스가 정상적으로 수행되는지 테스트하는 것입니다. 통합 테스트는 일반적으로 잠재 고객(기업 업무 시스템인 경우는 업무 담당자)이 진행합니다. 통합 테스트를 완료하면 문제가 있거나 개선해야 할 부분을 정리하고 개발자가 그 내용을 다시 반영합니다.

복잡하고 규모가 큰 애플리케이션을 개발하는 프로젝트는 통합 테스트 결과가 만족스러울 때까지 계속 진행합니다. 필자가 참여했던 대규모 프로젝트에서는 대부분 3차에 걸쳐서 통합 테스트를 진행했습니다. 모든 테스트를 완료하면 애플리케이션을 서비스하기 위한 준비 과정을 거쳐 운영 서버에 배포하고 예정된 일정에 맞춰 공식적으로 오픈합니다.

2.1.1 정보 수집 단계

올바른 방향으로 설계 및 개발하고 고객에게 적합한 솔루션을 제공하려면, 개발자는 자신이 해야 할 일에 대한 명확한 기준을 세워야 하고 고객의 요구사항을 정확히 알아야 합니다. 이 단계를 무시하는 경우도 많지만, 제대로 된 설계를 위해서는 반드시 프로젝트와 클라이언트에 대한 정보를 수집해야 합니다.

정보 수집 단계에서는 웹 애플리케이션을 어떤 유형의 사람에게 제공할 것인지 파악하고 연령, 성별, 선호도를 고려하여 요구사항을 도출합니다. 잠재 고객을 대상으로 설문 조사를 진행해서 사용자가 직면한 문제와 그들이 원하는 솔루션이 무엇인지에 대한 피드백을 받습니다. 필요한 경우 유사 서비스를 벤치마킹합니다.

2.1.2 기획 단계

기획 단계는 콘텐츠, 디자인, 개발 기술, 마케팅 등 웹 애플리케이션 개발을 위한 모든 측면을 고려하여 전략화하는 단계입니다. 정보 수집 단계에서 수집한 정보를 바탕으로 웹 애플리케이션 개발을 위한 팀을 구성합니다. 구성원을 결정하기 위해 필요한 역할을 정의하고 해당 역할을 수행할 수 있는 팀원을 배치합니다. 또한 개발을 위한 기술 스택(프로그래밍 언어, 프레임워크, 배포 및 운영 환경 등) 및 소프트웨어 개발 방법론을 선택합니다. 사이트맵을 통해 웹 애플리케이션의 메뉴를 결정하고 개발 일정 및 리소스 할당 계획을 세웁니다. 마지막으로 가장 중요한 브랜딩 전략도 세워야 합니다.

2.1.3 디자인 단계

디자인 단계에서는 웹 애플리케이션의 전반적인 구조를 파악하기 위한 와이어프레임^{wireframe}을 디자인합니다. 와이어프레임은 주요 화면에 대한 정보 구조를 제시하여 고객은 물론 개발팀 구성원이 콘텐츠와 기본 기능을 시각적으로 파악하게 하는 데 목적이 있습니다.

와이어프레임을 바탕으로 각 화면을 구성하는 정보 필드를 정의하고 콘텐츠(메뉴, 버튼, 링크 등)에 대한 사용법을 상세히 정의합니다. 이렇게 정의된 문서를 스토리보드^{storyboard}라고 합니다. 와이어프레임과 스토리보드로 색상 테마, 타이포그래피, 그래픽을 변형하여 메인 화면의 디자인 시안을 작성합니다.

일정 규모 이상의 고객(기업)은 스타일 가이드를 가지고 있는 경우가 많습니다. 스타일 가이드는 폰트 종류, 크기, 주요 색상 정보 등을 포함합니다. 디자인 담당자는 고객이 제공한 스타일 가이드를 숙지하고 디자인해야 합니다. 고객의 피드백을 바탕으로 디자인 시안을 수정하며 최종 디자인을 만들어갑니다.

2.1.4 콘텐츠 생성 단계

콘텐츠 생성 단계는 가장 중요합니다. 예쁜 디자인이더라도 콘텐츠 질이 떨어지면 사용자에게 외면을 받습니다. 결국 사용자와 소통할 수 있는 콘텐츠를 제공하지 못하면 아무리 멋진 디자인도 소용이 없습니다.

웹사이트에서 콘텐츠란 사용자가 웹사이트를 방문할 때 정보를 얻거나 서비스를 이용할 목적으로 접근하는 주요 요소로, 웹사이트의 가치와 목적을 전달하는 데 중요한 역할을 합니다. 텍스트, 이미지, 동영상, 오디오, 인터랙티브 요소, 애니메이션 등 다양한 형태의 미디어로 표현됩니다. 좋은 콘텐츠는 사용자의 관심을 끌고 사용자가 웹사이트에 오래 머무르도록 만들며 원하는 행동(상품 구매, 서비스 등록)을 유도합니다.

2.1.5 개발 단계

개발 단계에서는 클라이언트와 서버 측의 개발이 이루어집니다. 실제 전체 웹 애플리케이션 개발 과정에서 가장 많은 시간이 걸리는 단계입니다.

클라이언트 개발자는 HTML, CSS, 자바스크립트로 사용자를 위한 시각적 요소를 개발하고, 사용자의 요청을 서버로 전달하고, 서버의 응답을 사용자에게 제공하는 기능을 구현합니다. 그리고 서버 개발자는 사용자와 웹의 상호작용을 통해 수행해야 할 실제 기능(데이터베이스 생성, 애플리케이션 로직 구현, 서버 기능과 클라이언트 기능 통합 등)을 개발합니다.

2.1.6 테스트 및 품질 보증 단계

개발을 완료한 후 모든 화면에서 발생하는 오류를 제거하기 위해 엄격한 테스트를 수행합니다. 테스트 수행 전담팀을 QA$^{quality\ assurance}$팀이라고 부릅니다. QA팀은 단위 테스트, 스트레스 테스트, 부하 테스트 등을 반복하여 웹 화면의 모든 기능, 사용성, 다양한 기기 및 브라우저와의 호환성, 성능을 확인합니다.

다양한 환경의 사용자를 고려해야 하기 때문에 여러 기기와 운영체제 그리고 브라우저별 모든 기능이 정상적으로 작동하는지 테스트하는 것도 매우 중요합니다. 이 외에도 SEO 최적화 작업을 진행하여 웹 애플리케이션이 사용자에게 잘 노출되도록 합니다. 또한 테스트에 충분한 시간을 투자하는 것도 매우 중요합니다. 보통 비용 때문에 개발 기간은 길게, 테스트 기간은 매우 짧게 잡는 경우가 많은데, 이렇게 테스트를 충분히 하지 않고 웹 애플리케이션을 런칭하는 경우 운영 단계에서 각종 오류로 사용자의 이탈이 생기거나 더 많은 비용이 발생할 수 있습니다.

테스트는 한 번으로 끝내지 않고 프로젝트 전체 라이프 사이클 안에서 주기적으로 수행하는 것이 좋습니다. 꼭 개발이 모두 완료된 후에만 테스트가 가능한 것이 아니라, 디자인 단계에서 와이어프레임만으로도 사용성 테스트를 진행할 수 있습니다. 테스트는 품질을 위해 충분한 시간을 가지고 철저히 진행해야 합니다.

2.1.7 배포 및 운영 단계

테스트 및 품질 보증 단계를 통과한 웹을 운영 서버로 배포하는 단계입니다. 운영 서버로 배포했다고 해서 모든 작업이 끝난 것은 아닙니다. 테스트 및 품질 보증 단계를 잘 수행하더라도 사용자가 서비스를 이용하는 동안 예상치 못한 장애가 발생할 수 있습니다. 혹은 장애가 발생하지 않더라도 사용자가 서비스를 이용하면서 느끼는 불편한 점, 개선점에 대한 피드백을 받을 수 있는 창구를 반드시 마련해야 합니다. 사용자와 지속적으로 상호작용하며 얻은 피드백을 통해 서비스 중인 웹도 지속적으로 수정, 보완해야 합니다.

이 외에도 정기적인 유지 관리 및 업데이트를 통해 웹의 기능을 완벽하게 유지해야 현재 사용자뿐만 아니라 신규 사용자를 끌어들일 수 있습니다.

2.2 개발 전에 이루어지는 것

지금까지 웹 기획은 웹 기획자나 UX 기획자 또는 개발 리더가 담당하는 영역이었습니다. 하지만 앞으로의 개발자는 수행하는 결과에 의해 생성되는 산출물, 즉 제품을 이해하고 애플리케이션을 기획하는 역량을 갖춰야 합니다. **웹 애플리케이션이 어떤 목적으로 누구를 위해 설계되고 향후 어떻게 발전해 나갈 것인지에 대해 알고 있는 개발자와 그렇지 못한 개발자는 사이에는 큰 격차가 생길 수밖에 없습니다.**

개발 단계 이전에 생성하는 주요 산출물에는 벤치마킹 보고서, 사용자 분석 및 애플리케이션 기능 정의, 사이트맵, 와이어프레임, 스토리보드, 프로토타입 등이 있습니다. 하나의 서비스를 기획하기 위해서는 많은 전문 지식이 필요하고 책에서 다루는 내용보다 더욱 상세하고 복잡한 과정을 진행합니다. 이 절에서는 개발자가 최소한으로 알아두면 좋은 활동을 간결하게 설명합니다. 또한 여러분의 이해를 돕기 위해 필자의 유튜브 채널 「개발자의품격」에서 3개월간 진행한 프로젝트의 결과물[1]을 예시로 사용합니다. 이 프로젝트 결과물을 토대로 웹 개발 단계 이전 프로세스를 설명하겠습니다.

---

1 개발자의품격 3기 – 최종 발표(https://youtu.be/iuLXsKue1H0)

2.2.1 아이템 선정

아이템 선정은 어떤 제품을 만들어서 어떤 서비스를 제공할 것인지를 결정하는 일입니다. 처음 아이템을 선정할 때는 다양한 아이디어를 취합합니다. 그중에서 곧바로 최종 아이템 하나를 결정하기보다는 몇 가지 괜찮은 아이디어를 선별하는 것이 좋습니다. 아무리 좋은 아이디어가 담긴 아이템이라도 시장조사와 벤치마킹을 하다 보니 고객 수요가 없다거나 시장 상황과 맞지 않다는 것을 발견할 수도 있습니다. 실제로 시장조사와 벤치마킹을 수행한 후에야 아이템에 대한 고객 수요를 판단할 수 있고, 애플리케이션 개발 여부를 최종적으로 결정할 수 있습니다.

저는 '혼행(혼자 하는 여행)을 위한 안전, 기록, 매칭 서비스'라는 아이템을 선정했습니다.

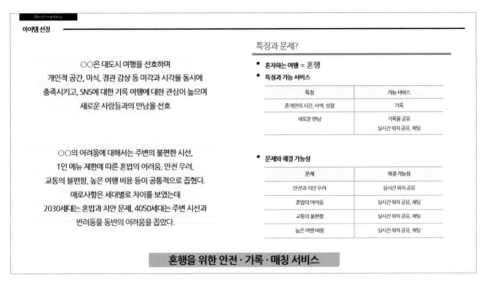

그림 2-1 아이템 선정

2.2.2 시장조사

선정된 아이템이 시장에서 필요한지, 수요가 있는지 점검하기 위해 시장조사를 합니다. 시장조사 시에는 각종 통계 자료와 뉴스 기사를 통해서 선정된 아이템에 대한 시장 규모 및 성장 가능성을 파악합니다.

'혼행을 위한 안전, 기록, 매칭 서비스'의 시장조사로 [그림 2-2]와 같이 혼행 인구는 4.8%로 낮은 비중이지만 꾸준히 증가하고 있다는 결과를 얻었습니다.

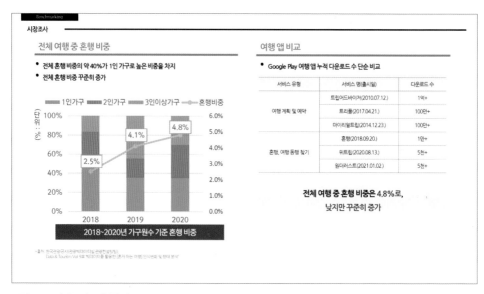

그림 2-2 시장조사 – 혼행 비중

시장조사 단계에서는 아이템과 관련 있는 현재 정보뿐만 아니라 미래의 잠재 고객에 대해서도 조사해야 합니다. [그림 2-3]은 향후 1인 가구를 예상하는 수치입니다. 1인 가구가 증가한다는 것은 혼행을 하는 사람도 늘어날 수 있음을 의미합니다.

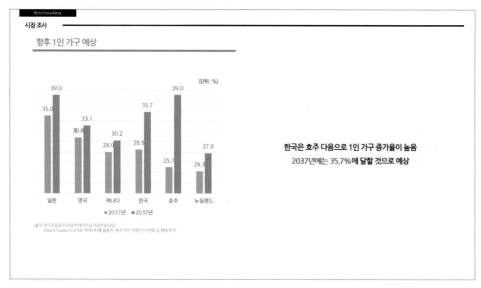

그림 2-3 시장조사 – 1인 가구 예상

시장조사를 바탕으로 [그림 2-4]와 같이 목표 타깃을 잡고 기존 혼행객들의 페인 포인트[pain point]를 도출합니다.

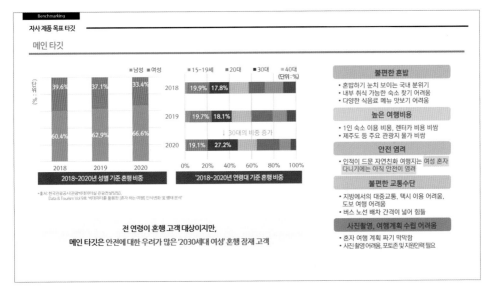

그림 2-4 목표 타깃 설정

2.2.3 벤치마킹

벤치마킹은 우리 서비스와 유사한 경쟁 제품이 있는지 조사하는 행위입니다. 비교 분석을 통해 장점은 흡수하고 단점은 보완하기 위해 실시합니다. 벤치마킹 제품은 이미 출시되었기 때문에 수많은 고객으로부터 받은 피드백을 통해 여러 방면이 개선되었을 가능성이 큽니다. 그래서 미처 생각지 못한 부분까지 발견할 수 있는 좋은 대상이 됩니다. 만약 우리가 출시할 제품의 핵심 기능이 경쟁 제품에는 없다면, 이 기능이 고객 확보에 중요한 역할을 할 수 있습니다.

벤치마킹은 제품 출시 후에도 일정 기간마다 수행해야 합니다. 경쟁 제품에 어떤 기능이 추가되는지 지속적으로 확인하고, 추가된 기능을 우리 제품에도 적용할지 결정해야 합니다.

벤치마킹할 때는 최소 3개 이상의 제품을 선정하는 것이 좋고, **벤치마킹할 제품을 반드시 직접 사용해봐야 합니다.** 제품을 사용해보지 않고 경쟁 제품의 웹사이트 혹은 뉴스 기사, 리뷰만을 보고 제품을 조사했다고 착각하면 안 됩니다. 비용이 발생하더라도 반드시 체험하며 기능과 서비스를 철저하게 분석해야 합니다.

또한 국내 시장과 해외 시장을 구분해서 조사해야 합니다. 국내 시장에서 성공하는 제품이 반드시 해외 시장에서 성공하는 것이 아니고, 반대로 해외 시장에서 성공했다고 해서 해당 제품이 국내 시장에서 성공한다는 보장은 없습니다.

마지막으로 다음 과정을 통해 [그림 2-5]와 같은 벤치마킹 대상별 기능 목록을 작성해야 합니다. 벤치마킹 대상으로 선정된 경쟁사 제품의 모든 기능을 나열합니다.

1 각각의 경쟁사가 제공하는 기능에 표시합니다.
2 자사 서비스에 반드시 포함할 기능, 포함하면 괜찮은 기능 등을 우선순위에 따라 표시합니다.
3 경쟁에서 우위를 점할 수 있는 자사 서비스만의 기능을 추가합니다.

경쟁 제품 기능/서비스 조사

범주	기능	경쟁사A	경쟁사B	경쟁사C	경쟁사D	필요성	자사 제품 포함 여부 (O: 포함, △: MVP이후)	비고
안전	구조 요청			C		A	O	주변 공공 센터 연동
	위치 확인			C		A	O	
	위치 기록			C		A	O	사고 발생 시 참고 자료
여행 기록	커뮤니티		O		O	A	O	치안 정보 공유 기능
	여행 일정, 장소 공유(Public/Private)		O		O	A	O	
	여행 스토리/포스팅	O	O		O	A	O	SNS 로그인 시 SNS 포스팅 연동
매칭	추천 여행지, 맛집, 여행기	O	O			B	△	
	여행자 매칭					A	O	여행 기록, 위치 정보, 채팅 활용
	채팅				O	A	O	
일반	권한 설정	O	O			A	O	
	SNS 로그인	O	O	O		A	O	
	회원가입	O	O	O		A	O	
	사용 가이드/튜토리얼	O	O	O	O	B	△	
	내 정보/프로필	O	O	O	O	A	O	
	공지사항				O	A	O	
	알림 설정	O	O			A	O	
	버그 리포트	O				A	O	
	서비스 정보	O	O		O	A	O	
	보호자/피보호자 선택			O		A	O	위치 공유
	내 위치 확인		O	O		B	△	네이버 지도, 거리뷰
	길 안내		O	O		B	△	타 지도 서비스와 연동

그림 2-5 벤치마킹 – 대상별 기능 목록

2.2.4 아이템 구체화

최초에 아이템을 선정할 당시는 시장조사나 벤치마킹을 하지 않은 상태이기 때문에 시장조사 및 벤치마킹 단계를 거치면서 처음 기획했던 아이템이 변경되기도 합니다. 실제로 「개발자의품격」 프로젝트에서도 시장조사와 벤치마킹 이후 아이템을 '혼행'에서 '혼밥'으로 변경했습니다. 그리고 1인 식사가 불가능한 식당을 알려주고 함께 식사할 사람을 매칭해주는 '겸상'으로 서비스를 구체화했습니다.

아이템 선정

→ **서비스 소개**
- ■ **겸상**: 처음 만난 사람들과 함께 식사할 수 있도록 매칭을 도와줌

→ **선정 배경**
- ■ 혼자 먹을 수 없는 식당을 알려주거나 다른 사람들과 함께 먹고 싶을 때 연결해주는 서비스가 있으면 좋겠다는 생각

→ **서비스 목표**
- ■ 다양한 사람들과 함께 식사를 하면서 의미 있는 시간을 보내는 것

그림 2-6 아이템 변경

변경된 아이템에 맞게 [그림 2-7]과 같이 벤치마킹도 새롭게 진행해야 합니다.

기능/서비스 설계

혼밥 벤치마킹

기능	경쟁사A	경쟁사B	필요성 (A : 상, B : 중, C : 하)	자사 제품 포함 여부 (O, X, △(MVP이후))	첨언
신원 확인	O		A	O	
카테고리별 맛집 추천	O	O	B	△	
게시판	O		B	△	
채팅	O	O	A	O	
식사 매너 점수	O		A	O	
레시피 공유		O	C		♪
동네 배달 맛집		O	C		
홀로 안심존		O	C		
홀로 마켓		O	C		
밥 메이트		O	C		
알림 설정	O		B	△	
공지사항	O	O	B	△	
고객지원	O		B	△	
프로필	O	O	A	O	
관심글 설정	O		A	O	
앱(서비스) SNS 공유		O	C		
사용자 음식 취향 조사(회원가입)		O	B	△	설문조사 대신 태그 활용 가능(태그 클라우드)
출석체크		O	B	X	
문의하기		O	B	△	

그림 2-7 벤치마킹 재조사

2.2.5 사용자 분석

웹 애플리케이션의 사용자가 누구인지 정확히 알아야 합니다. 이는 개발하는 데 있어 가장 중요한 부분입니다. 가장 먼저 서비스를 이용할 주 사용자와 부 사용자를 정의합니다. [그림 2-8]과 같이 '혼밥' 서비스의 주 사용자는 '2030 혼밥에 관심 있는 자', 부 사용자는 '식당 관계자'입니다. 그리고 주 사용자와 부 사용자가 서비스를 이용하는 방식에 대한 사용 행태적 특성과 개인 특성을 도출합니다.

기술/서비스 설계		
사용자 분석		
사용자 분석	Primary	2030세대 중 혼밥에 관심 있는 자
	Secondary	식당 관계자(가게 홍보)
사용 행태적 특성	상호작용	일회성, 무작위성
	정보	(내부) 사용자 - 혼밥 메이트 구하기, (외부) 식당 정보
	기능	식사 매너 점수
사용자의 개인적인 특성	성격	내향 / 외향
	문화	국내 맛집 탐방 문화, 외로움 → 새로운 만남 기대
	동기	능동적 참여

그림 2-8 사용자 분석

이를 바탕으로 사용자 모델링을 합니다. 사용자 모델링은 시스템에서 목표로 하는 사용자의 주요 특성을 잘 드러낼 수 있도록 진짜 사용자 같은 가짜 모델을 만드는 것입니다. 사용자 모델을 만드는 이유는 서비스 기획 과정에 참여한 여러 사람이 서로 다른 사용자를 생각하면서 말하지 않도록, 모두가 명확하게 인지할 수 있는 하나의 사용자 모델을 통해 공감하게 하는 데 있습니다. 사용자 분석을 했더라도 사용자 모델이 없으면 프로젝트에 참여한 각자가 생각하는 사용자 특성을 서로 다르게 해석할 수 있기 때문에 이를 막기 위해 사용자 모델이 꼭 필요합니다.

사용자 모델링을 하기 위해 주로 인지적 모형과 역할 모형을 사용합니다.

- **인지적 모형**: 사용자가 시스템을 어떻게 이해하는지, 사용 과정을 어떻게 배우는지, 실제로 어떻게 사용하는지 나타내는 모형
- **역할 모형**: 사용자와 시스템 간 상호 역할 관계와 관련된 모형

'혼밥'이라는 아이템에 대해서는 [그림 2-9]와 같이 3가지 역할 모형이 도출되었습니다.

- **사용자(밥장)**: 같이 식사할 사람을 구하는 주체
- **사용자(숟갈)**: 밥장이 등록한 밥상(모집 정보)에 참여할 사용자
- **관리자**: 서비스를 유지하기 위한 기능을 관리하는 사용자

		기능/서비스 설계	
사용자 분석			
사용자 모형	인지적 모형	목표	혼행 시 혼밥 문제 해결
		조작자	2030 세대
		방법	채팅, 게시판
		선택 규칙	익숙한/친근한 UX
	역할 모형	사용자(request) [밥장]	같이 식사할 사람 구하기 - 혼행 시 혼밥 문제 해결, 다양한 음식에 대한 경험, 더치페이
		사용자(response) [숟갈]	같이 식사하고 싶은 사람 신청
		관리자	채팅, 게시판 등 서비스 제공

그림 2-9 사용자 모형

이 서비스에서 가장 재미있는 요소는 네이밍입니다. 확정된 서비스명은 '겸상'이고, 같이 식사할 사람을 구하는 주체를 '밥장', 밥장이 등록한 정보는 '밥상', 차려진 밥상에 참여하고 싶은 사용자를 '숟갈'이라고 네이밍했습니다. 이런 재미 요소가 서비스를 더욱 풍부하게 만듭니다.

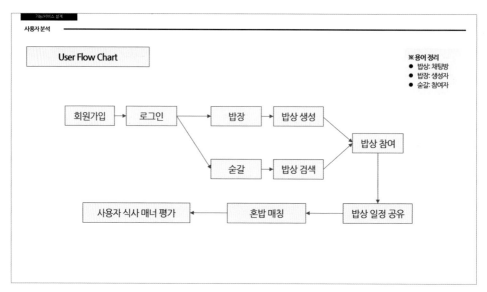

그림 2-10 사용자 플로우 차트

2.2.6 정보 구조 설계

앞에서 도출한 정보를 바탕으로 정보 구조^{Information Architecture}(IA)를 설계합니다. 정보 구조 설계란 웹에서 제공하는 콘텐츠를 체계화하고 이용자가 빠르고 정확하게 원하는 콘텐츠에 접근할 수 있는 구조를 만드는 기술입니다.

정보 구조 설계는 구조^{organization system}, 네비게이션^{navigation system}, 레이블링^{labeling system}, 검색^{search system}, 콘텐츠 디자인^{contents design}으로 구성되어 있습니다. 각 구성의 영문을 보면 'system'이라는 단어가 붙어 있습니다. 정보 구조, 네비게이션, 레이블, 검색은 모두 '시스템'이 되어야 한다는 뜻입니다. 시스템에는 철저한 규칙이 있습니다. 웹페이지에 따라 동일한 의미를 갖는 콘텐츠를 사용자가 다르게 인식하게 만들면 안 되고, 웹사이트 전반에 걸쳐서 콘텐츠, 메뉴, 버튼명, 검색 방법 등이 동일한 네이밍과 규칙을 가져야 한다는 것입니다.

기능 목록

정보 구조 설계

구성 요소	범주	내용	비고
구조	기능별	로그인/회원가입, 혼밥 매칭 채팅	
	주제별	식당, 음식, 식사 매너 점수, 모집 인원, 정확한 위치, 날짜	
	이용자별	방장, 참여자	
네비게이션	GNB	로그인/회원가입, 혼밥 매칭 채팅, 프로필	
	LNB	채팅방 검색, 채팅방 목록	
레이블링	명명법	밥상(채팅방 이름), 밥장(게시자), 숟갈(참여자)	
검색	Knowing-item	기지 정보	지역, 음식, 식당, 날짜
	Casual-browsing	우연 정보	지역, 음식, 식사 매너 점수

그림 2-11 정보 구조 설계

2.2.7 사이트맵

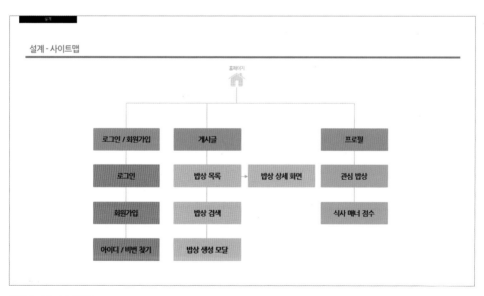

그림 2-12 사이트맵

사이트맵은 책의 목차와 같이 제공되는 서비스, 즉 웹사이트의 콘텐츠를 분류하고 사이트에서 제공하는 모든 메뉴를 구조화하는 것입니다. 먼저 [그림 2-12]처럼 웹사이트에서 제공하는 모든 메뉴를 나열합니다. 그리고 [그림 2-13]과 같이 사용자의 역할별로 메뉴에 대한 설명을 정의합니다.

사이트맵

사용자 그룹	화면명	설명	상세 설명
고객	로그인	서비스 인증	카카오톡(SNS) 로그인, 아이디/비밀번호 찾기
	회원가입	서비스 가입	약관 동의(매칭 後 책임 관련), 태그 관련 유저 리서치(로그 데이터)
	채팅방(밥상) 생성	매칭 등록	채팅방 생성 팝업(모달), 카카오맵 API 연동
	채팅방(밥상) 목록	매칭 목록	채팅방 목록(모집중/모집완료 표시), 검색(필터링), 알림
	채팅방(밥상) 화면	매칭	채팅방, 투표/캘린더, 1/N 계산기
	프로필	내 정보	식사 매너 점수
	관심 밥상	밥상 찜	관심 있는 밥상 즐겨찾기
관리자	로그인	관리자 인증	관리자 로그인
	회원 관리	회원 관리	회원 차단

그림 2-13 사용자 그룹별 사이트맵

2.2.8 와이어프레임

와이어프레임은 화면 단위로 레이아웃을 설계하고 서비스 흐름을 정의하는 것입니다. 이해관계자가 화면별 서비스 흐름을 이해하는 것을 돕기 위해 작성합니다. 손 스케치로 와이어프레임을 설계할 수도 있고, 파워포인트나 키노트의 도형을 이용해서 만들기도 합니다. 피그마^{Figma} 같은 전문적인 디자인 툴을 사용하면 시뮬레이션이 가능한 프로토타입 수준의 와이어프레임을 제작할 수 있습니다.

와이어프레임 단계에서는 상세한 콘텐츠 내용까지는 작성하지 않고 콘텐츠를 배치할 위치를 잡습니다. [그림 2-14]는 피그마에서 작성한 와이어프레임입니다.

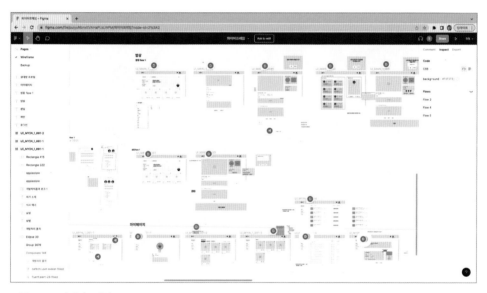

그림 2-14 와이어프레임

2.2.9 스토리보드

스토리보드에는 와이어프레임을 통해 만들어진 화면 레이아웃에 실질적인 콘텐츠(메뉴, 링크, 버튼, 내용)를 배치하고 콘텐츠 사용법도 상세히 기록합니다. 또한 정책, 프로세스, 기능 정의, 데이터베이스 연동 등 서비스 구축을 위한 모든 정보가 담깁니다.

[그림 2-15]는 피그마에서 만든 와이어프레임을 구체화한 스토리보드입니다.

그림 2-15 스토리보드

피그마에서는 각각의 설계된 화면을 연결해서 마치 실제 웹이 동작하는 것처럼 보여주는 프레
젠테이션 기능을 제공합니다. [그림 2-16]은 피그마 프레젠테이션 기능으로 설계된 화면입니
다. 실제 웹에서 메뉴나 버튼을 클릭했을 때 화면이 이동하는 것과 같은 효과를 주기 때문에 웹
사이트가 최종적으로 어떻게 제공되고, 사용자는 어떻게 사용할지 간접적으로 경험할 수 있습
니다. 이를 통해 개발자는 자신이 개발하는 웹페이지를 깊이 이해할 수 있습니다.

그림 2-16 피그마 프레젠테이션

스토리보드는 개발을 위한 최종 산출물에 해당합니다. 이를 바탕으로 디자이너는 각 콘텐츠에 대한 색상, 크기, 폰트 등을 디자인하고 개발자나 웹 퍼블리셔는 HTML, CSS로 웹 화면을 구현합니다.

2.2.10 프로토타입

프로토타입은 실제 구현할 서비스와 흡사한 모형을 만드는 작업입니다. 정적인 화면으로 설계된 와이어프레임 또는 스토리보드에 인터랙션(화면 전환, 콘텐츠 변경 등의 동적 효과)을 적용함으로써 실제 서비스가 동작하는 것처럼 시뮬레이션할 수 있기 때문에 간접적인 사용자 테스트가 가능합니다. 이해관계자는 프로토타입을 통해 서비스에 대한 이해를 높일 수 있고, 개발 전 정밀한 요구사항을 도출해낼 수 있습니다. 피그마와 같은 툴을 사용하면 추가 개발 없이도 와이어프레임을 프로토타입 수준으로 바로 사용할 수 있습니다. 최근에는 많은 개발팀이 피그마를 사용하여 와이어프레임, 스토리보드, 프로토타입에 해당하는 3가지 산출물을 한 번에 만들어냅니다.

[그림 2-17]과 [그림 2-18]은 이런 프로세스를 거쳐서 실제로 개발된 최종 결과물입니다.

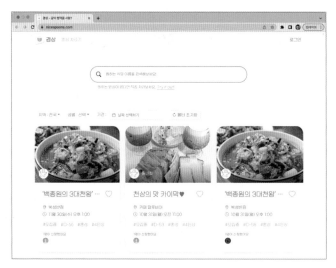

그림 2-17 겸상 – 메인 화면

그림 2-18 겸상 – 숟갈 얹기 화면

5명의 예비 개발자가 3개월이라는 짧은 시간에 제품 기획부터 개발 완료까지 해낼 수 있었던 이유는 참여자의 노력과 더불어 제대로 된 프로세스를 따랐기 때문입니다.

2.3 개발 후에 이루어지는 것

개발을 완료하면 웹 애플리케이션이 사용자의 요구를 충분히 만족시키는지, 기능에 결함이 없는지 등을 테스트합니다. 개발을 진행하는 중간중간 단위 화면 중심으로도 테스트하지만, 모든 화면 개발 후 전체적인 관점에서 핵심 시나리오를 기반으로도 테스트합니다.

일반적인 테스트 절차는 다음과 같습니다.

1 테스트의 목적, 범위, 일정, 수행 절차, 대상 시스템 구조, 테스트 참여자의 역할 및 책임 등 테스트를 수행하기 위한 **테스트 계획서**를 작성합니다.

2 단위 화면별로 사용자의 요구사항을 만족시키는지, 결함이 없는지를 확인하기 위해서 실행 조건, 입력 값, 테스트 절차, 테스트에 따른 기대 값 등을 기록한 **테스트 케이스**를 작성합니다.

3 테스트 케이스를 바탕으로 **단위 테스트**를 진행합니다.

4 하나로 이어지는 비즈니스 시나리오 처리를 위해 여러 개의 단위 테스트를 묶어서 **테스트 시나리오**를 작성합니다.

5 테스트 시나리오를 바탕으로 **통합 테스트**를 진행합니다.

6 테스트 결과를 바탕으로 요구사항을 만족하지 못한 프로그램을 보완합니다.

7 모든 테스트 결과로 기대 값이 나올 때까지 반복적으로 진행합니다.

2.3.1 테스트 케이스 작성

테스트 케이스는 애플리케이션이 사용자의 요구사항을 정확하게 준수했는지 확인하기 위한 명세서입니다. 실행 조건, 입력 값, 테스트 절차, 기대 값 등으로 구성됩니다. 테스트 케이스의 문서 형식은 조직에 따라 다를 수 있지만 일반적으로 다음과 같은 내용을 포함합니다.

요소	설명
식별 번호	각 테스트 케이스의 고유한 식별 번호
선행 조건(실행 조건)	테스트를 수행하기에 위해 필요한 선행 조건으로, DB에 등록되어 있어야 하는 선행 데이터 혹은 실행 환경에 대한 설명
테스트 절차	테스트 순서와 순서별로 수행해야 할 항목에 대한 정의
기대 값	테스트 절차대로 진행 시 기대되는 결과 정의
성공 여부(합격/불합격)	테스트 후 결과 기입
비고	예상외의 결과는 보충 설명이 필요한 경우 기입

테스트 케이스는 개발을 완료한 후에만 작성하는 것은 아닙니다. 개발 시작 전에 작성하는 테스트 케이스도 있습니다. 개발 전 작성한 테스트 케이스는 개발자에게 어떤 기능과 어떤 목표(성능)치를 이루어야 하는지에 대해 명확한 방향성을 짚어주기 때문에 개발할 때 굉장히 많은 도움이 됩니다. 좋은 개발 조직을 가지고 있는 팀일수록 개발 전에 테스트 케이스를 만듭니다.

2.3.2 단위 테스트

단위 테스트는 테스트가 가능한 가장 작은 단위 기능을 실행해서 예상대로 작동하는지 테스트하는 것입니다. 단위 테스트의 범위는 함수 하나가 될 수도 있고 화면 하나가 될 수도 있으며, 몇 개의 화면을 모은 작은 업무가 될 수도 있습니다.

프로젝트 규모에 따라 단위 테스트를 전담하는 인력이 있거나 해당 프로그램을 구현한 개발자가 직접 진행하기도 합니다. 담당자는 테스트 케이스 문서를 기준으로 단위 테스트를 진행합니다. 단위 테스트 전담 수행 인력이 있더라도, 개발자는 개발 과정 내내 자신이 개발한 프로그램이 단위 테스트의 요구 조건을 만족하는지 스스로 테스트하며 보완해야 합니다.

2.3.3 테스트 시나리오 작성

테스트 시나리오는 여러 개의 테스트 케이스를 묶은 집합에 테스트 케이스를 적용하는 구체적인 절차를 정의한 문서입니다. 특정 과업을 수행하는 단계별 테스트 케이스를 순서대로 모아서 과업이 정상적으로 완료되는지 테스트하기 위해 작성합니다. 일반적으로 테스트 케이스는 단위 화면을 테스트하기 위한 용도로 작성된다면, 테스트 시나리오는 애플리케이션 사용자의 역할을 기반으로 비즈니스 프로세스가 정상적으로 수행되는지 종합적으로 테스트하기 위한 문서입니다.

쇼핑몰 애플리케이션의 테스트 시나리오를 예로 들겠습니다. 다음 시나리오는 고객이 쇼핑몰에서 상품을 검색하고 주문한 후 배송 받기까지의 단계입니다.

1 **고객**   상품 검색
2 **고객**   원하는 상품을 장바구니에 보관
3 **고객**   장바구니에 담긴 상품을 주문/결제
4 **담당자** 주문된 상품 목록 확인(고객이 주문한 상품이 있는지 확인)
5 **담당자** 상품이 준비되면 택배 발송 후 주문 상태를 '발송'으로 변경
6 **고객**   상품이 발송 상태로 변경되었는지 확인
7 **고객**   상품 수령 및 개봉 후 상품평 등록

이 예시와 같이 고객이 상품을 검색하는 것부터 상품평을 등록하는 것까지, 즉 전체 주문 프로세스로 테스트 시나리오의 단위를 잡을 수도 있고, 고객이 상품을 검색하고 주문하는 과정까지만을 하나의 테스트 시나리오로 잡을 수도 있습니다. 테스트 케이스와 마찬가지로 테스트 시나리오 역시 프로젝트팀에서 단위를 어떻게 설정할 것인지에 따라 달라집니다.

UAT Cycle	Process	Function	BRD #	BRD Description	Test Scenario #	Test Scenario Description	Test Case #	Test Case Description	Comments	Status	Defect #	Change Request #
EXTENDED	User Security	Lookup (3.3···) Program (3.4···) Payment (5.3···)	3.3.1.1 3.4.1.1 5.3.1.1	Ability to create Users with specific view/access rights. Ability to create Users with specific view/access rights.	TS_Security5_01	Validate correct system access is applied to the National, Regional, District and Roles.	TCS_Access_01	Login with a National role and confirm that data for all 5 regions are viewable in system, Program and Payment. Refer to the system Login Matrix for User Role				
EXTENDED	User Security	Lookup (3.3···) Program (3.4···) Payment (5.3···)	3.3.1.3 3.4.1.3 5.3.1.2	Ability to identify a particular user and associated rights. Ability to identify a particular user and associated rights. Ability to identify a particular user and associated rights.			TCS_Access_02	Login with a Regional role and confirm that data is viewable in system, Program and Payment for their region only. Refer to the system5 Login Matrix for User Role information.				
EXTENDED	User Security	Lookup (3.3···) Program (3.4···) Payment (5.3···)	3.3.1.5	Lookup tool provides the ability for user to mirror National and HMA Regional staff.			TCS_Access_03	Login with a District role and confirm that data is viewable in system, Program and Payment for their District only. Refer to the system Login Matrix for User Role information.				
EXTENDED	User Security	Lookup (3.3···) Program (3.4···) Payment (5.3···)	3.3.1.4	System will default to display all Program Types except for programs within Program Category = "" for users other than Principals.			TCS_Access_04	Login with a role and confirm that data is viewable in system, Program and Payment for their ship only. Refer to the system Login Matrix for User Role information.				
EXTENDED	User Security	Lookup (3.3···) Program (3.4···) Payment (5.3···)					TCS_Access_05	Login with a Personnel role (e.g., Sales Manager or Salesperson) in system and Navigate to. Select or Enter and Purchase Date. Confirm that no programs are displayed in results page. Refer to system Login Matrix for User Role information.				
EXTENDED	User Security	Lookup (3.3···) Program (3.4···) Payment (5.3···)					TCS_Access_06	Confirm Regional and National Users can access system via Single Sign-on and validate the data is specific to their access based on their login.				
EXTENDED	User Security	Lookup (3.3···) Program (3.4···) Payment (5.3···)	3.3.1.2 5.3.1.2 3.4.1.2	System will enable role based security at the ship level with access and administration capabilities. Admin can customize types of programs viewable for user types.	TS_Security5_02	Confirm that a Admin Role can control access for Roles at their ship.	TCS_DirAdmin_01	Login with a Admin Role within each ship and update Sales Manager and Salesperson access. Login as the Sales Manager and Salesperson and validate they can only view data based on the changes made in system, Program Payment.				
EXTENDED	User Security	Lookup (3.3···) Program (3.4···) Payment (5.3···)	5.3.1.4	Ability to manage which Program Type will be visible to users with View Only rights. Example: ABC has a user with Payments Admin and chooses to modify user view rights so that any payments for Program Type= Cash are not visible to users at ABC with Payments View Only rights.			TCS_DirAdmin_02	Login with a Admin role for a specific ship in each region and modify user view right for a Salesperson so that payments for Cash are no longer viewable to the Salesperson. Login as the User and confirm that Cash is no longer accessible.				
EXTENDED	User Security	Lookup (3.3···) Program (3.4···) Payment (5.3···)	3.3.1.6	Consumer program incentive data from can be accessed by additional audiences including consumers, 3rd parties, etc.			TCS_DirAdmin_03	Login with a Admin role for a specific ship in each region and modify user view right for a Sales Manager so that payments for Cash are viewable to the Salesperson. Login as the User and confirm that Cash is accessible.				

그림 2-19 테스트 시나리오 문서

[그림 2-19]는 필자가 미국에서 프로젝트를 진행할 때 팀 내에서 작성한 테스트 시나리오 문서입니다.

테스트 시나리오에 작성된 항목은 다음과 같습니다.

- **UAT Cycle**: 통합 테스트가 몇 회차인지 의미함
- **Process**: 어떤 프로세스에 해당하는 테스트인지 의미함
- **Function**: 기능 번호
- **BRD #**: BRD 문서[2]에 작성된 요구사항 고유 번호
- **BRD Description**: BRD에 대한 설명
- **Test Scenario #**: 테스트 시나리오 고유 번호
- **Test Scenario Description**: 테스트 시나리오에 대한 설명
- **Test Case #**: 테스트 케이스 고유 번호
- **Test Case Description**: 테스트 케이스에 대한 설명
- **Comments**: 통합 테스트 수행 후 작성하는 코멘트
- **Status**: 통합 테스트 진행 후 결과에 대한 성공 여부
- **Defect #**: 결함에 대한 고유번호(결함을 관리하는 엑셀 시트는 별도 관리)
- **Change Request #**: CRD문서[3]에 요청한 변경사항 고유 번호

[그림 2-19]의 'TS_SecurityS_01'이라는 테스트 시나리오 하나에 [그림 2-20]처럼 여러 개의 테스트 케이스가 있는 것을 확인할 수 있습니다.

테스트 시나리오에서 중요한 것은 단순히 어떻게 테스트할 것인지에 대한 기록뿐만 아니라 이 테스트가 어떤 요구사항을 만족시키기 위한 것인지 그리고 테스트를 통해 발견된 결함 혹은 추가 보완사항이 개발 일정에 어떤 영향을 미칠지에 대해서도 쉽게 관리할 수 있도록 관련 있는 다른 문서와 연결하는 필드를 가져가야 한다는 점입니다. [그림 2-19] 테스트 시나리오 문서에서 BRD 번호, Defect 번호, CRD 번호를 확인할 수 있습니다.

----

2 BRD(business requirement document) 문서에는 비즈니스 요구사항을 작성합니다.
3 CRD(change request document) 문서에는 통합 테스트 진행 후 결함이나 보완할 내용을 추가합니다.

Test Scenario #	Test Scenario Description	Test Case #	Test Case Description
TS_SecurityS_01	Validate correct system access is applied to the National, Regional, District and Roles.	TCS_Access_01	Login with a National role and confirm that data for all 5 regions are viewable in system, Program and Payment. Refer to the system Login Matrix for User Role
		TCS_Access_02	Login with a Regional role and confirm that data is viewable in system, Program and Payment for their region only. Refer to the systemS Login Matrix for User Role information.
		TCS_Access_03	Login with a District role and confirm that data is viewable in system, Program and Payment for their District only. Refer to the system Login Matrix for User Role information.
		TCS_Access_04	Login with a role and confirm that data is viewable in system, Program and Payment for their ship only. Refer to the system Login Matrix for User Role information.
		TCS_Access_05	Login with a Personnel role (e.g., Sales Manager or Salesperson) in system and Navigate to. Select or Enter and Purchase Date. Confirm that no programs are displayed in results page. Refer to system Login Matrix for User Role information.
		TCS_Access_06	Confirm Regional and National Users can access system via Single Sign-on and validate the data is specific to their access based on their login.

그림 2-20 하나의 테스트 시나리오에 여러 개의 테스트 케이스가 존재

2.3.4 통합 테스트

대규모 프로젝트에서는 일반적으로 최소 3번의 통합 테스트를 진행합니다. 모든 화면을 개발 완료할 때까지 기다렸다가 진행하는 것이 아니라, 우선순위가 높은 화면의 개발이 끝나면 1차 통합 테스트를 진행하고 1차 통합 테스트를 진행하는 동안 추가로 개발한 화면과 1차 통합 테스트에서 결함이 드러난 화면을 모아서 2차 통합 테스트를 합니다. 마지막으로 1, 2차 통합 테스트에서 결함이 드러난 화면과 나머지 모든 화면을 모아서 3차 통합 테스트를 합니다.

통합 테스트는 테스트 시나리오를 바탕으로 진행합니다. 실제 비즈니스 흐름에 맞게 순서대로 테스트하며 테스트 시나리오가 정상적으로 완료되는지 확인합니다. 그리고 통합 테스트 결과로 다음 내용을 테스트 시나리오 문서에 추가합니다.

- **코멘트**: 테스트 항목에 대해서 추가적으로 필요한 코멘트를 작성합니다.
- **결함 번호**: 결함(defect)이 발생하면 결함 내용은 결함 관리 문서에 별도로 기록하고, 테스트 시나리오 문서에는 결함 관리 문서에 작성한 결함 고유 번호를 기입합니다.
- **변경 번호**: 단위 테스트에서는 발견하지 못했지만, 테스트 시나리오를 바탕으로 하나의 업무를 테스트하는 과정에서 미처 생각하지 못한 요구사항이 추가적으로 발생할 수 있습니다. 혹은 일부 변경(change request)

이 필요할 수 있습니다. 이때는 변경 요청사항을 관리하는 별도 문서에 변경사항을 상세히 기록하고 테스트 시나리오 문서에는 해당 변경 요청 고유 번호를 기입합니다.

결함과 변경 요청 관련 내용은 프로젝트팀으로 전달되고 프로젝트팀에서는 이를 보완해야 합니다. 보완 완료 후 통합 테스트를 다시 진행하고 만족스러운 결과가 나올 때까지 이 과정을 반복적으로 수행합니다. SI 업계에서는 최종 통합 테스트까지 모두 완료하면 [그림 2-21]과 같은 테스트 결과 확인서를 받습니다.

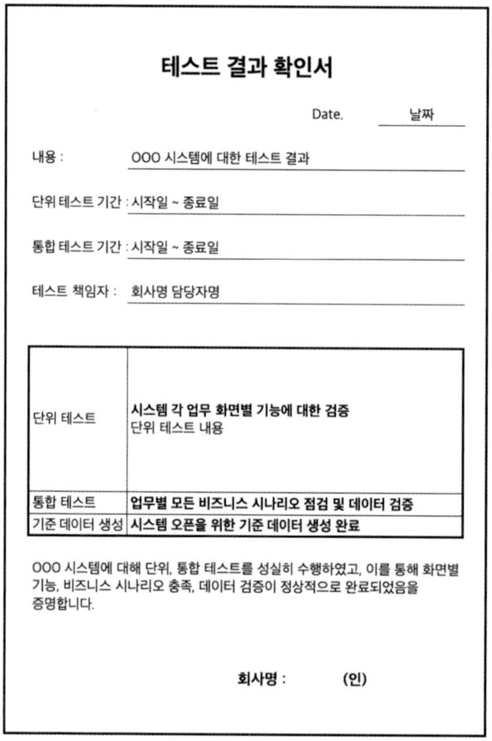

테스트 결과 확인서

Date. _____ 날짜

내용 : OOO 시스템에 대한 테스트 결과 _____

단위 테스트 기간 : 시작일 ~ 종료일 _____

통합 테스트 기간 : 시작일 ~ 종료일 _____

테스트 책임자 : 회사명 담당자명 _____

단위 테스트	**시스템 각 업무 화면별 기능에 대한 검증** 단위 테스트 내용
통합 테스트	**업무별 모든 비즈니스 시나리오 점검 및 데이터 검증**
기준 데이터 생성	**시스템 오픈을 위한 기준 데이터 생성 완료**

OOO 시스템에 대해 단위, 통합 테스트를 성실히 수행하였고, 이를 통해 화면별 기능, 비즈니스 시나리오 충족, 데이터 검증이 정상적으로 완료되었음을 증명합니다.

회사명 : (인)

그림 2-21 테스트 결과 확인서

2.3.5 빌드와 배포

개발한 모든 프로그램을 운영 서버에 반영하는 것을 배포^{deploy}라고 합니다. 그리고 배포를 위한 파일 생성 과정을 빌드^{build}라고 합니다. 통합 테스트 완료 후 서비스할 준비를 마치면 개발한 프로그램을 운영 서버로 이관해야 합니다.

새로운 서비스를 첫 출시할 때보다 이미 운영 중인 서비스의 새로운 버전을 출시할 때 더 많은 전략이 필요합니다. 프로그램을 배포하는 동안에는 사용자가 서비스를 이용할 수 없고 프로그램 배포 후에 장애가 발생할 수도 있기 때문에 여러 사항을 고려해야 합니다.

빌드와 배포는 시스템 운영에 있어 굉장히 중요한 절차이기 때문에 이 과정을 자동화하려는 노력이 이루어지고 있습니다. 배포 자동화를 구현하면 자동화된 프로세스에 따라 테스트 환경에서 운영 환경으로 소프트웨어를 신속히 전달할 수 있습니다. 따라서 소프트웨어 제공 주기 전반에 걸쳐 배포를 안정적으로 반복할 수 있습니다.

지속적 통합$^{continuous\ integration}$(CI)과 지속적 배포$^{continuous\ deployment}$(CD)는 애플리케이션 프로그램을 통합, 테스트, 빌드, 배포하기까지의 라이프 사이클을 자동화하고 끊임없이 모니터링하면서 고객에게 애플리케이션을 보다 짧은 주기로 제공하는 방법을 의미합니다. 간단히 말하면 CI는 빌드와 테스트 자동화이고 CD는 배포 자동화라고 볼 수 있습니다.

단순함은 성공적인 프로그래밍의 핵심이다.
복잡함은 막연한 어려움을 겪게 만든다.

아네르스 하일스베르트(Anders Hejlsberg)

3장

더 나은
HTML 개발

3.1 HTML은 무엇인가?

누군가에게 'HTML'이 무엇인지 설명한다면 어떻게 이야기할 건가요? 'HTML은 Hyper Text Markup Language의 약자이고, 웹페이지의 뼈대를 만드는 마크업 언어'라고 설명하면 충분할까요? Hyper, Text, Markup, Language 네 개의 영어 단어를 이해하며 HTML이 무엇인지 제대로 알아봅시다.

Hyper는 HTML을 설명할 때 가장 중요한 단어입니다. 하이퍼링크^{hyperlink}를 떠올려봅시다. 하이퍼링크는 문서 안에서 모든 형식의 자료를 연결할 수 있는 '참조 고리'입니다. 초기 웹에는 하이퍼링크 기능을 하는 〈a〉 태그가 있었습니다. Hyper라는 용어에서 알 수 있듯 웹의 뼈대를 이루는 HTML은 결국 모든 것을 연결하기 위해 탄생했습니다.

Hyper는 '초월'이라는 의미이고, Text는 '문자', '글자'를 의미합니다. 두 단어를 합치면 Hyper Text이고 이는 '초월한 문자'를 의미합니다. 용어를 더 쉽게 이해하기 위해 4차 산업혁명 시대에 자주 거론되는 '초연결' 개념을 살펴봅시다. 초연결^{hyperconnectivity}은 사람과 사물(공간, 생물, 정보, 비즈니스 등)이 물리적 또는 가상 공간과의 경계 없이 유기적으로 연결되어 소통하고 상호작용하는 만물인터넷$^{\text{internet of everything}}$(IoE)의 근간입니다. 정리하면 Hyper Text는 문자, 사진, 음악, 동영상, 파일 등을 유기적으로 연결하여 이를 바탕으로 소통할 수 있는 '초문자'입니다.

[그림 3-1]은 필자가 집필한 책에 인쇄된 저자 소개 중 일부 내용입니다.

- 주식회사 리턴밸류 대표이사
- 팬임팩트코리아 기술전문위원
- 유튜브 채널 - '개발자의품격' 운영
- 이메일 - seungwon.go@gmail.com
- 블로그 - https://seungwongo.medium.com
- 유튜브 - https://www.youtube.com/c/개발자의품격

그림 3-1 책에 인쇄된 저자 소개

블로그 주소와 「개발자의품격」 유튜브 URL을 볼 수 있습니다. 종이책에서는 이 주소를 손으로 직접 눌러도 블로그나 유튜브에 접속할 수는 없습니다. 책 속의 문자는 문자와 문자, 문장과 문장, 책과 책이 그 어떤 식으로도 연결되어 있지 않습니다. 책에서는 내가 원하는 특정 단어나 문장을 빠르게 찾을 수 있는 방법이 없습니다. 우리가 알고 있는 일반적인 문자는 이와 같습니다. 하지만 웹사이트에는 Hyper Text가 있기 때문에 메뉴를 클릭하면 메뉴 화면으로 이동하고, 뉴스 제목을 클릭하면 상세 뉴스 화면이 나타나며, 내가 원하는 문자나 정보를 빠르게 찾을 수 있는 검색 기능도 사용할 수 있는 것입니다.

HTML은 Hyper Text를 마크업^{markup}(표시)할 수 있는 언어^{language}입니다. '마크업'은 문서 내용 이외에 문서의 서식, 구조 등을 표현하기 위한 정보이며, '마크업 언어'는 마크업 정보를 표현할 수 있는 언어입니다. 즉, HTML은 문자 이상의 초문자를 마크업 정보를 사용해서 표현할 수 있는 언어라고 정의할 수 있습니다.

3.2 잘 읽히는 웹과 그렇지 못한 웹

잘 읽히는 웹과 그렇지 못한 웹에 대해서 생각해본 적이 있나요? 우리는 책, TV, 매거진, 블로그 등 수많은 글을 읽습니다. 눈으로 글을 읽고 그 내용을 이해하죠. 웹 개발자가 작성한 코드는 사람의 눈에는 보이지 않지만 검색 엔진^{search engine}과 스크린 리더^{screen reader} 같은 소프트웨어를 통해 읽힙니다.

검색 엔진과 스크린 리더는 웹페이지를 이루는 코드를 해석하고 이해합니다. 검색 엔진과 스크린 리더 같은 소프트웨어가 잘 이해할 수 있는 코드는 어떻게 작성해야 할까요? 그리고 이해하기 쉬운 코드를 작성하는 것이 왜 중요할까요?

잘 읽히는 글을 작성하는 방법을 다루는 책에서는 공통적으로 '간단 명료하게' 쓰라고 강조합니다. 개발자가 작성하는 코드 역시 마찬가지입니다. 마크업을 작성할 때 불필요한 태그는 제거하고 페이지를 구성하기 위해 필요한 태그만 사용하여 간단 명료하게 구조화해야 합니다. 구조가 복잡해지고 태그의 깊이가 깊어질수록 DOM 트리를 생성하는 비용이 많이 듭니다.

잘 읽히는 글을 쓰려면 '정확한 의미 전달'도 중요합니다. 인쇄된 글과 달리 웹페이지 글에는 특정 의미를 부여할 수 있습니다. 예를 들어 다음 <b> 태그, <p> 태그, <strong> 태그는 모두 웹에서 볼드체로 보이고 똑같은 모양을 갖습니다.

```
<b>볼드체로 화면에 보입니다.</b>
<p style="font-weight:bold;">볼드체로 화면에 보입니다.</p>
<strong>볼드체로 화면에 보이고 강조의 의미를 갖습니다.</strong>
```

<strong> 태그는 '강조'를 의미합니다. 검색 엔진이 페이지를 해석할 때 <b> 태그, <p> 태그는 디자인적인 모양 외에는 아무런 의미가 없습니다. 하지만 <strong> 태그는 태그에 작성된 내용을 강조한다는 의미로 해석합니다. 그래서 스크린 리더는 <strong> 태그의 내용을 더 크고 강한 목소리로 강조하여 읽습니다.

오늘날 웹은 잘 읽혀야 될 뿐만 아니라 빨라야 합니다. 구글 연구에 따르면 웹페이지를 로드하는 데 5초 이상 걸리면 방문자가 페이지를 이탈할 가능성이 90% 증가한다고 합니다. 따라서 브라우저 렌더링 과정을 이해하고 페이지 내에서 사용하는 리소스를 최적화하여 잘 읽힐 뿐만 아니라 속도도 빠른 웹을 제공해야 합니다. 그러기 위해 브라우저 렌더링, 다양한 웹 리소스를 최적화하는 방법을 이해해야 합니다.

3.3 브라우저 렌더링 최적화

렌더링은 HTML, CSS, 자바스크립트 등 개발자가 작성한 문서가 브라우저에 출력되는 과정입니다. 대부분의 브라우저는 렌더링을 수행하는 렌더링 엔진을 가지고 있습니다. 크롬은 블링크Blink, 사파리는 웹킷Webkit, 파이어폭스는 게코Gecko라는 렌더링 엔진을 사용합니다.

3.3.1 브라우저 구조

브라우저마다 구조가 조금씩 다르지만, 보통은 [그림 3-2]와 같은 구조입니다.

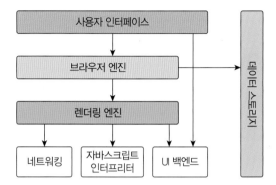

그림 3-2 브라우저 구조

- **사용자 인터페이스(user interface)**: 주소 표시줄, 이전/다음 버튼, 새로고침 버튼, 북마크 메뉴 등 웹페이지 영역을 제외한 나머지 부분
- **브라우저 엔진(browser engine)**: 사용자 인터페이스와 렌더링 엔진 사이를 연결하고 URL 로드 및 기타 상위 수준 탐색 작업 시작 방법을 제공함
- **렌더링 엔진(rendering engine)**: 웹페이지를 표시함. HTML, CSS를 파싱하여 화면에 보여줌
- **네트워킹(networking)**: HTTP 등을 통해 인터넷에 접근하거나 데이터를 전송함
- **자바스크립트 인터프리터(JavaScript interpreter)**: 자바스크립트 코드를 해석하고 실행하며 크롬에서는 V8 엔진을 사용함
- **UI 백엔드(UI backend)**: 브라우저에 내장되어 있는 UI 위젯을 표시함
- **데이터 스토리지(data storage)**: 로컬 스토리지, 세션 스토리지, 쿠키 등 클라이언트 측에서 데이터를 저장하는 영역

사용자 인터페이스

그림 3-3 사용자 인터페이스

사용자 인터페이스^{user interface}는 웹브라우저 창에서 '웹페이지가 표시되는 영역'을 제외한 주소
표시줄, 이전 버튼, 다음 버튼, 새로고침 버튼, 북마크 등 나머지 부분에 해당합니다. 브라우저
종류마다 사용자 인터페이스가 보이는 모양은 조금씩 다르지만 최신 브라우저는 대부분 비슷
한 사용자 인터페이스를 제공합니다.

브라우저 엔진

브라우저 엔진^{browser engine}은 사용자 인터페이스와 렌더링 엔진을 연결합니다. 예를 들어 사용자
가 주소창에 웹사이트 주소를 입력하면 네트워킹^{networking}을 통해 해당 웹사이트 리소스를 요청
하고, 렌더링 엔진을 통해 요청한 웹페이지가 나타나도록 제어합니다. 이 외에도 이전 버튼, 다
음 버튼, 새로고침 버튼 등 사용자의 액션에 따라 웹페이지가 표시되는 영역의 콘텐츠를 제어
합니다.

렌더링 엔진

렌더링 엔진^{rendering engine}은 웹페이지를 표시합니다. 즉, HTML, CSS를 파싱해서 화면에 렌더
링하는 역할을 합니다. 다음 표와 같이 브라우저마다 다른 렌더링 엔진을 사용합니다. 렌더링
과정 관련 내용은 3.3.2절에서 자세히 다루겠습니다.

브라우저	렌더링 엔진
크롬	Blink
Edge	Blink
사파리	Webkit
파이어폭스	Gecko

네트워킹

다음과 같은 사용자 액션이 있을 때마다 웹페이지 요청이 발생합니다.

1 브라우저 주소창에 주소를 입력하는 경우
2 웹페이지에서 링크가 있는 요소인 메뉴, 버튼 등을 선택한 경우
3 이전, 다음, 새로고침 버튼을 선택한 경우
4 스크립트에서 서버 리소스를 요청한 경우

사용자가 웹페이지에 대한 요청을 보내면 네트워킹이 요청된 웹사이트 도메인 주소를 IP 주소로 변환해주는 도메인 네임 시스템$^{domain\ name\ system}$(DNS)을 통해 실제 웹페이지를 제공하는 웹서버의 IP 주소를 찾습니다. 그리고 웹서버에 요청된 페이지를 보내달라는 신호를 보냅니다. 그러면 요청을 받은 웹서버가 페이지에 대한 리소스(HTML, CSS, 자바스크립트, 이미지 등)를 사용자 브라우저로 전송합니다. 네트워킹은 클라이언트와 서버 간 데이터 통신을 담당합니다. 전송받은 웹페이지 리소스를 렌더링 엔진, 자바스크립트 인터프리터로 파싱하고 최종적으로 웹페이지를 표시합니다.

자바스크립트 인터프리터

인터프리터란 프로그래밍 언어를 한 줄씩 읽어서 실행하는 프로그램입니다. 자바스크립트 인터프리터$^{JavaScript\ interpreter}$는 런타임 환경에서 기계어를 한 줄씩 번역해서 실행합니다.

모든 브라우저는 자바스크립트 엔진을 내장하고 있습니다. 대표적으로 크롬 브라우저에서 사용하는 구글의 V8 엔진이 있습니다. Node.js는 V8 엔진을 사용하며, 브라우저가 아닌 곳에서도 자바스크립트를 사용할 수 있도록 만들어졌습니다.

렌더링 엔진에서 웹서버로부터 받은 HTML 파일을 읽다가 <script>를 만나면 HTML 파싱 작업을 일시 중단하고, 자바스크립트 인터프리터가 해당 코드를 해석하고 실행합니다. 실제 자바스크립트 코드가 해석(컴파일)되고 실행하는 과정은 3.3.2절에서 자세히 다루겠습니다.

UI 백엔드

UI 백엔드^{UI backend}는 콤보 박스, 체크 박스, 텍스트 박스 등 UI 위젯을 그립니다. 동일한 콤보 박스라도 브라우저 종류에 따라서 모양이 조금씩 다르게 보이는데, 이는 웹페이지 내의 UI 요소가 브라우저에 내장된 위젯을 사용하기 때문입니다.

그림 3-4 브라우저별로 다르게 보이는 UI 위젯(좌: 크롬, 우: 사파리)

데이터 스토리지

그림 3-5 브라우저 데이터 스토리지

브라우저 자체에 데이터를 저장할 수 있는 데이터 스토리지^{data storage}가 있습니다. [그림 3-5]와 같이 브라우저 개발자 도구의 애플리케이션 탭을 보면 쿠키^{Cookies}, 로컬 스토리지^{Local Storage}, 세션 스토리지^{Session Storage}, IndexedDB, Web SQL, 캐시 스토리지^{Cache Storage} 등의 데이터 스토리지를 확인할 수 있습니다.

3.3.2 렌더링 과정

사용자가 웹페이지를 요청하면 서버로부터 HTML, CSS 등 웹사이트에 필요한 리소스를 다운받습니다. 렌더링 엔진은 HTML 문서를 파싱하여 DOM 트리를 만들고 CSS 문서를 파싱하여 CSSOM 트리를 만듭니다. 그리고 DOM과 CSSOM을 결합해서 렌더 트리를 생성합니다. 렌더 트리가 생성되면 레이아웃 단계에서 HTML의 각 요소를 화면에 배치합니다. 마지막으로 페인팅 단계에서 렌더 트리의 각 노드를 화면의 실제 픽셀로 변환합니다.

1 HTML을 파싱해서 DOM 트리 생성
2 CSS를 파싱해서 CSSOM 트리 생성
3 DOM 트리와 CSSOM 트리를 결합해서 렌더 트리 생성
4 레이아웃 단계에서 렌더 트리를 화면에 배치하기 위해 절대적인 픽셀 값을 계산
5 페인팅 단계에서 화면에 렌더 트리의 각 노드를 화면에 실제 픽셀로 변환
6 화면에 모든 요소가 그려짐

여기에 웹페이지의 중요한 리소스인 자바스크립트 파일은 렌더링 엔진이 아니라 자바스크립트 인터프리터에 의해 해석되고 실행됩니다. 웹 화면이 사용자에게 제공되는 과정을 더 상세히 나누면 다음과 같습니다.

1 사용자가 브라우저 주소 입력 창에 주소를 입력하고 웹사이트 접속을 요청
2 웹서버는 사용자, 즉 클라이언트가 요청한 웹사이트의 실제 페이지인 HTML 파일을 전송
3 브라우저 렌더링 엔진이 HTML 파일을 파싱하면서 DOM 트리를 생성
4 HTML을 파싱하다가 CSS를 만나면 렌더링을 잠시 중단(HTML 파싱을 계속 진행)하고 CSS 파싱 후 CSSOM 트리를 생성
5 계속해서 HTML을 파싱하다가 자바스크립트를 만나면 HTML 파싱을 잠시 중단하고 자바스크립트 인터프리터가 자바스크립트를 해석하고 실행
6 다시 HTML을 파싱하여 최종적으로 DOM 트리와 CSSOM 트리를 합쳐서 렌더 트리를 생성
7 레이아웃 단계에서 렌더 트리를 화면에 배치하기 위해 절대적인 픽셀 값을 계산
8 페인팅 단계에서 화면에 렌더 트리의 각 노드를 화면에 실제 픽셀로 변환
9 화면에 모든 요소가 그려짐

DOM 트리 생성

[그림 3-6]은 HTML 코드가 DOM^{document object model} 트리로 변환되는 과정입니다.

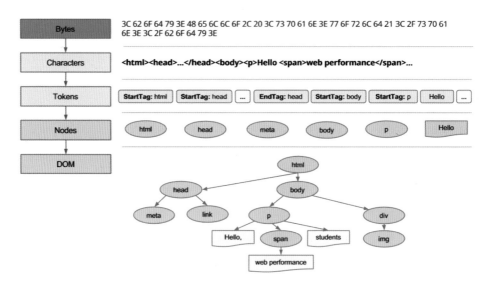

그림 3-6 DOM 트리 변환 과정

1 **변환**: 브라우저가 HTML의 원시 바이트를 읽어와서 HTML에 정의된 인코딩(예: UTF−8)에 따라 개별 문자로 변환함(Bytes → Characters)
2 **토큰화**: 브라우저가 문자열을 W3C 표준에 지정된 고유 토큰으로 변환함(Characters → Tokens)
3 **렉싱**: 방출된 토큰은 해당 속성과 규칙을 정의하는 '객체'로 변환됨(Tokens → Nodes)
4 **DOM 생성**: 마지막으로 HTML 마크업에 정의된 여러 태그 간의 관계를 해석해서 트리 구조로 연결됨 (Nodes → DOM)

브라우저는 HTML 마크업을 처리할 때마다 이러한 단계를 모두 수행합니다.

CSSOM 트리 생성

HTML 마크업 내에 인라인 스타일^{inline style}을 선언할 수도 있지만 <head> 태그에 외부 CSS 파일을 참조하거나 <head> 태그의 <style> 태그에 인터널 스타일^{internal style}을 정의할 수 있습니다. HTML과 마찬가지로 외부 CSS 파일에 정의된 스타일과 <style> 태그에 작성된 스타일을 브라우저가 이해하고 처리할 수 있는 형식으로 변환해야 합니다.

HTML을 파싱하다가 CSS를 만나면 렌더링 엔진은 잠시 렌더링을 중단하고 CSSOM^{CSS object} ^{model} 트리를 생성합니다. 그래서 CSS를 렌더링 차단 리소스^{render block resource}라고 합니다.

CSSOM 트리 생성 과정은 DOM 트리를 생성하는 과정과 동일합니다.

그림 3-7 CSSOM 트리 변환 과정

이런 과정을 거쳐서 마지막으로 CSSOM이라는 트리 구조가 생성됩니다.

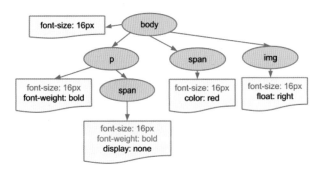

그림 3-8 CSSOM 트리 생성

CSSOM이 트리 구조를 갖는 이유는 브라우저가 최종 스타일을 계산할 때 해당 노드에 적용 가능한 가장 일반적인 규칙으로 시작해서 더 구체적인 규칙을 적용하는 하향식 방식이기 때문입니다. [그림 3-8]에서 body 태그에 `font-size:16px`이 적용되면 body의 하위 노드인 p, span 태그 등에는 부모 노드에서 정의한 `font-size:16px`을 선언하지 않아도 그대로 적용됩니다.

자바스크립트 해석과 실행

브라우저의 렌더링 엔진은 HTML을 파싱하다가 `<script>` 태그를 만나면 파싱을 잠시 중단합니다. 그래서 자바스크립트를 파서 차단 리소스^{parser blocking resource}라고 합니다. 자바스크립트 코드를 해석하고 실행할 때까지 HTML 파싱을 멈춥니다.

자바스크립트 코드 해석 과정을 컴파일레이션이라고 합니다.

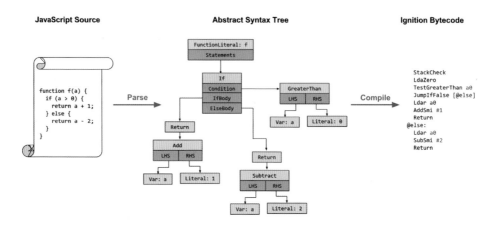

그림 3-9 컴파일레이션 과정[1]

컴파일은 3단계로 진행됩니다.

  1 코드를 의미 있는 조각으로 나누는 렉싱/토크나이징(이때 스코프가 결정됨)

  2 코드를 트리 구조로 나타내는 추상 구문 트리(abstract syntax tree, AST)로 만드는 파싱

  3 AST 트리를 바탕으로 바이트코드로 변환

여기서 AST는 프로그래밍 언어 문법에 따라 소스 코드 구조를 표시하는 계층적 프로그램 표현입니다. AST 트리가 어떤 모양으로 생성되는지는 AST Explorer[2]에서 확인할 수 있습니다. 다음 예제 코드를 통해 [그림 3-10]과 같이 AST 트리를 만들 수 있습니다.

```
function add(n1, n2) {
  return n1 + n2;
}
```

1 https://v8.dev/blog/background-compilation

2 https://astexplorer.net

그림 3-10 자바스크립트 코드 AST 트리로 변환

더 자세히 살펴보기 위해 AST Explorer의 JSON 탭을 선택하면 다음과 같이 JSON 형태로
확인할 수 있습니다.

```
{
  "type": "Program",
  "start": 0,
  "end": 43,
  "body": [
    {
      "type": "FunctionDeclaration",
      "start": 0,
      "end": 42,
```

```
  "id": {
    "type": "Identifier",
    "start": 9,
    "end": 12,
    "name": "add"
  },
  "expression": false,
  "generator": false,
  "async": false,
  "params": [
    {
      "type": "Identifier",
      "start": 13,
      "end": 15,
      "name": "n1"
    },
    {
      "type": "Identifier",
      "start": 17,
      "end": 19,
      "name": "n2"
    }
  ],
  "body": {
    "type": "BlockStatement",
    "start": 21,
    "end": 42,
    "body": [
      {
        "type": "ReturnStatement",
        "start": 25,
        "end": 40,
        "argument": {
          "type": "BinaryExpression",
          "start": 32,
          "end": 39,
          "left": {
            "type": "Identifier",
            "start": 32,
            "end": 34,
            "name": "n1"
          },
          "operator": "+",
          "right": {
```

```
                    "type": "Identifier",
                    "start": 37,
                    "end": 39,
                    "name": "n2"
                }
            }
        }
    ]
    }
}
],
"sourceType": "module"
}
```

개발자가 작성한 자바스크립트 코드는 컴파일러의 어휘 분석$^{\text{lexical analysis}}$과 구문 분석$^{\text{syntax analysis}}$을 통해 AST로 변환됩니다.

첫 번째로 어휘 분석기가 정의된 규칙을 사용하여 문자(코드) 스트림을 읽고 이를 토큰화합니다. 공백, 주석 등 실제 자바스크립트 코드 실행과 관련이 없는 부분은 모두 제거되고 전체 코드 문자열은 어휘 분석기에 의해 토큰 목록으로 분할됩니다.

다음은 어휘 분석기에 의해서 만들어진 토큰 목록은 구문 분석기(파서^{parser})로 가져와 코드의 구문을 검증하고 트리 구조로 변환합니다. 이때 작성된 코드에 구문 오류가 있다면 에러를 표시합니다. 이렇게 만들어진 트리 구조가 AST입니다.

자바스크립트 프로젝트에서 많이 사용하는 컴파일러 바벨^{Babel} 역시 내부적으로는 AST를 구축하고 최신 자바스크립트 구문을 예전 브라우저에서도 작동할 수 있도록 코드를 변환합니다. 이를 이용하면 오래된 브라우저에서는 지원하지 않는 자바스크립트 최신 구문으로 개발하더라도 바벨이 구 브라우저에서도 작동 가능한 자바스크립트 코드로 변환할 수 있습니다. 생성된 AST는 바이트코드로 변환되고, 인터프리터가 바이트코드를 실행하면서 자바스크립트가 작동합니다. 전체 과정은 [그림 3-11]과 같습니다.

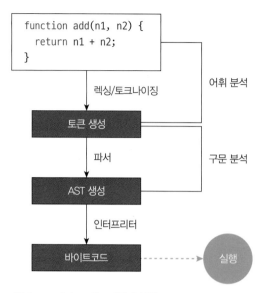

그림 3-11 자바스크립트 해석과 실행

렌더 트리 생성

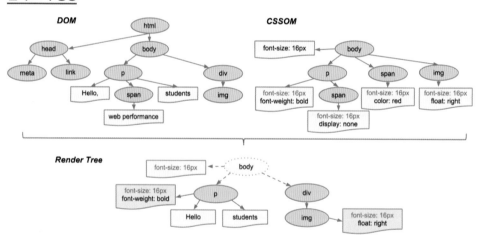

그림 3-12 렌더 트리 생성

DOM 트리와 CSSOM 트리가 만들어지면 이 둘을 결합해서 렌더 트리^{render tree}를 생성합니다. 렌더 트리에는 페이지를 렌더링하는 데 필요한 노드만 포함됩니다. 렌더 트리는 어떤 요소를 어떤 순서로 어떤 스타일을 적용해서 나타낼지 결정합니다. DOM 트리에는 화면에 보이지 않는 요소에 대한 정보가 있습니다. 예를 들어 display:none; 스타일이 적용된 HTML 요소는

DOM 트리에는 존재하지만, 렌더 트리에는 존재하지 않습니다. 렌더 트리에는 순수하게 화면에 보이는 노드만 포함됩니다.

레이아웃 단계

레이아웃^{layout} 단계에서는 뷰포트^{viewport} 내에서 각 요소의 정확한 위치와 크기를 캡처하는 박스 모델이 출력됩니다. CSS에서 크기나 위치를 퍼센트(%)로 정의했더라도 모두 절대적인 픽셀 값으로 계산됩니다.

다음 예제 코드는 2개의 `<div>` 태그가 있고, 각 `<div>`는 부모 요소 너비의 50%입니다.

```
<body>
  <div style="width: 50%">
    <div style="width: 50%">Hello world</div>
  </div>
</body>
```

여기서 `width:50%`는 부모 요소 너비에 대한 상대적인 값입니다. 스마트폰처럼 작은 화면에서 볼 때와 데스크톱 모니터 같은 큰 화면에서 볼 때의 50%는 다릅니다.

레이아웃 단계에서는 상대적인 값을 모두 절대적인 픽셀 값으로 변환합니다. 즉, HTML의 모든 요소에 대한 박스 모델의 절대적인 너비, 높이, 위치 값을 계산합니다.

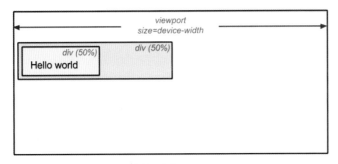

그림 3-13 뷰포트에 맞게 레이아웃 단계

레이아웃 성능은 DOM에 영향을 받습니다. 노드 수가 많을수록 레이아웃을 구성하는 단계가 오래 걸립니다. 레이아웃 병목현상으로 스크롤 조절 시 또는 기타 애니메이션이 제대로 작동할 때 버벅거릴 수 있습니다. 따라서 불필요한 HTML 요소를 제거하는 것이 중요합니다.

페인팅 단계

마지막 단계는 화면에 픽셀을 그리는 페인팅painting입니다. 레이아웃 단계에서 계산된 값을 이용해서 렌더 트리의 각 노드를 화면상의 실제 픽셀로 변환합니다. 그리고 위치 정보와 상관없는 글자색, 배경색, 투명도 등의 스타일 규칙을 적용합니다. 픽셀로 변환된 결과를 바탕으로 여러 개의 레이어layer가 생성됩니다. 레이어는 렌더링 시 페인트할 대상 영역을 나눈 것이라고 생각하면 됩니다. 모든 HTML 요소가 별도의 레이어가 되는 것은 아니며 브라우저에 따라 차이가 있지만, 일반적으로 position, transform, z-index, filter, video, canvas 등의 속성을 기준으로 레이어가 나뉩니다.

크롬 개발자 도구 [Layers] 탭에서 현재 페이지에 생성된 레이어를 확인할 수 있습니다. [Layers] 탭은 개발자 도구 화면 상단 메뉴의 [더보기 아이콘(⋮)] → [More tools] → [Layers]를 클릭하면 나타납니다.

그림 3-14 크롬 개발자 도구 – Layers

이렇게 레이어가 나뉘면 브라우저가 필요한 최소 영역을 다시 그리도록 최적화되기 때문에 영향을 받는 화면 영역에만 다시 페인팅됩니다. 페인팅 단계에서는 페인트 레코드가 생성됩니다. 이는 어떤 요소를 앞에 배치하고, 여러 요소가 겹쳤을 때 어떤 요소가 더 위에 있어야 하는지 등의 렌더링 순서를 기록한 정보입니다.

컴포지션 단계

컴포지션composition 단계에서는 페인트 단계에서 생성된 레이어를 페인트 레코드 순서에 맞게 브라우저에 픽셀로 그리고, 나누었던 레이어들을 합성composite layers하여 최종 화면을 사용자에게 보여줍니다.

리플로우 & 리페인트

사용자가 웹페이지에 처음 접속하면 렌더링 과정을 거쳐서 화면에 모든 요소가 그려집니다. 이후에 사용자는 다양한 액션을 수행하고, 여기서 발생하는 이벤트로 새로운 HTML 요소가 추가되거나 기존 요소에 변경이 일어납니다.

다음 예제 코드에서 [크기 변경] 버튼을 선택하면 id가 container인 div의 너비를 600px로 변경합니다.

```
<div id="container" style="width: 300px; background-color: yellow">
  <div style="width: 50%; background-color: aqua">
    <div style="width: 50%; background-color: aquamarine">
      Hello world
    </div>
  </div>
</div>
<button onclick="resize()">크기변경</button>
<script>
  function resize() {
    document.getElementById("container").style.width = "600px";
  }
</script>
```

이와 같이 이미 생성된 DOM 요소의 너비가 변경되는 경우 영향을 받은 모든 노드(자신, 부모, 자식 등)의 너비, 높이, 위치 등과 같은 레이아웃 수치를 다시 계산recalculate해서 렌더 트리 생성과 레이아웃 과정을 다시 수행합니다. 이러한 과정을 리플로우reflow라고 합니다.

리플로우는 단지 변경사항을 반영하기 위해서 렌더 트리를 생성하고 레이아웃 과정을 재수행하는 것이고, 실제 이 결과를 화면에 그리기 위해서는 다시 페인팅 단계를 수행해야 합니다. 이 과정을 리페인트repaint라고 합니다. 리플로우가 일어나면 반드시 리페인트가 일어납니다.

크롬 개발자 도구 [Performance] 탭 [Event Log]의 [크기 변경] 버튼을 선택하면 [그림 3-15]와 같이 [Recalculate Style] → [Layout] → [Paint] → [Composite Layers]가 차례로 발생한 것을 확인할 수 있습니다.

Summary	Bottom-Up	Call Tree	Event Log	

Filter   All ▼ □ Loading ☑ Scripting ☑ Rendering ☑ Painting

Start Time	Self Time	Total Time	Activity
567.6 ms	0.0 ms	6.6 ms	▶ ▒ Event: mouseup
638.9 ms	0.1 ms	0.1 ms	▶ ▒ Event: click
639.1 ms	0.1 ms	0.1 ms	▮ Recalculate Style
639.1 ms	0.1 ms	0.1 ms	▮ Layout
639.2 ms	0.1 ms	0.1 ms	▮ Pre-Paint
639.4 ms	0.0 ms	0.0 ms	▮ Pre-Paint
639.4 ms	0.0 ms	0.0 ms	▮ Hit Test
639.4 ms	0.0 ms	0.0 ms	▒ Event: mouseout
639.4 ms	0.0 ms	0.0 ms	▒ Event: mouseover
639.4 ms	0.0 ms	0.0 ms	▒ Event: mousemove
639.4 ms	0.0 ms	0.0 ms	▮ Pre-Paint
639.4 ms	0.0 ms	0.0 ms	▮ Hit Test
639.5 ms	0.0 ms	0.0 ms	▮ Pre-Paint
639.5 ms	0.1 ms	0.1 ms	▮ Paint
639.6 ms	0.0 ms	0.0 ms	▮ Paint
639.6 ms	0.0 ms	0.0 ms	▮ Paint
639.6 ms	0.1 ms	0.1 ms	▮ Composite Layers

그림 3-15 리플로우-리페인트 발생

기존 요소에 변경사항이 있다고 해서 항상 리플로우와 리페인트가 일어나는 것은 아닙니다. 레이아웃에 영향이 미치지 않는 단순한 색상 변경은 리플로우 수행 없이 바로 리페인트만 수행합니다.

다음 예제 코드의 '색상 변경' 버튼을 선택하면 id가 container인 div의 배경 색상을 blue로 변경합니다.

```html
<div id="container" style="width: 300px; background-color: yellow">
  <div style="width: 50%; background-color: aqua">
    <div style="width: 50%; background-color: aquamarine">
      Hello world
    </div>
  </div>
</div>
<button onclick="changeColor()">색상 변경</button>
<script>
```

```
  function changeColor() {
    document.getElementById("container").style.backgroundColor = "blue";
  }
</script>
```

이와 같이 단순 색상 변경은 레이아웃에 영향을 미치지 않기 때문에 [그림 3-16]과 같이 Layout 단계 없이 [Recalculate Style] → [Paint] → [Composite Layers]가 차례대로 발생한 것을 확인할 수 있습니다.

Summary	Bottom-Up	Call Tree	Event Log

Filter		All ▼	☐ Loading ☐ Scripting ☑ Rendering ☑ Painting

Start Time	Self Time	Total Time	Activity
691.6 ms	0.1 ms	0.1 ms	▣ Recalculate Style
691.7 ms	0.0 ms	0.0 ms	▣ Pre-Paint
691.8 ms	0.0 ms	0.0 ms	▣ Pre-Paint
691.8 ms	0.0 ms	0.0 ms	▣ Hit Test
691.8 ms	0.0 ms	0.0 ms	▣ Pre-Paint
691.8 ms	0.0 ms	0.0 ms	▣ Paint
691.9 ms	0.0 ms	0.0 ms	▣ Paint
691.9 ms	0.1 ms	0.1 ms	▣ Composite Layers

그림 3-16 리페인트만 발생

다음은 리플로우가 일어나는 대표적인 속성으로 위치, 크기와 관련이 있는 대표적인 스타일 속성입니다.

```
width, height, padding, margin, display, border-width, position, font-size,
float, text-align, overflow, margin
```

반면 색상 변경처럼 위치나 크기를 변경하지 않고 화면에 배치하기 위해 별도 계산을 하지 않아도 되는 스타일 변경사항에 대해서는 리페인트만 일어납니다. 다음은 리페인트만 일어나는 대표적인 속성입니다.

```
color, background-color, text-decoration, border-style, border-radius
```

3.3.3 렌더링 최적화

CRP

브라우저가 HTML, CSS, 자바스크립트를 스크린의 픽셀로 변환하는 순서를 CRP^{critical rendering path}라고 합니다. CRP를 최적화하면 렌더링 성능을 개선할 수 있습니다.

앞서 브라우저 렌더링 과정을 알아봤습니다. CRP를 최적화하면 첫 번째 렌더링 시간이 단축됩니다. CRP를 이해하고 최적화하는 것은 초당 60 프레임으로 리플로우, 리페인트되도록 보장하고 사용자 상호작용을 원활하게 하며 버벅거림을 방지하는 데 중요한 역할을 합니다.

웹 성능에는 서버 요청 및 응답, 로딩, 스크립팅, 렌더링, 레이아웃과 페인팅이 포함됩니다. 웹 페이지에 대한 요청은 HTML 요청으로 시작되고 다음과 같은 단계로 진행됩니다.

1 HTML 요청을 시작합니다.

2 서버는 HTML 응답 헤더 및 데이터를 반환합니다.

3 브라우저는 HTML 구문 분석을 시작하여 수신된 바이트를 DOM 트리로 변환합니다.

4 스타일 시트, 스크립트 또는 포함된 이미지 참조와 같은 외부 리소스에 대한 링크를 찾을 때마다 요청을 시작합니다.

5 가져온 리소스가 처리될 때까지 HTML의 나머지 부분에 대한 구문 분석이 중단됩니다.

6 HTML 구문을 분석하고 DOM을 생성합니다.

7 DOM 및 CSSOM 생성이 완료되면 화면에 표시되는 모든 콘텐츠의 스타일을 계산하는 렌더 트리를 생성합니다.

8 렌더 트리가 생성된 후 레이아웃을 통해 모든 렌더 트리 요소의 위치와 크기를 계산합니다.

9 페인팅 단계를 거쳐 화면에 모든 UI가 표시됩니다.

HTML 마크업 최적화

HTML 태그의 중첩을 최소화하여 단순하게 구성해야 합니다. DOM 트리가 깊을수록, 즉 하나의 노드에 자식 노드가 많을수록 DOM 트리를 생성하고 업데이트할 때 더 많은 시간이 소요됩니다. 불필요한 래퍼^{wrapper} 요소가 있다면 제거해야 합니다.

사용되지 않는 CSS 스타일 선언 제거

[그림 3-17]과 같이 크롬 브라우저 개발자 도구에서 [CSS Overview] 탭으로 이동한 후 [Capture overview] 버튼을 선택하면 현재 웹페이지를 이루는 HTML 요소, 색상, 폰트, 미디어 쿼리 정보 등을 확인할 수 있습니다.

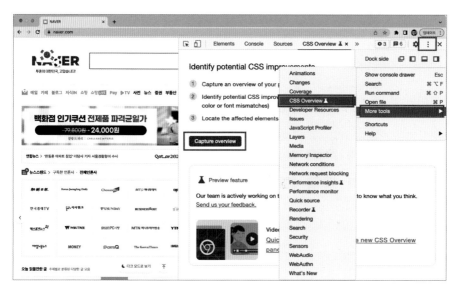

그림 3-17 CSS Overview

네이버 웹사이트는 [그림 3-18]과 같이 3343개의 HTML 요소와 232개의 스타일 규칙이 적용되어 있습니다.

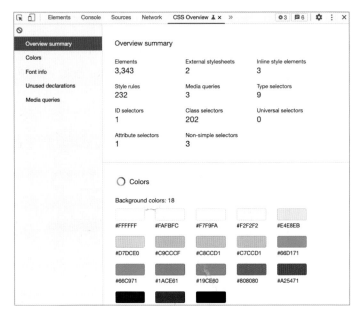

그림 3-18 CSS Overview – summary

여기서 [Unused declarations]을 선택하면 [그림 3–19]와 같이 선언된 CSS 중 정의는 했지만 실제 사용하지 않고 있는 선언을 확인할 수 있습니다. 가능하다면 사용하지 않는 선언을 제거하는 것이 좋습니다.

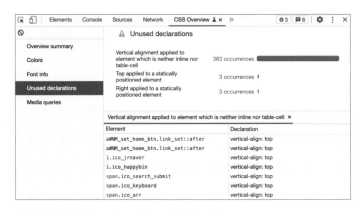

그림 3-19 CSS Overview – Unused declarations

CSS 파싱 시점 분리

렌더 트리를 만들 때 사용되는 CSS는 렌더링 차단 리소스render blocking resource입니다. 렌더링 차단 리소스는 CSS를 파싱하여 CSSOM을 만드는 동안 렌더링이 일어나지 않게 합니다. 즉, CSS를 최적화하면 웹 성능을 높일 수 있습니다.

CSS 파일을 삽입하기 위해 사용하는 `<link>` 태그에는 `media` 속성이 있습니다. `media` 속성은 삽입되는 CSS 파일을 어떤 조건에서 적용할지 결정합니다. 다음 코드와 같이 `media` 속성 값이 `print`이면 해당 CSS 파일은 사용자가 웹페이지를 인쇄하기 위해서 프린트 버튼을 클릭했을 때만 적용됨을 의미합니다. 프린트 버튼을 누르기 전까지는 CSS 파일을 파싱하지 않기 때문에 페이지가 처음 로드될 때 페이지 렌더링을 차단하지 않습니다. `print.css` 파일은 다운로드하지만 CSSOM 트리를 생성하지 않는 것입니다.

```
<link href="print.css" rel="stylesheet" media="print">
```

그런데 만약 프린트 시점에만 적용해야 할 CSS를 다음과 같이 `style_all.css`라는 파일 안에 모두 넣으면 프린트 시점에만 사용할 CSS도 파싱해서 CSSOM 생성 과정을 진행하기 때문에 불필요한 렌더링 차단이 발생합니다.

```
<link href="style_all.css" rel="stylesheet">
```

이 외에도 CSS를 삽입할 때 프린트, 스마트폰 크기, 태블릿 크기, 가로 모드, 세로 모드 등 `media` 속성을 적절하게 적용한다면 초기 렌더링 속도를 높일 수 있습니다.

```
<!-- 스마트폰용 CSS -->
<link
    rel="stylesheet"
    href="mobile.css"
    media="screen and (max-width: 480px)"
/>

<!-- 태블릿용 CSS -->
<link
    rel="stylesheet"
    href="tablet.css"
```

```
        media="screen and (max-width: 1080px)"
  />
```

다음 코드와 같이 media 속성 값을 orientation:landscape라고 지정하면 사용자 기기가 가로 모드일 때만 CSS를 파싱하고 렌더링을 차단합니다.

```
<link href="portrait.css" rel="stylesheet" media="orientation:landscape">
```

[그림 3-20]과 같이 크롬 개발자 도구의 [Performance insights] 탭에서 현재 페이지에서 렌더링 차단 요청이 몇 번 일어나고, 어떤 리소스를 요청할 때 일어나는지 확인할 수 있습니다. 또한 DOM이 로드되는 데까지 걸리는 시간도 확인할 수 있습니다.

그림 3-20 크롬 개발자 도구 Performance insights 탭

[Render blocking request]를 클릭하면 [그림 3-21]과 같이 [Details] 탭에서 어떤 리소스에 대한 요청인지, 실제 이 요청을 처리하는 데 시간이 얼마나 드는지 확인할 수 있습니다.

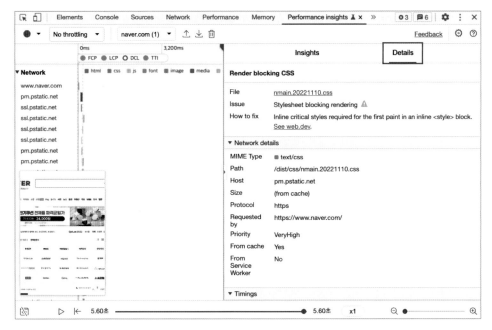

그림 3-21 Performance insights 탭 – Render blocking CSS

파서 차단 자바스크립트 삭제

자바스크립트는 파서 차단 리소스[parser blocking resource]입니다. 브라우저가 HTML 마크업을 파싱하여 DOM을 빌드해야 하는데, 이를 처리하는 동안 파서에서는 자바스크립트를 발견할 때마다 파싱을 중지하고 자바스크립트를 실행합니다. 그 후 HTML을 계속 파싱합니다. HTML 페이지에 삽입된 외부 자바스크립트는 파서에서 리소스가 다운로드될 때까지 기다려야 하고, 외부 리소스는 리소스 수만큼 네트워크 요청을 하기 때문에 첫 페이지 렌더링 시간이 지연될 수 있습니다. 그러므로 첫 페이지 렌더링에서 필요하지 않은 자바스크립트는 비동기로 가져오거나 첫 렌더링이 완료될 때까지 기다렸다가 가져오도록 처리하는 것이 좋습니다.

외부 스크립트를 사용하면 자바스크립트를 가져올 때까지 브라우저가 기다려야 하는데, 이는 페이지가 렌더링되기 전에 외부 스크립트 수만큼 네트워크 왕복 시간이 추가된다는 것을 의미합니다.

```html
<html>
  <head>
```

```
    <script type="text/javascript" src="script.js"></script>
  </head>
  <body>
    <div>
      Hello, world!
    </div>
  </body>
</html>
```

만약 첫 렌더링에 사용하는 외부 스크립트의 크기가 작다면 다음 예제 코드와 같이 `<script>` 태그에 스크립트를 직접 추가해서 네트워크 요청으로 인한 지연을 방지할 수 있습니다.

```
<html>
  <head></head>
  <body>
    <div>
      Hello, world!
    </div>
    <script>
       /* script.js 파일 코드 */
    </script>
  </body>
</html>
```

이렇게 하면 네트워크 요청이 줄어들어서 첫 페이지 렌더링을 더 빠르게 할 수 있지만, 직접 삽입한 스크립트 코드 때문에 HTML 문서 크기가 커질 수 있습니다. 그리고 반복적인 코드를 여러 HTML 페이지에 걸쳐서 삽입해야 할 수도 있습니다. 그래서 스크립트 크기가 작고 여러 페이지에 반복적으로 사용되지 않을 때 이와 같은 방법을 사용합니다.

자바스크립트에서 파서를 차단하지 않도록 하려면 삽입되는 외부 스크립트 파일에 다음과 같이 async 속성을 사용하는 것이 좋습니다.

```
<script async src="script.js"></script>
```

비동기 스크립트는 코드상에 나열된 순서대로 실행한다는 보장이 없기 때문에, 실행 순서가 중요한 스크립트라면 비동기로 사용하면 안 됩니다. 그리고 페이지의 DOM 또는 CSSOM을 접근하거나 수정해야 한다면 실행 시점을 고려해서 사용해야 합니다.

HTTP 요청 최소화

웹페이지에 사용되는 자원 중 CSS 파일, 자바스크립트 파일, 이미지 파일 등은 삽입되는 수만큼 네트워크 요청이 일어나고, 네트워크 요청 수가 많아지면 응답 시간이 느려집니다. HTTP 요청 수를 줄이는 것만으로도 성능을 개선할 수 있습니다. HTTP 요청 수를 최소화하기 위해 주로 사용하는 방법은 다음과 같습니다.

내부 스타일 시트 사용하기

CSS 파일 내에 포함된 스타일 규칙이 적을 경우 별도의 CSS 파일로 만들어서 `<link>` 태그로 외부 스타일 시트를 사용하는 대신, `<style>` 태그에 스타일을 정의하면 네트워크 요청 수를 줄일 수 있습니다.

외부 CSS와 자바스크립트 파일 결합하기

페이지에서 사용되는 다수의 파일을 하나의 파일로 결합해서 네트워크 통신 수를 줄입니다. 대표적인 모듈로 웹팩^{webpack}이 있습니다. 웹팩을 이용하면 각각의 CSS와 자바스크립트 파일을 압축^{minify}하고 여러 파일을 결합해서 하나의 파일로 생성할 수 있습니다.

이미지 스프라이트 사용하기

이미지 스프라이트는 웹페이지에 사용하는 다수의 이미지를 한 장의 이미지로 만들고 스타일 시트에서 `background-position` 속성을 설정하여 필요한 부분의 이미지만 보여주는 기법입니다.

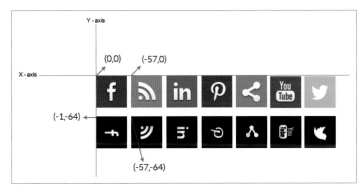

그림 3-22 한 장의 이미지 파일에 다수의 이미지 사용

gzip 압축을 이용한 파일 크기 최소화하기

웹서버에서 파일을 압축하는 대표적인 인코딩 방식으로 gzip이 있습니다. gzip으로 압축해서 전송하면 파일 크기를 평균 70% 정도 줄일 수 있습니다.

CRP 성능 측정

다음 예제 파일을 사용해서 CRP 성능을 측정하겠습니다.

```html
<html>
 <head>
   <meta name="viewport" content="width=device-width, initial-scale=1.0" />
   <title>Understanding the Critical Rendering Path</title>
   <link rel="stylesheet" href="style.css" />
 </head>
 <body>
   <header>
     <h1>Understanding the Critical Rendering Path</h1>
   </header>
   <main>
     <h2>Introduction</h2>
     <p>Lorem ipsum dolor sit amet</p>
   </main>
   <footer>
     <small>Copyright 2023</small>
   </footer>
   <script src="main.js"></script>
 </body>
</html>
```

CRP 성능 측정은 [그림 3-23]과 같이 개발자 도구 성능 탭에서 확인할 수 있습니다.

- **1 Send Request**: index.html 요청
- **2 Parse HTML & Send Request**: HTML을 파싱해서 DOM 트리 생성. style.css와 main.js 요청
- **3 Parse Stylesheet**: style.css에 대한 CSSOM 생성
- **4 Evaluate Script**: main.js 해석
- **5 Layout**: 뷰포트를 기준으로 레이아웃 계산
- **6 Paint**: 픽셀로 페인팅

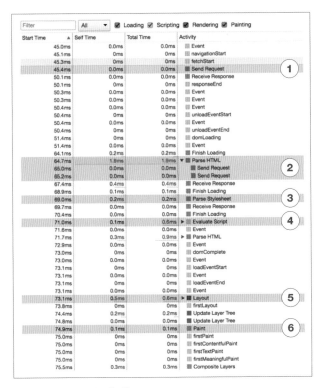

Start Time ▲	Self Time	Total Time	Activity	
45.0ms	0.0ms	0.0ms	░ Event	
45.1ms	0ms	0ms	░ navigationStart	
45.3ms	0ms	0ms	░ fetchStart	
45.4ms	0.0ms	0.0ms	▓ Send Request	**1**
50.1ms	0.0ms	0.0ms	▓ Receive Response	
50.1ms	0ms	0ms	░ responseEnd	
50.3ms	0.0ms	0.0ms	░ Event	
50.3ms	0.0ms	0.0ms	░ Event	
50.4ms	0.0ms	0.0ms	░ Event	
50.4ms	0ms	0ms	░ unloadEventStart	
50.4ms	0.0ms	0.0ms	░ Event	
50.4ms	0ms	0ms	░ unloadEventEnd	
51.1ms	0ms	0ms	░ domLoading	
51.4ms	0.0ms	0.0ms	░ Event	
64.1ms	0.2ms	2.2ms	░ Finish Loading	
64.7ms	1.9ms	1.9ms	▼ ▓ Parse HTML	**2**
65.0ms	0.0ms	0.0ms	▓ Send Request	
65.2ms	0.0ms	0.0ms	▓ Send Request	
67.4ms	0.4ms	0.4ms	▓ Receive Response	
68.9ms	0.1ms	0.1ms	░ Finish Loading	
69.0ms	0.2ms	0.2ms	▓ Parse Stylesheet	**3**
69.7ms	0.0ms	0.0ms	▓ Receive Response	
70.4ms	0.0ms	0.0ms	░ Finish Loading	
71.0ms	0.1ms	0.6ms	▶ ▓ Evaluate Script	**4**
71.6ms	0.0ms	0.0ms	░ Event	
71.7ms	0.3ms	0.9ms	▶ ▓ Parse HTML	
72.9ms	0.0ms	0.0ms	░ Event	
73.0ms	0ms	0ms	░ domComplete	
73.0ms	0.0ms	0.0ms	░ Event	
73.1ms	0ms	0ms	░ loadEventStart	
73.1ms	0.0ms	0.0ms	░ Event	
73.1ms	0ms	0ms	░ loadEventEnd	
73.1ms	0.0ms	0.0ms	░ Event	
73.1ms	0.5ms	0.6ms	▶ ▓ Layout	**5**
73.8ms	0ms	0ms	░ firstLayout	
74.4ms	0.2ms	0.2ms	▓ Update Layer Tree	
74.8ms	0.0ms	0.0ms	▓ Update Layer Tree	
74.9ms	0.1ms	0.1ms	▓ Paint	**6**
75.0ms	0ms	0ms	░ firstPaint	
75.0ms	0ms	0ms	░ firstContentfulPaint	
75.0ms	0ms	0ms	░ firstTextPaint	
75.0ms	0ms	0ms	░ firstMeaningfulPaint	
75.5ms	0.3ms	0.3ms	▓ Composite Layers	

그림 3-23 CRP 성능 측정[3]

Start Time, Self Time, Total Time의 의미는 다음과 같습니다.

1 **Start Time**: 이벤트 또는 작업이 시작되는 시점을 나타냅니다. 일반적으로 웹페이지 로드 시점부터 특정 작업이 시작되는 시점까지의 시간을 표시합니다. 이 시간을 기준으로 작업이 언제 발생했는지 파악할 수 있습니다.

2 **Self Time**: 특정 작업 수행에 걸리는 시간을 나타냅니다. 이 시간은 하위 작업 또는 호출된 다른 함수의 시간을 제외한 순수한 작업 시간을 의미합니다. 즉, 해당 작업에만 소요된 시간을 나타냅니다.

3 **Total Time**: 특정 작업 완료까지 걸리는 총 시간을 나타냅니다. 이 시간은 해당 작업의 Self Time과 해당 작업을 수행하는 데 필요한 하위 작업이나 호출된 다른 함수의 시간을 모두 포함합니다. 즉, 작업의 시작부터 완료까지 소요된 전체 시간을 나타냅니다.

---

3 https://bitsofco.de/understanding-the-critical-rendering-path

3.3.4 가상 DOM

DOM 변경이 일어날 때마다 브라우저는 렌더링 과정을 거치기 때문에 복잡한 화면에서 DOM 변경이 발생하면 화면을 다시 그리는 과정에서 많은 시간이 소요되거나 버벅거리는 현상이 발생할 수 있습니다. 이를 보완하기 위해서 나온 것이 바로 가상 DOM$^{virtual\ DOM}$입니다.

브라우저 렌더링 과정에서 비용이 가장 많이 드는 단계는 레이아웃 단계와 페인팅 단계입니다. 이미 화면 렌더링이 끝난 후에 자바스크립트를 통해 DOM을 조작(변경, 추가 등)하면 리플로우, 리페인트가 수행됩니다. 만약 자바스크립트에서 반복문을 사용해서 10개의 DOM 노드를 추가하거나 수정하면 브라우저는 10번에 해당하는 변경사항을 하나씩 차례대로 수행하고 결과적으로 리플로우, 리페인트가 10번 일어납니다. 즉, 추가 혹은 수정되는 DOM 노드뿐만 아니라 리플로우로 인해 리페인트가 필요한 모든 DOM 요소 역시 다시 그리는 것입니다. 이런 요소가 많아지면 화면이 느려집니다.

가상 DOM은 메모리에 실제 DOM과 동일한 DOM 구조를 만들어서 사용하는 방식입니다. 가상 DOM에서는 실제 렌더링이 일어나지 않기 때문에 DOM 조작이 필요한 경우에는 일단 가상 DOM에 반영하고 변경사항을 묶어서 실제 DOM에 반영합니다. 이 방식을 사용하면 DOM 조작 연산 비용이 훨씬 적게 듭니다.

가상 DOM을 사용하는 대표적인 프런트엔드 프레임워크로는 리액트$^{React.js}$와 뷰$^{Vue.js}$가 있습니다.

3.4 웹 리소스 최적화

웹을 개발할 때 자체 CSS, 자바스크립트 파일뿐만 아니라 외부 오픈소스 라이브러리 등 여러 리소스를 사용합니다. 이때 각 리소스를 로드하는 시점을 잘 분산하면 웹페이지 로드 시간을 최적화할 수 있습니다.

3.4.1 preload

현재 페이지에 확실히 사용할 리소스는 preload를 사용합니다. preload는 현재 페이지에서 필요한 리소스를 미리 가져옵니다.

```html
<link rel="preload" as="script" href="script.js">
<link rel="preload" as="style" href="style.css">
```

preload를 사용할 때는 반드시 **as** 속성으로 브라우저에 리소스 유형을 알려줘야 합니다. 실제 href 속성에 정의되어 있는 리소스에 맞지 않은 유형이 설정되어 있다면 브라우저는 해당 리소스를 사용하지 않습니다.

preload를 사용 시 주의해야 할 점은 preload는 선언된 리소스는 반드시 가져오기 때문에 동일한 리소스를 중복해서 선언하더라도 선언된 수만큼 리소스를 가져온다는 것입니다. 그렇기 때문에 동일한 리소스를 중복해서 가져오지 않도록 주의해야 합니다.

만약 preload를 통해 가져온 리소스가 현재 페이지에서 3초 이내에 사용되지 않는다면 개발자 도구 콘솔창에 [그림 3-24]와 같이 가져온 리소스가 사용되지 않았다는 메시지를 출력합니다. 이처럼 페이지가 로드될 때 바로 사용되지 않는 리소스는 preload로 가져올 필요가 없습니다.

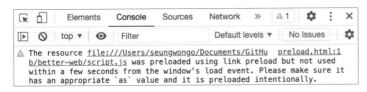

그림 3-24 preload 후 바로 사용하지 않는 리소스에 대한 경고

그렇다면 어떤 리소스에 preload를 사용해야 할까요? 일반적으로 브라우저가 현재 페이지를 출력하기 위해 반드시 필요한 리소스를 생각할 수 있습니다. 예를 들어 페이지에 바로 적용해야 하는 폰트, CSS와 페이지 렌더링에 관여하는 자바스크립트가 이에 해당합니다.

3.4.2 preconnect

preconnect는 페이지에 삽입된 리소스 중 외부 도메인의 리소스를 참고하는 것이 있다면 브라우저에게 알려 미리 외부 도메인과 연결할 수 있게 합니다. preconnect를 사용하면 브라우저가 외부 사이트에 필요한 연결을 미리 예상할 수 있고, 연결에 필요한 DNS, TCP, TLS 등 왕복에 필요한 시간을 절약할 수 있습니다.

```
<link rel="preconnect" href="https://external.com">
```

3.4.3 prefetch

미래에 사용될 것으로 예상되는 리소스는 prefetch로 미리 가져와서 브라우저 캐시에 저장할 수 있습니다.

```
<link rel="prefetch" as="script" href="tobeuse.js">
```

prefetch를 통해 가져온 리소스는 당장 사용하는 것은 아니기 때문에 리소스를 파싱하거나 해석하기 위해 브라우저 렌더링을 차단하지 않습니다.

크롬 개발자 도구의 [Network] 탭에서 다운로드된 리소스를 보면 [그림 3-25]와 같이 prefetch로 삽입된 자바스크립트 파일인 tobeuse.js의 아이콘 모양과 일반적인 방법으로 삽입된 자바스크립트 파일인 app.js의 아이콘 모양이 다른 것을 확인할 수 있습니다. tobeuse. js 파일은 아직 자바스크립트 인터프리터에 의해 해석하지 않고 브라우저 캐시에만 저장되어 있는 상태이기 때문에 브라우저 렌더링을 차단하지 않습니다.

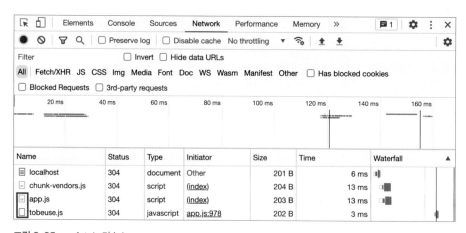

그림 3-25 prefetch 리소스

prefetch 리소스는 실제 해당 리소스를 사용하는 시점에 브라우저 캐시에서 빠르게 로드할 수 있다는 장점이 있지만, prefetch로 너무 많은 리소스를 미리 가져오면 네트워크 통신이 많이 일어나서 페이지 렌더링이 오래 걸릴 수 있습니다.

prefetch를 적절하게 사용할 수 있는 예시로 쇼핑몰을 생각해봅시다. 쇼핑몰에서 제품을 검색하면 제품 목록이 나옵니다. 대다수 사용자는 이 다음 행동으로, 원하는 제품을 클릭해서 제품 상세 페이지로 이동합니다. 이와 같이 사용자의 다음 행동이 확실히 예측되는 리소스는 prefetch를 통해서 리소스를 미리 가져오면 다음 페이지를 빠르게 로드할 수 있습니다.

3.4.4 loading=lazy

페이지 내에 삽입된 이미지 또는 iframe의 loading 속성을 사용해서 필요한 시점에 콘텐츠가 로드되도록 설정할 수 있습니다.

예를 들어 사용자가 접근한 페이지가 세로로 여러 번 스크롤하면서 봐야 할 정도로 콘텐츠 양이 많다고 가정해봅시다. 페이지 하단에 삽입된 이미지는 화면이 열리자마자 사용자가 보는 것이 아니라 스크롤로 페이지 하단까지 이동했을 때 보이는 콘텐츠입니다. 그런데 사용자가 페이지 하단까지 스크롤할지는 아무도 알 수 없습니다. 이럴 때 다음과 같이 <img> 태그의 loading 속성을 사용해서 이미지를 필요한 시점에 로드할 수 있습니다.

```
<img src="image.jpg" alt="..." loading="lazy" />
```

이렇게 하면 사용자가 볼지 안 볼지 모르는 이미지는 페이지가 열리는 순간 다운로드되지 않기 때문에 웹 속도를 개선할 수 있습니다.

iframe 역시 loading 속성을 사용해서 필요한 시점에 로드할 수 있습니다.

```
<iframe src="other.html" title="..." loading="lazy"></iframe>
```

3.5 웹 요소 최적화

3.5.1 시맨틱 요소: 의미에 맞는 요소 사용하기

워드 같은 문서 편집 소프트웨어를 사용해서 문서를 작성할 때 텍스트에 적용하는 서식은 크기, 형태, 색상과 같이 단지 디자인적인 요소에 불과합니다. 하지만 HTML에서 작성하는 텍스트 서식에는 디자인뿐만 아니라 의미도 부여할 수 있습니다.

예를 들어 워드 문서의 특정 단어에 볼드체를 적용하더라도 문서 내용을 읽어주는 소프트웨어가 그 단어를 더 크고 강하게 읽지는 않습니다. 하지만 검색 엔진은 HTML 문서의 볼드체 텍스트가 중요하다고 말해줄 수 있고, 시각장애인을 위한 스크린 리더는 강조 의미가 적용된 요소를 더욱 크고 강하게 읽을 수도 있습니다. 이렇게 의미를 가지는 HTML 태그를 적절한 요소에 잘 적용하면 검색 엔진과 스크린 리더에서도 잘 읽히고 명확한 의미를 전달하는 웹을 만들 수 있습니다.

시맨틱 요소는 그 자체로 의미를 갖습니다. 즉, 시맨틱 요소는 태그명 자체가 의미를 가지고 있어서 어떤 역할을 할지 명확히 알 수 있습니다.

텍스트 서식 요소

⟨b⟩와 ⟨strong⟩

⟨b⟩ 요소는 볼드체를 의미합니다. ⟨b⟩ 태그 안에 작성된 텍스트에 볼드체를 적용합니다.

```
<b>볼드체로 화면에 보입니다.</b>
```

⟨strong⟩ 요소는 ⟨strong⟩ 태그 안에 작성된 텍스트를 강조할 때 사용되며, 화면에는 ⟨b⟩ 요소를 사용했을 때와 똑같이 보입니다. 화면에 보이는 것은 같지만 ⟨strong⟩ 태그에 작성된 텍스트는 화면 내에서 볼드체로 표시됨과 동시에 강조된 내용임을 의미합니다.

```
<strong>텍스트가 강조되어 보입니다.</strong>
```

style 속성에서 font-weight:bold;를 사용하면 모든 태그의 텍스트에 볼드체를 적용할 수 있습니다. 다만, style 속성을 사용해서 적용하는 것은 단지 디자인일 뿐이고, 그 어떤 의미도 가지지 않습니다.

```
<p style="font-weight:bold;">볼드체 문자</p>
```

<b>와 <strong> 태그에 작성된 텍스트는 볼드체로 보이고, 보이는 모양 또한 완전히 동일하여 사용자의 눈으로는 어떤 태그를 사용했는지 구분할 수 없습니다. 그래서 이 두 개의 태그는 큰 구분을 두지 않고 사용합니다. 하지만 개발하는 화면 내에 의미적으로 강조해야 할 내용이 있다면 반드시 <strong>을 사용해야 합니다. <strong>은 일반적인 사용자가 아니라 검색 엔진과 웹 내용을 읽어주는 기기의 도움이 필요한 시각장애인을 위한 태그입니다. 검색 엔진은 웹 페이지를 크롤링할 때 <strong> 태그 안의 내용을 중요한 것으로 분석합니다. 또한 시각장애인이 사용하는 스크린 리더도 본문 내용을 읽다가 <strong> 태그를 만나면 <strong> 태그 안의 내용은 좀 더 크고 강하게 읽습니다. 이러한 점에 주의하며 태그를 사용해야 합니다.

⟨i⟩와 ⟨em⟩

<i> 요소는 이탤릭체를 의미합니다. <i> 태그 안에 작성된 텍스트에 이탤릭체를 적용합니다.

```
<i>이탤릭체로 화면에 보입니다.</i>
```

<em> 요소는 <em> 태그 안에 작성된 텍스트를 강조합니다. 화면에서는 <i> 요소를 사용했을 때와 똑같아 보이지만 검색 엔진 혹은 웹 스크린 리더로 해석될 때는 단순 이탤릭체인 <i> 요소와 강조를 의미하는 <em> 요소의 의미가 다릅니다. <em> 태그에 작성된 텍스트는 화면 내에서 이탤릭체로 표시되는 동시에 강조된 내용임을 의미합니다.

```
<em>텍스트가 강조되어 보입니다.</em>
```

<i>와 <em> 태그 외에 style 속성에서 font-style:italic;을 사용하면 모든 태그에서 텍스트를 이탤릭체로 적용할 수 있습니다.

```
<p style="font-style:italic;">이탤릭체 문자</p>
```

<i>와 <em> 태그에 작성된 텍스트는 이탤릭체로 보이고, 그 모양도 완전히 동일하기 때문에 사용자 입장에서는 어떤 태그를 사용했는지 구분할 수 없습니다. 하지만 <i>는 단순 이탤릭체 서식이고 <em> 태그는 강조를 의미하는 HTML 요소입니다. 개발자에게도 이 두 개의 태그는 똑같이 보이기 때문에 크게 구분하지 않고 사용합니다. 만약 개발하고 있는 화면 내용이 이탤릭체로 보이면서 의미를 강조해야 한다면 반드시 <em>을 사용해야 합니다. <em> 태그도 <strong> 태그처럼 일반 사용자를 위한 태그가 아니라 검색 엔진과 웹 내용을 읽어주는 기기의 도움을 받는 시각장애인을 위한 태그입니다.

⟨small⟩

<small> 요소는 태그 안에 작성된 텍스트의 크기를 작게 나타냅니다.

```
<p>텍스트가 <small>작게</small> 보입니다.</p>
```

텍스트를 작게 표시하는 것 역시 style 속성을 통해 폰트의 크기를 줄일 수 있지만, style 속성을 사용하는 것은 단지 디자인을 적용한 것뿐이지 어떠한 의미도 가지지 않습니다.

⟨mark⟩

<mark> 요소는 태그 안에 작성된 텍스트를 하이라이트 효과를 통해 강조합니다.

```
<p>집에 오는 길에 <mark>우유</mark>를 사는 걸 잊지마라.</p>
```

⟨del⟩

<del> 요소는 태그 안에 작성된 텍스트에 취소선을 긋습니다.

```
<p>제품 할인 <del>3만 원</del> 2만 5천 원.</p>
```

⟨ins⟩

⟨ins⟩ 요소는 태그 안에 작성된 텍스트에 밑줄을 긋습니다.

```
<p>내가 제일 좋아하는 색상은 <ins>노란색</ins>입니다.</p>
```

⟨sub⟩

⟨sub⟩ 요소는 태그 안에 작성된 텍스트를 아래 첨자로 나타냅니다.

```
<p>X<sub>2</sub></p>
```

⟨sup⟩

⟨sup⟩ 요소는 태그 안에 작성된 텍스트를 위 첨자로 나타냅니다.

```
<p>X<sup>2</sup></p>
```

그림 3-26 텍스트 서식 관련 요소

참조와 인용 요소

〈blockquote〉

<blockquote> 요소는 문서 작성 시 뉴스나 저널 같은 외부 내용을 인용할 때 사용합니다.

```
<p>Here is a quote from WWF's website:</p>
<blockquote cite="http://www.worldwildlife.org/who/index.html">
For 50 years, WWF has been protecting the future of nature.
The world's leading conservation organization,
WWF works in 100 countries and is supported by
1.2 million members in the United States and
close to 5 million globally.
</blockquote>
```

HTML 문서는 어떤 요소를 사용하느냐에 따라 화면에 나타나는 UI가 달라질 뿐만 아니라 동일하게 표현된 UI라도 어떤 요소를 사용하느냐에 따라 검색 엔진, 웹브라우저의 해석 방식이 달라집니다. <blockquote> 태그의 속성 cite는 인용한 웹사이트 URL 정보를 정의합니다. 따라서 <blockquote> 안에 작성된 내용은 인용된 것이고, 어느 웹사이트에서 원본 내용을 가져온 것인지를 알려줍니다.

〈q〉

<q> 요소는 인용되는 내용이 짧을 때 사용합니다.

```
<p>WWF's goal is to: <q>Build a future where people live in harmony with
nature.</q></p>
```

〈abbr〉

<abbr> 요소는 약어를 나타낼 때 사용합니다. <abbr> 요소의 속성 title을 사용해서 약어의 원래 공식 명칭을 정의할 수 있습니다.

```
<p>The <abbr title="World Health Organization">WHO</abbr> was founded in
1948.</p>
```

⟨address⟩

⟨address⟩ 요소는 주소를 나타낼 때 사용합니다. ⟨address⟩ 태그 안에 작성된 내용은 주소로 간주합니다.

```
<address>
Written by John Doe.<br>
Visit us at:<br>
Example.com<br>
Box 564, Disneyland<br>
USA
</address>
```

⟨cite⟩

⟨cite⟩ 요소는 책, 소설, 노래, 영화, 미술품, 조각 등 작품에 대한 타이틀(제목)을 나타낼 때 사용합니다.

```
<p><cite>절규</cite>는 뭉크가 1893년에 그린 그림입니다.</p>
```

레이아웃 요소

⟨div⟩와 ⟨span⟩ 같은 요소는 태그명만으로는 어떤 용도로 사용되는지 추측하기가 어렵습니다. 시맨틱 요소를 사용하지 않고 레이아웃을 만드는 경우는 ⟨div class="nav"⟩, ⟨div id="header"⟩처럼 클래스명이나 id에 의미 있는 단어를 사용해서 개발자가 알아볼 수 있도록 했습니다. 하지만 이런 태그는 검색 엔진에서 HTML 페이지 내에 레이아웃을 위해 작성된 태그로 해석하지 못합니다. 또한 다른 개발자가 작성한 페이지를 해석해야 하는 경우 그 구조를 파악하기 어렵습니다.

[그림 3-27]을 보면 페이지 레이아웃을 이루는 각 요소의 태그명을 통해 어떤 역할을 하는지 명확히 알 수 있습니다. 시맨틱 요소를 사용했다고 해서 [그림 3-27]처럼 자동으로 레이아웃의 위치 및 크기 등이 설정되는 것은 아닙니다. 시맨틱 요소를 사용하더라도 ⟨div⟩를 사용했을 때와 동일하게 CSS를 적용해야 합니다. 레이아웃 관련 시맨틱 요소는 HTML 요소의 의미를 부여해서 어떤 역할을 하는지 알려주는 것이지 그 자체가 디자인을 가지지는 않습니다.

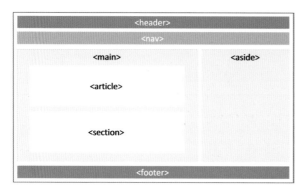

그림 3-27 시맨틱 요소로 구성한 페이지 레이아웃

다음은 레이아웃을 구성하는 대표적인 시맨틱 요소 목록입니다.

태그	설명
`<header>`	웹페이지의 상단 영역(대표 이미지 슬라이드, SNS 버튼, 연락처, 회원가입, 로그인 버튼 등)
`<nav>`	메뉴 네비게이션을 위한 영역
`<main>`	페이지의 메인 콘텐츠를 위한 영역
`<section>`	콘텐츠를 섹션별로 구분하기 위한 영역
`<article>`	포럼, 블로그, 기사 같은 콘텐츠를 위한 영역
`<aside>`	통합 검색, 배너, 카테고리, 콘텐츠별 주요 리스트 등 사이드 영역
`<footer>`	웹페이지의 하단 영역으로 기업 정보, 주요 링크, 연락처, 저작권 등을 위한 영역

3.5.2 시맨틱 속성

hidden vs. display:none

웹 화면에는 사용자 액션에 따라 감췄다가 보여줬다가 해야 하는 특정 요소가 많습니다. 대표적으로 탭을 생각해봅시다. 사용자가 여러 탭 중 하나의 탭을 선택하면 선택된 탭에 맞는 콘텐츠가 보입니다. 그리고 다른 탭을 선택하면 이미 보이던 탭은 감추고, 새로운 탭 영역을 보여줍니다. 이런 기능은 일반적으로 CSS의 `display:none` 선언을 사용해서 구현합니다.

HTML5에서는 CSS의 `display:none` 선언과 동일한 역할을 하는 `hidden` 속성이 추가되었습니다. 다음 코드와 같이 HTML 요소의 시작 태그에 `hidden` 속성을 추가하면 해당 HTML 요소는 화면에서 감춰집니다.

```
<div hidden>콘텐츠</div>
```

hidden 속성과 display:none 스타일 선언은 기능 차이는 없지만, hidden 속성을 사용하면 display:none 스타일 선언보다 현재 태그의 상태를 더 정확히 설명할 수 있습니다.

autocomplete: 입력 자동 완성

autocomplete 속성은 입력된 정보를 브라우저에 저장해서 웹사이트 도메인과 상관없이 동일한 name 값을 갖는 경우 기존에 입력된 값을 자동 완성할 수 있도록 해줍니다. 웹사이트에서 이메일 주소, 전화번호, 신용카드 번호를 입력하려고 할 때 처음 이용하는 웹사이트임에도 기존에 다른 웹사이트를 이용하면서 입력했던 정보가 자동으로 입력되는 것을 종종 경험했을 겁니다.

자동 완성을 위해 브라우저에 저장되는 정보는 태그 속성 중 name 속성 값에 영향을 받습니다. 미리 정의된 name 속성 값은 자동 완성 기능에 사용됩니다. 다음 예제와 같이 autocomplete 속성이 활성화된 상태에서 입력 정보에 맞게 미리 정의된 name 속성 값을 사용하면 입력 정보가 브라우저 캐시에 저장됩니다.

```
<input type="text" name="one-time-code" autocomplete="on">
```

이렇게 저장된 정보는 웹사이트 주소에 상관없이 공통으로 사용할 수 있습니다. 다음은 자동 완성을 위해 사용할 수 있는 name 값입니다.

- **name**: 사람의 전체 이름
- **email**: 이메일 주소
- **username**: 사용자 계정
- **new-password**: 새로운 비밀번호
- **current-password**: 사용자의 현재 비밀번호
- **one-time-code**: 사용자를 인증할 때 사용하는 1회성 코드
- **organization-title**: 직위
- **organization**: 회사 또는 조직명
- **country**: 국가 코드
- **country-name**: 국가 이름

- **postal-code**: 우편번호
- **address-level1**: 첫 번째 행정구역, 한국의 경우는 특별시/광역시/도
- **address-level2**: 두 번째 행정구역, 한국의 경우는 시/구
- **address-level3**: 세 번째 행정구역
- **address-level4**: 네 번째 행정구역
- **street-address**: 도로 주소
- **cc-name**: 신용카드 등 지불 수단 소유자의 전체 이름
- **cc-family-name**: 신용카드 등 지불 수단 소유자의 성
- **cc-given-name**: 신용카드 등 지불 수단 소유자의 이름
- **cc-additional-name**: 신용카드 등 지불 수단 소유자의 가운데 이름
- **cc-number**: 신용카드 번호, 계좌번호 등 지불 수단 식별 번호
- **cc-exp**: 지불 수단 유효기간. 일반적으로 MM/YY 또는 MM/YYYY
- **cc-exp-month**: 지불 수단 유효기간의 월
- **cc-exp-year**: 지불 수단 유효기간의 년도
- **cc-csc**: 지불 수단 보안 코드. 신용카드의 경우 뒷면의 세 자릿수
- **cc-type**: 지불 수단 유형. Visa, Mastercard 등
- **transaction-currency**: 거래에 사용할 통화 단위
- **transaction-amount**: 결제 금액, 거래량
- **language**: 선호 언어
- **bday**: 생년월일
- **bday-day**: 생년월일에서 일
- **bday-month**: 생년월일에서 월
- **bday-year**: 생년월일에서 연도
- **sex**: 성별
- **tel**: 국가 코드를 포함한 전체 전화번호
- **tel-country-code**: 국가 코드. 대한민국은 82
- **tel-national**: 전체 전화번호에서 국가 코드를 제외한 나머지 전화번호
- **tel-area-code**: 지역번호
- **tel-local**: 국가 코드와 지역번호를 제외한 전화번호
- **url**: 웹사이트 주소

3.5.3 ARIA: 누구에게나 공평한 웹 만들기

웹 개발자가 HTML 코드를 어떻게 작성하느냐에 따라 장애를 가진 사용자도 충분히 웹을 이용할 수 있습니다. 전 세계에는 약 3500만 명의 시각장애인이 있습니다. 시각장애인은 화면을 볼수 없는데 웹을 어떻게 사용할까요?

스크린 리더는 화면의 내용을 읽어주는 소프트웨어입니다. 실제 스크린 리더가 웹 화면의 내용을 어떻게 읽어주는지 궁금하다면 다음 QR 코드에 접속하여 확인해보세요.

그림 3-28 스크린 리더가 웹페이지를 읽는 방식을 확인할 수 있는 웹사이트[4]

시각장애인에게 스크린 리더는 웹 사용을 돕는 아주 고마운 도구입니다. 하지만 웹 개발자가 어떻게 개발하느냐에 따라 스크린 리더가 읽어주는 내용을 전혀 이해하기 어려울 수도 있고 웹 자체를 이용하기 힘들게 만들 수도 있습니다. 또한 스크린 리더는 기계 목소리이기 때문에 의사 전달이 완벽하지 않습니다.

그렇다면 웹 개발자는 어떻게 해야 할까요? **그 어떤 개발자도 웹을 이용하는 사용자의 권리를 막아서는 안 됩니다.** 아무리 그게 장애가 있는 사용자일지라도 말입니다.

웹 개발자라면 지금부터 다루는 'ARIA'는 반드시 지켜야 하는 의무이지 선택이 아닙니다. ARIA는 WAI-ARIA^{web accessibility initiative-accessible rich internet applications}라고도 불리며, W3C에서 정의한 기술로 웹 접근성을 위해 지원되는 여러 가지 특성을 의미합니다. ARIA의 영문명을 그대로 해석하면 '접근 가능한 리치 인터넷 애플리케이션'입니다. ARIA는 장애가 있는 사용자가 웹 콘텐츠에 쉽게 접근할 수 있는 방법을 정의한 여러 특성을 제공합니다. ARIA 속성은 HTML 요소에 누락된 필요 정보를 제공해주므로 스크린 리더가 올바르게 해석할 수 있습니다.

`<form>` 태그에서 `<label for="a">` 태그의 for 속성과 `<input id="a">` 태그의 id 속성을 동일하게 사용하여 실제 사용자가 입력^{input}해야 하는 내용이 어떤 내용^{label}에 대한 입력인지 스크

4 http://zomigi.com/blog/videos-of-screen-readers-using-aria-updated

린 리더로 읽을 수 있습니다. 이처럼 입력을 위한 태그를 연결할 수 있지만, 우리가 개발하는 웹은 이런 요소로만 만들 수 있는 것은 아닙니다.

다음 예를 살펴보겠습니다.

```html
<h3>메뉴</h3>
<ul>
 <li>자장면</li>
 <li>짬뽕</li>
 <li>볶음밥</li>
 <li>탕수육</li>
 <li>팔보채</li>
</ul>
```

장애가 없는 사용자 눈에는 [그림 3-29]와 같이 '메뉴'라는 제목 아래로 메뉴 항목을 볼 수 있습니다.

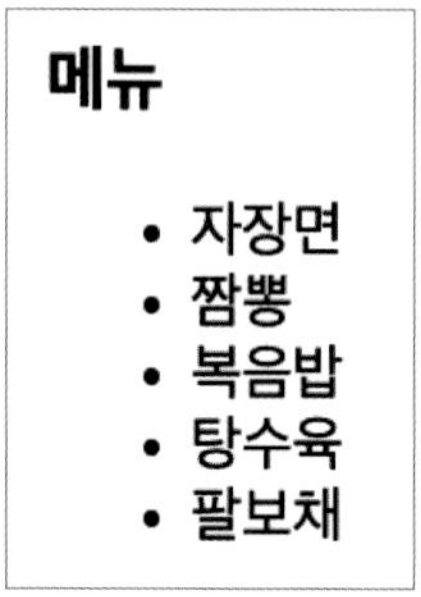

그림 3-29 메뉴

하지만 시각장애인은 스크린 리더가 읽어주는 소리로 내용을 확인해야 하는데, 제목이 있는 `<h3>` 태그와 메뉴 항목이 있는 `<ul>` 태그가 연결되어 있지 않기 때문에 스크린 리더가 제대로 인식하고 읽어주지 못합니다. 이런 경우에는 `<label>`을 사용하지 않았기 때문에 `for` 속성으로 연결할 수 없습니다.

웹은 다양한 태그를 통해 개발됩니다. 연관성이 있는 태그로 서로 연결되는 웹 내용을 연결하지 않으면 장애를 가진 사용자는 스크린 리더로 웹을 사용할 수 없습니다. 그래서 ARIA는 태그 간 연결 고리를 가지는 명시적인 표현을 제공합니다. 앞서 살펴본 예제에 ARIA를 반영해보겠습니다.

```
<h3 id="menu">메뉴</h3>
<ul aria-labelledby="menu">
 <li>자장면</li>
 <li>짬뽕</li>
 <li>볶음밥</li>
 <li>탕수육</li>
 <li>팔보채</li>
</ul>
```

`<h3>` 태그에 `id="menu"`를 정의하고, `<ul>` 태그에는 ARIA 속성인 `aria-labelledby`에 `<h3>` 태그 id 값과 동일한 값을 할당합니다. 그러면 `<h3>` 태그와 `<ul>` 태그는 서로 연결되고 스크린 리더가 이 연결을 인지하여 `<ul>` 태그에 작성된 항목을 '메뉴'라고 알려줍니다.

버튼은 `<button>`, 체크 박스는 `<input type="checkbox">`, 링크는 `<a>` 등 각 용도에 맞는 HTML 태그를 사용하여 웹페이지를 이상적으로 만들 수 있습니다. 그런데 오늘날 웹은 더 미려한 웹 UI를 제공하기 위해 `<input type="checkbox">`가 제공하는 기본 UI보다 더 예쁜 체크 박스를 만들 수 있는 `<span>` 태그를 사용하기도 합니다. 하지만 이렇게 되면 스크린 리더를 사용하는 시각장애인은 그 의미를 이해할 수 없습니다. 따라서 의미 없는 태그를 사용해서 웹 UI를 만들었다면 각 태그가 어떤 용도로 사용되는지 정의해야 합니다. ARIA `role` 속성을 사용하면 HTML 각 태그가 어떤 용도인지 정의할 수 있습니다.

ARIA Roles

ARIA role 속성은 HTML 콘텐츠에 시맨틱 의미를 제공하여 스크린 리더 같은 도구를 사용할 때 작성된 HTML 콘텐츠와 올바르게 상호작용할 수 있도록 합니다. 예를 들어 `<input type="radio">`는 이미 `"radio"`라는 role을 가지고 있어서 스크린 리더 같은 도구를 사용할 때 문제가 없지만, `<div>`나 `<span>` 같은 태그는 어떤 의미도 가지지 않아 문제가 될 수 있습니다. 종종 `<button>` 태그를 사용하지 않고 이미지나 아이콘에 버튼 기능을 적용하는 경우가 있습니다. 이럴 때 `<img>`나 `<i>` 태그에 `role="button"`을 정의해서 시맨틱 의미를 부여할 수 있습니다. ARIA role을 사용하면 스크린 리더 같은 도구와 제대로 상호작용할 수 있습니다.

예를 들어 `<nav>` 태그를 사용하지 않고 `<div>` 태그를 사용해서 웹페이지의 네비게이션 메뉴를 구성했다면 다음과 같이 ARIA `role="navigation"`를 정의해야 합니다.

```
<div role="navigation" aria-label="Main Menu">
  <!-- 메뉴 링크 목록 -->
</div>
```

'navigation'의 의미를 이미 가지고 있는 `<nav>` 태그를 사용하면서 `role="navigation"`을 중복해서 정의할 필요는 없습니다. 오히려 중복하면 스크린 리더에 혼선을 줄 수 있기 때문에 중복 사용하면 안 됩니다.

```
<nav aria-label="Main Menu">
  <!-- 메뉴 링크 목록 -->
</nav>
```

`<form>` 태그를 사용하지 않고 회원가입, 연락처 정보 등을 사용자로부터 입력받을 때는 `role="form"`을 사용해서 역할을 정의해야 합니다.

```
<div role="form" id="contact-info" aria-label="Contact information">
  <!-- 입력 요소 목록 -->
</div>
```

이렇게 ARIA Roles는 시맨틱 의미가 없는 HTML 요소가 웹페이지 내에서 어떤 역할로 사용되고 있는지를 분명히 해서 스크린 리더가 각 요소의 역할을 인지할 수 있도록 도와줍니다.

ARIA 역할은 다음 6가지 카테고리로 구분합니다.

카테고리	역할(ARIA Roles)
Abstract Roles	command, composite, input, landmark, range, roletype, section, sectionhead, select, structure, widget, window
Widget Roles	button, checkbox, gridcell, link, menuitem, menuitemcheckbox, menuitemradio, option, progressbar, radio, scrollbar, searchbox, slider, spinbutton, switch, tab, tabpanel, textbox, treeitem, combobox, grid, listbox, menu, menubar, radiogroup, tablist, tree, treegrid
Document Structure Roles	application, article, cell, columnheader, definition, directory, document, feed, figure, group, heading, img, list, listitem, math, none, note, presentation, row, rowgroup, rowheader, table, term, toolbar, tooltip
Landmark Roles	banner, complementary, contentinfo, form, main, navigation, region, search

Live Region Roles	alert, log, marquee, status, timer
Window Roles	alertdialog, dialog

각 Role에 대한 설명은 MDN Web Docs 사이트[5]에서 상세히 확인할 수 있습니다.

그림 3-30 MDN ARIA-Roles

ARIA attributes

aria-required(필수 필드)

사용자가 입력하는 정보 레이블 중 필수로 입력해야 하는 레이블에는 일반적으로 별표(*) 마크를 표시합니다. 사용자는 별표(*)를 보면 필수로 입력해야 하는 필드임을 알 수 있습니다. 또한 사용자가 입력하는 입력 박스, 즉 `<input>` 태그 중 필수 값인 경우 다음과 같이 `required` 속성을 사용해서 필수 값에 대한 입력 여부를 체크할 수 있습니다.

```
<form>
    <label for="email">이메일 주소</label>
    <input type="email" id="email" value="" required>
    <input type="submit" value="저장">
</form>
```

하지만 `required` 속성을 사용하려면 반드시 `<form>` 태그를 사용해야 하고, `submit` 버튼을 이용해서 사용자로부터 입력받은 정보를 서버로 전송해야 합니다. 또한 브라우저에서 제공하는 메시지가 이미 지정된 형식으로 사용자에게 알림을 보여줍니다. 하지만 실무에서 입력 화면을 구성할 때 반드시 `<form>` 태그를 사용하지는 않습니다. 또한 `submit` 버튼을 사용하지 않고 비동기 통신 방법을 사용해서 사용자로부터 입력받은 정보를 서버로 전송하기도 합니다.

시각장애인은 필수 입력을 의미하는 별표(*) 마크를 볼 수 없습니다. `required` 속성을 사용

---

5 https://developer.mozilla.org/en-US/docs/Web/Accessibility/ARIA/Roles

하지 않았다면 현재 입력받은 `<input>` 태그가 필수로 입력해야 하는 필드임을 알려주어야 합니다. 이때 ARIA의 aria-required 속성을 사용할 수 있습니다.

```
<div>
  <label for="name">* 이름:</label>
  <input type="text" value="name" id="name" aria-required="true"/>
</div>
<div>
  <label for="phone">전화번호:</label>
  <input type="text" value="phone" id="phone" aria-required="false"/>
</div>
<div>
  <label for="email">* 이메일:</label>
  <input type="text" value="email" id="email" aria-required="true"/>
</div>
<button>저장</button>
```

필수 값인 이름과 이메일은 aria-required="true"로 하고, 필수 값이 아닌 전화번호는 aria-required="false"로 정의합니다. [저장] 버튼을 클릭하면 aria-required="true"인 입력 필드에 대해서만 값이 입력이 되었는지 체크하고, 입력되지 않은 필드가 있다면 알림 메시지를 제공하면 됩니다.

aria-invalid(유효하지 않은 필드)

필수 값이 입력되어 있지 않거나 입력된 내용이 올바른 형식이 아니라면 aria-invalid="true"를 사용해서 유효하지 않은 필드를 나타낼 수 있습니다.

다음 코드는 자바스크립트로 aria-invalid를 설정하는 예제입니다. 사용자가 입력한 이메일 정보가 올바른 형식이 맞는지 확인해야 합니다.

```
<script>
  function validate() {
    // id 속성 값이 "email"인 HTML 요소를 가져옵니다.
    // 여기서는 이메일을 입력받는 <input type="email" id="email">을 가져옵니다.
    const emailElement = document.getElementById("email");

    // 사용자로 부터 입력받은 값을 가져옵니다.
    const emailValue = emailElement.value;
```

```
    // emailValid 자바스크립트 함수를 호출해서, 이메일 형식을 체크합니다.
    const valid = emailValid(emailValue);

    // <input type="email" id="email"> 태그에 새로운 속성인 aria-invalid 값으로
true/false를 설정합니다.
    emailElement.setAttribute("aria-invalid", !valid);

    if(!valid) { // 입력된 형식이 올바르지 않다면
      emailElement.style.border = "2px dotted red;" // border를 빨간색으로 변경합
니다.
    }
  }

  function emailValid(emailValue){
    // 올바른 이메일 형식으로 입력이 되었는지 확인합니다.
    // 올바른 형식으로 입력이 되었으면 true 값을, 올바르지 않다면 false 값을 반환합니다.
  }
</script>
```

aria-label

aria-label 속성은 화면에 HTML 요소에 대한 별도의 레이블이 없을 때 현재 요소에 대한 보이지 않는 레이블을 지정해서 스크린 리더가 인식할 수 있도록 합니다. 예를 들어 버튼명 없이 아이콘(이미지)으로만 제공되는 버튼의 경우 aria-label을 사용해서 버튼이 어떤 용도인지에 대한 레이블을 추가할 수 있습니다.

그림 3-31 햄버거 메뉴

```
<button aria-label="네비게이션 메뉴"><i class="menu"></i></button>
```

aria-labelledby

<label> 태그 외에 다른 태그를 사용해서 레이블에 해당하는 용도로 사용되는 경우가 있습니다. 이때 aria-labelledby 속성을 사용합니다. 다음 예제는 <ul> 태그의 목록이 무엇인지를

<h3> 태그의 '음료'라는 타이틀로 제공하고 있습니다. 이때 aria-labelledby와 <h3> 태그의 id 속성 값을 일치시킴으로써 <ul> 태그로 제공되는 목록이 무엇인지 알 수 있습니다.

```html
<h3 id="drink">음료</h3>
<ul aria-labelledby="drink">
  <li>아메리카노</li>
  <li>에스프레소</li>
  <li>라떼</li>
</ul>
```

aria-describedby

추가 설명이 필요한 경우 aria-describedby 속성을 사용합니다. 다음 예제에서는 사용자 아이디를 생성할 때 사용자 아이디 생성 규칙인 '사용자 아이디는 6자리 이상 14자리 이하여야 합니다.'라는 부가적인 설명을 <span> 태그를 사용해서 제공합니다. 이때 <span> 태그에 작성된 내용이 어떤 입력 필드를 위한 내용인지 연결하기 위해서 <span> 태그의 aria-describedby 속성 값으로 <input type="text" id="userId"> 태그의 id 속성 값과 일치시킴으로써 <span> 태그의 설명이 어떤 입력 필드를 위한 것인지 알 수 있습니다.

```html
<label for="userId">사용자 아이디</label>
<input type="text" id="userId">
<span aria-describedby="userId">사용자 아이디는 6자리 이상 14자리 이하여야 합니
다.</span>
```

aria-live

주가와 같이 실시간으로 갱신되는 정보를 보여주는 태그에 aria-live를 사용하면, 정보가 갱신될 때마다 스크린 리더와 같은 보조 기기가 인식할 수 있습니다.

aria-live 값은 다음과 같이 사용할 수 있습니다.

- **aria-live="polite"**: aria-live 값으로 polite를 사용하면 내용이 변경됐을 때 사용자에게 바로 변경된 정보를 알려줍니다. 이때 스크린 리더가 이미 읽고 있는 태그 정보가 있다면 해당 정보를 우선 읽은 후 그 다음 aria-live="polite"가 적용된 태그의 변경된 정보를 알려줍니다.
- **aria-live="assertive"**: aria-live 값으로 assertive를 사용하면 내용이 변경된 시점에 바로 변경된 정보를 알려줍니다. 이미 읽고 있는 태그 정보가 있더라도 읽던 내용을 멈추고 우선 aria-live="assertive"가 적용된 태그의 변경사항을 먼저 읽습니다.

- **aria-live="off"**: aria-live 속성을 적용하지 않은 것과 동일한 효과입니다. polite 혹은 assertive 가 적용된 태그에 대해서 더 이상 변경사항을 사용자에게 전달하고 싶지 않을 때 aria-live="off"를 적용합니다.

```
<span id="stock_price" aria-live="polite">12,550원</span>
```

ARIA 속성은 다음과 같이 4가지 카테고리로 구분합니다.

카테고리	속성(ARIA attributes)
Widget attributes	aria-autocomplete, aria-checked, aria-disabled, aria-errormessage, aria-expanded, aria-haspopup, aria-hidden, aria-invalid, aria-label, aria-level, aria-modal, aria-multiline, aria-multiselectable, aria-orientation, aria-placeholder, aria-pressed, aria-readonly, aria-required, aria-selected, aria-sort, aria-valuemax, aria-valuemin, aria-valuenow, aria-valuetext
Live region attributes	aria-busy, aria-live, aria-relevant, aria-atomic
Drag-and-Drop attributes	aria-dropeffect, aria-grabbed
Relationship attributes	aria-activedescendant, aria-colcount, aria-colindex, aria-colspan, aria-controls, aria-describedby, aria-description, aria-details, aria-errormessage, aria-owns, aria-posinset, aria-rowcount, aria-rowindex, aria-rowspan, aria-setsize

다음은 ARIA 속성 중 모든 HTML 요소에 사용이 가능한 전역 ARIA 속성입니다.

```
aria-atomic, aria-busy, aria-controls, aria-current, aria-describedby, aria-
description, aria-details, aria-disabled, aria-dropeffect, aria-errormessage, aria-
flowto, aria-grabbed, aria-haspopup, aria-hidden, aria-invalid, aria-keyshortcuts,
aria-label, aria-labelledby, aria-live, aria-owns, aria-relevant, aria-roledescription
```

각 ARIA 속성에 대한 설명은 MDN Web Docs 사이트[6]에서 상세히 확인할 수 있습니다.

그림 3-32 MDN ARIA-attributes

6 https://developer.mozilla.org/en-US/docs/Web/Accessibility/ARIA/Attributes

ARIA 사용 규칙

(1) 기본 역할을 변경하지 마세요

`<button>` 태그는 버튼 역할을 하는 요소입니다. 이미 버튼이라는 의미 체계를 가지고 있기 때문에 `role` 속성을 통해 재정의할 필요가 없습니다. 다음 예제처럼 전혀 다른 의미의 `role="heading"`을 추가하면 스크린 리더가 잘못된 판단을 할 수 있습니다. `role` 속성으로 원래 HTML 요소가 가지고 있는 기본 역할에 부합하지 않는 새로운 역할을 부여하면 안 됩니다.

```
<button role="heading">search</button>
```

(2) 동일한 역할을 재정의하지 마세요

HTML 요소가 가지고 있는 기본 의미 체계를 재정의할 필요가 없습니다. 예를 들어 `<input type="checkbox">`는 체크 박스라는 의미를 이미 가지고 있기 때문에 여기에 부가적인 설명을 위해 `role="checkbox"`를 추가할 필요가 없습니다.

다음 예제는 `role`을 재정의할 필요가 없는 잘못된 방법입니다.

```
<input type="checkbox" role="checkbox">
<button role="button">...</button>
<ul role="list">...</ul>
```

3.6 웹 이미지 최적화

이미지는 웹사이트를 풍요롭고 매력 있게 만드는 콘텐츠입니다. 그리고 이미지는 웹에서 제공되는 콘텐츠 중 비디오를 제외하면 가장 큰 용량을 차지합니다. 웹사이트 내 이미지를 어떻게 최적화하느냐에 따라 사이트 로드 속도를 높여서 SEO$^{search\ engine\ optimization}$ 순위를 올릴 수 있고, 사이트 이용자에게 매력적인 경험을 제공할 수 있습니다. 그만큼 이미지는 중요하고 웹사이트의 성능을 좌우하는 중요한 콘텐츠입니다.

웹사이트에 사용되는 이미지를 최적화하면 다음과 같은 이점을 얻을 수 있습니다.

- **속도 향상**: 구글 연구에 따르면 웹페이지를 로드하는 데 5초 이상 걸리면 방문자가 페이지를 이탈할 가능성이 90% 증가한다고 합니다. 이미지의 크기를 줄여서 웹사이트 로드 속도를 높일 수 있습니다.
- **좋은 사용자 경험 제공**: 좋은 품질의 임팩트 있는 이미지는 방문자에게 더 매력적인 경험을 제공하는 데 도움이 됩니다. 이미지 최적화로 방문자에게 원활한 경험을 제공하여 방문자가 사이트에서 더 많은 시간을 보내고 콘텐츠를 탐색하도록 합니다.
- **SEO 순위 상승**: 사이트가 빨리 로드될수록 더 높은 순위에 오를 수 있습니다. 데스크톱과 모바일 기기 모두 그래픽이 최적화되어 있다면 웹페이지는 훨씬 더 빠르게 로드됩니다.
- **고객 유치**: 더 빠른 로딩 속도와 향상된 SEO는 더 많은 방문자를 사이트로 끌어들이고 제품 구매 가능성 및 호감도를 높이는 데 도움이 됩니다.

이번 절에서는 웹사이트 내에서 사용되는 이미지를 최적화하는 방법을 알아봅시다.

3.6.1 이미지 크기 및 해상도

웹사이트 내에서 이미지는 크게 배경 이미지, 히어로^{hero} 이미지, 배너 이미지, 블로그 이미지, 로고 및 파비콘^{favicon} 이미지로 사용됩니다. 다음 표는 각 이미지 유형별로 권장하는 크기와 비율입니다.

이미지 유형	크기	가로/세로 비율
배경 이미지	1920 x 1080px	16:9
히어로 이미지	1280 x 720px	16:9
배너 이미지	250 x 250px	1:1

이미지 유형	크기	가로/세로 비율
블로그 이미지	1200 x 630px	3:2
로고(직사각형)	250 x 100px	2:3
로고(정사각형)	100 x 100px	1:1
파비콘	16 x 16px	1:1
소셜 미디어 아이콘	32 x 32px	1:1
Lightbox 이미지	1600 x 500px	16:9
썸네일 이미지	150 x 150px	1:1

배경 이미지

그림 3-33 배경 이미지

배경 이미지는 페이지 전체를 차지하여 브랜드의 '와우' 요소를 높이기 때문에 품질이 좋아야 하고 화면에서 차지하는 비율이 큽니다. 최대 2400px까지 권장하지만 이상적인 크기는 1920 × 1080px입니다. 빠른 로딩 시간을 위해 화질을 손상시키지 않는 범위에서 최대한 파일 크기를 작게 만들어야 합니다.

너비	높이	비율	PPI
1920px	1080px	16:9	72

여기서 PPI는 인치당 픽셀 수를 의미합니다. 대부분의 컴퓨터 모니터는 72PPI 또는 92PPI이기 때문에 그보다 더 높은 값을 가질 필요는 없습니다. 포토샵과 같은 디자인 프로그램에는 이미지를 저장할 때 'Save for web(웹용으로 저장)' 옵션을 통해 자동으로 72PPI 또는 92PPI로 압축됩니다. 가능하다면 배경 이미지는 300KB보다 작게 저장하는 것이 좋습니다.

히어로 이미지

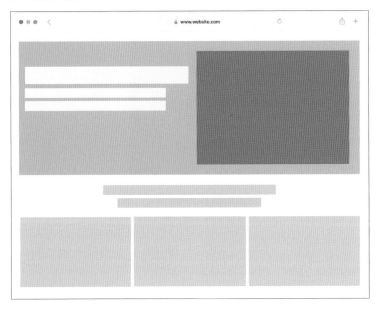

그림 3-34 히어로 이미지

히어로 이미지는 화면 전체 높이 또는 화면 높이의 절반을 차지할 수 있습니다. 권장 크기는 16:9 비율의 1280 × 720px이고 최대 너비는 1800px입니다. 일반적으로 최적의 트래픽 및 SEO를 위해 권장하는 웹페이지 로드 속도는 2초 이내입니다. 오늘날 웹사이트 트래픽의 90%가 모바일 장치에서 생성됩니다. 모바일 웹사이트에서 히어로 이미지는 800 × 1200px 크기일 때 잘 보입니다.

너비	높이	비율	PPI
1280px	720px	16:9	72

배너 이미지

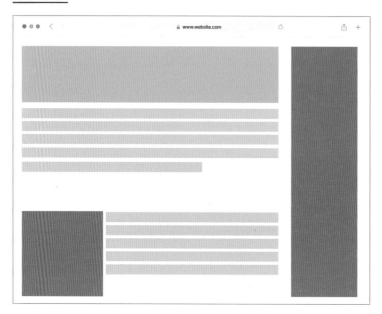

그림 3-35 배너 이미지

배너 이미지는 대부분의 웹사이트에서 1:1 비율은 250 × 250px, 수직 배너의 경우 160 × 600px이 가장 많이 사용됩니다. 모바일 기기에서 배너 이미지는 1:9, 1:1, 4:5일 때 잘 보입니다.

너비	높이	비율	PPI
250px	250px	1:1	72

블로그 이미지

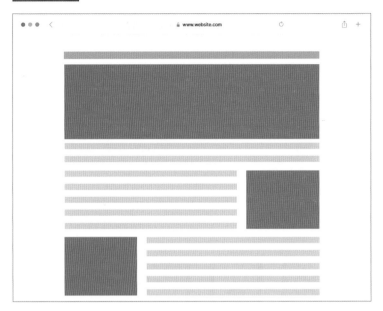

그림 3-36 블로그 이미지

블로그 이미지는 소셜 미디어 채널에서 공유하는 데 적합해야 합니다. 일반적으로 가로 형식의 블로그는 1200 × 900px, 세로 형식의 블로그 이미지는 900 × 1200px 크기가 가장 좋습니다.

너비	높이	비율	PPI
1200px	900px	3:2	72

로고 & 파비콘 이미지

그림 3-37 파비콘 이미지

대부분의 웹사이트에서 로고는 페이지의 왼쪽 상단 또는 중앙 상단에 배치합니다. 로고는 일반적으로 1:1 비율의 정사각형 또는 5:2 비율을 사용합니다. 투명도를 지원하는 PNG 형식을 사용하고 최대 높이는 100px을 넘지 않는 것이 좋습니다.

너비	높이	비율	PPI
250px	100px	5:2	72

파비콘 최적의 크기는 1:1 비율로 16px의 배수(16×16, 32×32, 64×64 등)로 여러 크기를 준비하면 다양한 크기의 화면에 사용할 수 있습니다. 브라우저 간 호환성을 위해 ICO 또는 PNG 파일 형식을 사용합니다.

너비	높이	비율	PPI
16px, 32px, 64px, 128px 등	16px, 32px, 64px, 128px 등	1:1	72

이미지 형식

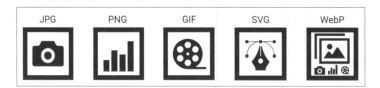

그림 3-38 이미지 형식

- 웹사이트에서 사용되는 이미지 형식은 일반적으로 사진의 경우 JPG, 로고 및 일러스트레이션은 PNG 또는 SVG 파일입니다.
- PNG 이미지는 일반적으로 JPG보다 파일 크기가 크기 때문에 로드 속도가 느립니다. 하지만 PNG는 배경을 투명하게 만들 수 있기 때문에 JPG보다 품질이 높습니다. 웹사이트에 있는 대부분의 이미지는 JPG를 사용하지만 경우에 따라 PNG를 사용해야 할 때가 있습니다. PNG를 사용할 때는 파일 크기가 올바른지 확인하고 압축 도구를 사용하여 파일 크기를 최대한 작게 유지해야 합니다.
- GIF는 파일 크기가 작은 짧은 애니메이션 클립에 사용됩니다.
- WEBP는 웹을 위해서 구글에서 만든 새로운 이미지 형식으로 기존 이미지 형식인 JPG, PNG, GIF로 전부 대체가 가능합니다. 손실 압축을 사용할 경우 JPG보다 파일 크기가 30% 정도 작고, 비손실 압축을 사용할 경우 PNG보다 20~30% 정도 파일 크기가 작습니다.

3.6.2 \<img>의 srcset, sizes 속성 사용

\<img> 태그에는 이미지 경로를 지정하기 위한 src 속성 외에 여러 장의 이미지를 한 번에 설정할 수 있는 srcset 속성이 있습니다. srcset은 이름에서 추측할 수 있듯이 src 여러 개를 하

나로 모은 속성입니다. 각각의 이미지는 다음 예제와 같이 이미지가 보일 화면 너비가 지정되고 사용자 스크린 너비에 따라 정해진 이미지를 다운로드하면 보입니다.

예를 들어 스마트폰과 같은 작은 화면에 2000px × 1600px 같이 큰 이미지는 보여줄 필요도 없으며 이렇게 큰 이미지를 내려받기 위해서는 네트워크 통신 비용이 발생합니다. 스마트폰과 같은 작은 크기의 기기에서는 그 크기에 맞는 이미지를 보여주면 됩니다.

srcset 속성을 사용해서 사용자 기기 너비에 맞는 이미지를 설정할 수 있습니다.

```
<img
    src="image.jpg"
    srcset="image-1x.jpg 600w, image-2x.jpg 1000w, image-3x.jpg 2000w"
/>
```

srcset에는 3개의 이미지 정보가 설정되었습니다.

- image-1x.jpg 600w
- image-2x.jpg 1000w
- image-3x.jpg 2000w

이미지 경로 뒤에 있는 600w, 1000w, 2000w는 각각의 이미지 너비입니다. 만약 이미지 크기가 600px × 400px이면 너비를 기준으로 600w가 됩니다. 브라우저는 자신의 너비와 srcset에 설정된 각 이미지별 너비 정보를 비교해서 가장 적절한 이미지를 내려받고 화면에 보여줍니다. 만약 브라우저의 너비가 700px이면 600w 이미지는 브라우저의 너비보다 작기 때문에 브라우저는 1000w로 설정된 image-2x.jpg를 선택합니다.

그런데 여기서 브라우저의 너비가 700px 밖에 안 되는데 너비가 1000px인 이미지를 사용하면 화면에 딱 맞게 보여줄 수 없습니다. 그래서 srcset 속성을 사용할 때는 반드시 sizes 속성을 같이 사용해서 적절한 크기로 이미지를 보여주어야 합니다.

다음 예제에서는 sizes를 3개로 설정했습니다.

- (max-width: 500px) 400px → 브라우저 너비가 500px 이하이면, 이미지를 400px로 표시
- (max-width: 1000px) 720px → 브라우저 너비가 1000px 이하이면, 이미지를 720px로 표시
- 1200px → 브라우저 너비가 1000px 이상이면, 이미지를 1200px로 표시

```
<img
  src="image.jpg"
  srcset="image-1x.jpg 600w, image-2x.jpg 1000w, image-3x.jpg 2000w"
  sizes="(max-width: 500px) 400px,
      (max-width: 1000px) 720px,
      1200px»
/>
```

srcset 속성과 sizes 속성을 종합하면 다음과 같습니다.

- 사용자의 브라우저 너비가 500px 이하이면, image-1x.jpg 이미지를 다운받고 400px 크기로 보여줌
- 사용자의 브라우저 너비가 1000px 이하이면, image-2x.jpg 이미지를 다운받고 720px 크기로 보여줌
- 사용자의 브라우저 너비가 1000px 이상이면, image-3x.jpg 이미지를 다운받고 1200px 크기로 보여줌

이처럼 사용자 브라우저의 크기에 따라 가장 적절한 크기의 이미지를 다운로드하고 적절한 너비로 보여주기 위해서 코드를 잘 작성해야 합니다. 다소 복잡할 수 있지만, 이러한 세심한 노력을 통해 웹사이트 사용자가 더 빠르고 최적화된 크기의 이미지를 제공받을 수 있습니다.

3.6.3 <picture>: 반응형 이미지 제공

웹페이지 내에 삽입된 이미지를 최적화하면 페이지 로드 속도를 향상시켜 SEO 순위를 높일 수 있고, 최적화된 이미지는 페이지를 방문하는 사용자에게 더 매력적인 경험을 제공할 수 있습니다. 때로는 사용자 기기의 해상도에 따라서 가로, 세로 비율이 다른 크기의 이미지를 보여줘야 하는 경우가 있습니다.

반응형 웹을 제대로 지원하기 위해서는 CSS의 미디어 쿼리를 사용해야 하고, 동적인 효과를 주기 위해서는 자바스크립트의 도움을 받아야 합니다. <picture> 태그는 미디어 쿼리나 자바스크립트 없이 반응형 웹 이미지를 표현할 수 있게 해줍니다.

<picture>는 해상도에 따라 적합한 이미지를 제공할 수 있는 태그입니다. <picture> 태그는 <img> 태그 src 리소스에 대한 다중 이미지 리소스를 정의할 수 있도록 해주는 <img> 태그에 대한 컨테이너 태그입니다. <picture> 태그는 하나의 <img> 태그와 0개 이상의 <source> 태그를 포함합니다.

media 속성

\<source\> 태그는 media 속성에 뷰포트^{viewport}를 정의하고 해당 뷰포트에 보여줄 이미지 리소스 경로를 srcset 속성에 정의합니다.

다음 예제는 \<source\> 태그의 media 속성을 사용해서 뷰포트가 800px 이상이면 "images/logo-wide.png"가 보이고, 800px보다 작으면 "images/logo-square.png"가 보입니다.

```
<picture>
    <source media="(min-width:800px)" srcset="images/logo-wide.png" />
    <img
    src="images/logo-square.png"
    alt="개발자의품격 로고"
    style="height: 200px"
    />
</picture>
```

type 속성

특정 이미지 파일 형식이 지원되지 않는 경우 대체 이미지 형식을 제공할 수도 있습니다. 다음 예제는 브라우저가 webp 이미지 확장자를 지원하면 logo.webp를 표시하고, 지원하지 않으면 logo.png를 표시합니다.

```
<picture>
    <source srcset="images/logo.webp" type="image/webp">
    <img src="images/logo.png" alt="" />
</picture>
```

srcset 속성

\<img\> 태그의 srcset 속성 사용법과 동일합니다.

sizes 속성

\<img\> 태그의 sizes 속성 사용법과 동일합니다.

3.6.4 <map>: 한 장의 이미지에 여러 개의 링크 삽입

HTML에서 이미지를 삽입하기 위해서는 <img> 태그를 사용해야 합니다. 그리고 이미지를 클릭했을 때 특정 링크를 연결하려면 <img> 태그를 <a> 태그로 감싸거나 <img> 태그에 click 이벤트 리스너인 onclick을 설정하면 됩니다. 하지만 한 장의 이미지에 여러 개의 링크를 삽입하려면 어떻게 해야 할까요? 이케아IKEA나 오늘의집 같은 서비스를 이용하면 한 장의 이미지 속에 여러 개의 제품이 있고, 각 제품을 클릭하면 제품을 소개하는 상세 페이지로 이동합니다.

[그림 3-39]는 이케아 온라인에서 제공하는 제품 사진입니다. 사진에는 액자, 소파, 쿠션 등 다양한 제품이 포함되어 있습니다. 사용자가 마우스를 제품 위로 가져가면 제품에 대한 정보를 제공하는 상태창이 보이고, 상태창을 클릭하면 해당 제품을 구매할 수 있는 페이지로 이동합니다. 하나의 사진 안에 다양한 제품에 대한 링크를 삽입한 예입니다.

그림 3-39 이케아 온라인[7]

이케아는 [그림 3-40]과 같이 한 장의 이미지에 다수의 <a> 태그를 이용해서 여러 개의 링크를 삽입합니다. 이렇게 하면 구현해야 할 코드의 양과 복잡도가 증가합니다. 더 쉬운 방법은 없을까요?

---

7 https://www.ikea.com/kr/ko

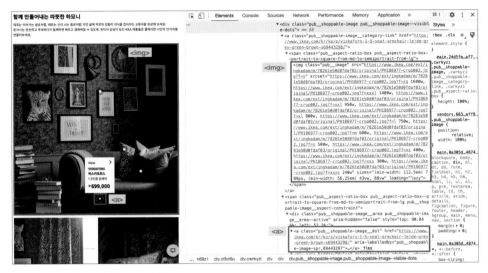

그림 3-40 여러 개의 〈a〉 태그를 사용

〈map〉 태그 사용하기

HTML은 하나의 이미지에 여러 개의 링크를 삽입할 수 있는 〈map〉 태그를 제공합니다. 〈map〉 태그는 하나의 이미지를 영역별로 구분하고, 각 영역에 하이퍼링크를 적용할 수 있게 해줍니다. 삽입된 이미지와 연결된 〈map〉 태그를 작성하고, 〈map〉의 자식 요소인 〈area〉는 이미지 안의 클릭 가능한 영역을 지정하기 위해 사용됩니다.

기본 구조는 다음과 같습니다.

```
<img src="이미지 주소" usemap="#map 태그 name" />
<map name="map 태그 name">
    <area href="링크 주소1" coords="좌표1" shape="클릭 영역 모양" />
    <area href="링크 주소2" coords="좌표2" shape="클릭 영역 모양" />
    <area href="링크 주소3" coords="좌표3" shape="클릭 영역 모양" />
</map>
```

1 〈img〉 태그의 usemap 속성과 〈map〉 태그의 name 속성을 동일한 값으로 맞춥니다. 이때 usemap 속성 앞에는 #을 추가합니다.

2 이미지에 연결하고 싶은 링크 수만큼 〈area〉 태그를 작성합니다.

3 각각의 〈area〉를 적용한 이미지 좌표를 잡습니다.

4 〈area〉 태그에서 설정한 좌표를 클릭했을 때 연결할 링크 주소를 설정합니다.

shape별 coords 지정 방법

<area> 태그의 coords 속성 값으로 입력된 좌표가 삽입된 이미지의 해당 위치와 연결됩니다.
<area> 태그의 coords 좌표를 지정하는 방법은 [그림 3-41]과 같이 shape별로 다릅니다.

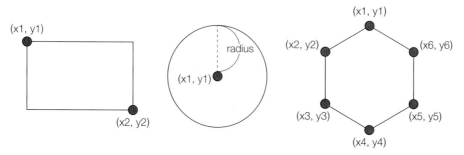

그림 3-41 shape별 coords 지정 방법

- shape="rect"일 때 사각형의 좌상단 좌표 x1, y2와 우하단 x2, y2 지정
- shape="circle"일 때 중심점 x1, y1와 반지름(radius) 지정
- shape="poly"일 때 다각형의 각 꼭지점 개수만큼 좌표 x, y 지정

```
<area shape = "rect" coords = "x1, y1, x2, y2">
<area shape = "circle" coords = "x1, y1, radius">
<area shape = "poly" coords = "x1, y1, x2, y2, .., xn, yn">
```

Image Map Generator

<area>의 shape별로 좌표를 구하는 것은 포토샵 같은 툴을 사용해도 되지만 Image Map Generator[8]를 이용하면 이미지 안에 특정 위치에 대한 좌표뿐만 아니라 <map> 태그를 자동으로 생성할 수 있습니다.

---

8 https://www.image-map.net

그림 3-42 사용 방법

사용법은 다음과 같습니다.

1 [Select Image from My PC] 혹은 [Load Image from Website] 버튼을 사용해서 이미지를 업로드합니다.

2 삽입할 링크 영역을 선택합니다.

3 적용 범위에 대한 Shape(rect, circle, poly)를 선택합니다.

4 shape에 따라 커서로 점을 찍으며 영역을 표시합니다. shape가 원형(circle)인 경우는 원의 중심을 찍고, 반지름의 너비만큼의 위치를 클릭합니다.

5 영역을 클릭했을 때 이동할 링크 주소를 입력합니다.

6 영역에 대한 타이틀입니다.

7 영역을 클릭했을 때 연결된 링크가 열릴 창을 설정합니다.

8 영역을 추가하려면 [Add New Area] 버튼을 클릭해서 원하는 수만큼 링크 영역을 추가합니다.

9 모든 링크 영역을 추가한 후 [Show Me The Code!] 버튼을 클릭하면 [그림 3-43]과 같이 <img> 태그와 이미지에 대한 좌표를 가지고 있는 <map> 태그에 대한 HTML 코드가 자동으로 생성됩니다.

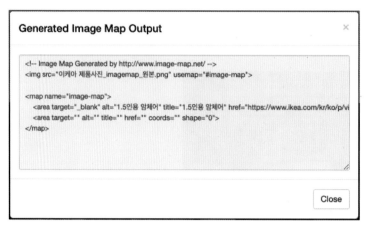

그림 3-43 자동으로 생성된 코드

자동으로 생성된 코드를 복사해서 사용하면 됩니다.

```
<img src="이케아 제품사진_imagemap_원본.png" usemap="#image-map">

<map name="image-map">
    <area target="_blank" alt="1.5인용 암체어" title="1.5인용 암체어" href="
https://www.ikea.com/kr/ko/p/viskafors-1-5-seat-armchair-lejde-grey-green-
brown-s69443298/" coords="NaN" shape="circle">
    <area target="" alt="" title="" href="" coords="" shape="0">
</map>
```

<map> 태그를 사용하면 한 장의 이미지에 여러 개의 링크를 삽입해서 사용할 수 있다는 장점이 있지만 이미지의 크기가 고정된 경우에만 사용할 수 있다는 한계가 있습니다. 반응형 웹처럼 사용자 기기별로 이미지 크기가 변경되면, 이미지 안의 링크 좌표도 변경되기 때문에 미디어 쿼리 설정에 따라 여러 개의 <map> 태그를 준비해야 하거나 고정된 이미지 크기일 때만 사용해야 한다는 점을 주의하기 바랍니다.

3.7 웹 비디오와 오디오 최적화

`<video>` 태그를 사용하면 비디오 콘텐츠 플레이어를 HTML에 삽입할 수 있습니다. 오디오 콘텐츠에도 사용할 수 있지만 오디오 콘텐츠에는 `<audio>` 태그를 사용하는 것이 더 적합합니다.

```
<video src="movie.mp4" width="320" height="240" controls>
    사용 중인 브라우저는 video 태그를 지원하지 않습니다.
</video>
```

`<img>` 태그와 동일하게 **src** 속성을 사용해서 표시하고자 하는 미디어의 경로를 지정할 수 있습니다. 지원하는 영상 콘텐츠 포맷은 MP4, WebM, OGG입니다. 사용 중인 브라우저가 `<video>` 태그를 지원하지 않으면 `<video>` 태그 안에 작성된 '사용 중인 브라우저는 video 태그를 지원하지 않습니다.'라는 텍스트가 나타납니다. `<video>` 태그에 **controls** 속성이 존재하면 영상 재생, 일시 정지, 음량 조절 등을 할 수 있는 컨트롤러가 보입니다.

영상 콘텐츠를 재생할 수 있는 가장 빠른 시점에 영상이 자동으로 실행되길 원한다면 **autoplay** 속성을 추가합니다.

```
<video src="movie.mp4" width="320" height="240" controls autoplay>
    사용 중인 브라우저는 video 태그를 지원하지 않습니다.
</video>
```

`<video>` 태그에서 사용되는 대표적인 속성은 다음과 같습니다.

속성	값	설명
src	URL	영상 콘텐츠 경로를 지정합니다.
autoplay	–	영상 콘텐츠를 재생할 수 있는 가장 빠른 시점에 자동으로 영상이 재생됩니다.
controls	–	영상을 제어하는 재생, 일시 정지, 소리 조절 등을 위한 컨트롤러가 표시됩니다.
loop	–	영상이 끝나면 다시 처음부터 시작됩니다.
muted	–	영상 소리가 음소거됩니다.
poster	URL	영상을 다운로드하는 동안 또는 사용자가 재생 버튼을 누를 때까지 영상 대신 보일 이미지 경로를 지정합니다.

속성	값	설명
preload	auto, metadata, none	영상 콘텐츠 다운로드 관련 초기 설정을 지정합니다. • auto: 사용자가 영상을 시청하지 않더라도 필요하다면 전체 비디오가 다운로드될 수 있음을 의미합니다. • metadata: 영상을 다운로드하지 않고 영상 상영 시간 같은 메타데이터 정보만 미리 가져옵니다. • none: 영상을 다운로드하지 않습니다. 사용자가 영상을 바로 보지 않을 가능성이 높거나 서버가 최소한의 트래픽을 유지하고 싶을 때 적용합니다.

오디오의 경우 <audio> 태그를 사용하면 오디오 콘텐츠 플레이어를 HTML에 삽입할 수 있습니다.

```
<audio src="audio.mp3" controls>
    사용 중인 브라우저는 audio 태그를 지원하지 않습니다.
</audio>
```

src 속성을 사용해서 오디오 소스에 대한 경로를 지정합니다. 지원하는 오디오 콘텐츠 포맷은 MP3, WAV, OGG입니다. 사용 중인 브라우저가 <audio> 태그를 지원하지 않으면 <audio> 태그 안에 작성된 '사용 중인 브라우저는 audio 태그를 지원하지 않습니다.'라는 텍스트가 나타납니다. <audio> 태그에 controls 속성이 존재하면 오디오 재생, 일시 정지, 음량 조절 등을 할 수 있는 컨트롤러가 보입니다.

오디오 콘텐츠를 재생할 수 있는 가장 빠른 시점에 자동으로 실행되길 원한다면 autoplay 속성을 추가합니다.

```
<audio src="audio.mp3" controls autoplay>
    사용 중인 브라우저는 audio 태그를 지원하지 않습니다.
</audio>
```

<audio> 태그에서 사용되는 대표적인 속성은 다음과 같습니다.

속성	값	설명
src	URL	오디오 콘텐츠 경로를 지정합니다.
autoplay	–	오디오 콘텐츠를 재생할 수 있는 가장 빠른 시점에 자동으로 영상이 재생됩니다.
controls	–	오디오를 제어하기 위한 재생, 일시 정지, 소리 조절 등을 위한 컨트롤러가 표시됩니다.
loop	–	오디오가 끝나면 다시 처음부터 시작됩니다.
muted	–	소리가 음소거됩니다.
preload	auto, metadata, none	오디오 콘텐츠 다운로드 관련 초기 설정을 지정합니다. • auto: 사용자가 오디오를 청취하지 않더라도 필요하다면 전체 오디오가 다운로드될 수 있음을 의미합니다. • metadata: 오디오를 다운로드하지 않고 오디오 시간 같은 메타데이터 정보만 미리 가져옵니다. • none: 오디오를 다운로드하지 않습니다. 사용자가 오디오를 바로 듣지 않을 가능성이 높거나 서버가 최소한의 트래픽을 유지하고 싶을 때 적용합니다.

비디오와 오디오를 웹 최적화하기 위해 반드시 고려해야 하는 속성은 바로 preload입니다. 비디오와 오디오 콘텐츠는 웹에서 가장 큰 용량을 차지하는 콘텐츠입니다. 만약 사용자가 이용하지 않을 비디오와 오디오 콘텐츠를 미리 다운로드한다면 사용자 입장에서는 사용하지 않는 콘텐츠에 대한 데이터 비용을 지불하는 것입니다. 그렇기 때문에 웹페이지 내에 삽입되는 비디오와 오디오를 사용자가 반드시 이용할 거라는 확신이 없다면 preload 속성 값을 auto로 사용해서는 안 됩니다. 물론 auto를 사용하면 사용자가 콘텐츠를 기다림 없이 바로 이용할 수 있다는 장점이 있지만, 만약 사용자가 해당 콘텐츠를 이용하지 않는다면 불필요한 네트워크 낭비로 이어집니다. 반대로 사용자가 반드시 이용하는 콘텐츠의 preload 속성을 none으로 설정했다면, 사용자가 콘텐츠를 선택한 후 한참을 기다려야 할 수도 있습니다.

그래서 preload 속성에 대한 auto, metadata, none 값을 적용할 때, 개발자의 감에 의존하는 것이 아니라 실제 사용자가 웹페이지를 어떻게 사용하는지 모니터링하고 이에 맞게 최적화할 필요가 있습니다.

3.8 웹 공유 최적화

페이스북, 카카오톡과 같은 소셜 미디어 서비스에서 [그림 3-44]와 같이 누군가가 공유한 웹 페이지, 유튜브 영상 등을 자주 볼 수 있습니다.

그림 3-44 오픈 그래프 프로토콜이 설정된 웹페이지 공유

공유된 어떤 웹페이지는 [그림 3-44]처럼 이미지, 제목, 설명 등 공유된 콘텐츠를 한눈에 알아 보기 쉽도록 깔끔하게 정리되어 있는 반면, 어떤 웹페이지는 [그림 3-45]처럼 페이지에 대한 설명이 부족하거나 이미지가 비어 있거나 누가 봐도 깔끔하지 않은 형태로 보이기도 합니다.

그림 3-45 오픈 그래프 프로토콜이 설정되지 않은 웹페이지 공유

당연히 내가 개발한 웹페이지를 누군가에게 공유할 때 [그림 3-44]와 같이 깔끔하기를 원할 것이고, 이런 사소한 배려가 더 많은 사용자를 유입시키는 결정적인 역할을 하기도 합니다.

3.8.1 오픈 그래프 프로토콜

오픈 그래프 프로토콜은 콘텐츠(웹페이지, 비디오, 오디오 등)를 페이스북, 카카오톡과 같은 소셜 미디어에 공유할 때 풍부한 정보를 제공하는 데 도움을 줍니다. 오픈 그래프 프로토콜은 HTML 문서의 <head> 태그 안에 <meta> 태그를 사용해서 정의할 수 있습니다. 공유하는 콘텐츠 제목, 설명, 대표 이미지, 크기 등의 정보를 정의해서 직관적이고 사용자 방문을 유도하는 깔끔한 UI를 제공합니다.

다음은 반드시 정의해야 하는 4가지 기본 프로퍼티^{property} 속성 값입니다.

- **og:title**: 공유되는 콘텐츠 제목
- **og:type**: 공유되는 콘텐츠 타입
- **og:image**: 공유되는 콘텐츠 대표 이미지
- **og:url**: 공유되는 콘텐츠의 영구 ID에 해당하는 표준 URL

```html
<!DOCTYPE html>
<html>
  <head>
    <title>Document</title>
    <meta property="og:title" content="웹 개발자 양성 부트캠프" />
    <meta property="og:type" content="website" />
    <meta property="og:url" content="https://thegreat.io/bootcamp" />
    <meta
      property="og:image"
      content="https://thegreat.io/assets/img/gallery/thegreat-bootcamp.png"
    />
  </head>
  <body></body>
</html>
```

다음은 주요 선택적 속성입니다.

- **og:audio**: 제공되는 오디오 파일 URL
- **og:description**: 공유되는 콘텐츠 관련 설명(문장 1~2줄)

- **og:locale**: 태그가 마크업된 언어 정보(기본 값은 e n_US)
- **og:locale:alternate**: 공유되는 페이지에서 사용할 수 있는 다른 언어에 대한 배열
- **og:site_name**: 공유되는 콘텐츠가 더 큰 웹사이트의 일부인 경우 전체 사이트 이름
- **og:video**: 제공되는 비디오 파일 URL

3.8.2 구조화된 속성

og:image에는 다음과 같은 선택적 구조화된 속성이 있습니다.

- **og:image:url**: og:image와 동일
- **og:image:secure_url**: HTTPS에 대한 대체 URL
- **og:image:type**: 이미지 MIME 타입
- **og:image:width**: 이미지 너비
- **og:image:height**: 이미지 높이
- **og:image:alt**: 이미지에 대한 설명

```
<meta property="og:image" content="https://thegreat.io/assets/img/gallery/
thegreat-bootcamp.png" />
<meta property="og:image:secure_url" content="https://thegreat.io/assets/img/
gallery/thegreat-bootcamp.png" />
<meta property="og:image:type" content="image/jpeg" />
<meta property="og:image:width" content="1200" />
<meta property="og:image:height" content="630" />
<meta property="og:image:alt" content="개발자의품격 웹 개발자 양성 부트캠프" />
```

og:video는 og:image와 거의 유사한 속성이 있습니다.

- **og:video:url**: 제공되는 비디오 URL
- **og:video:secure_url**: HTTPS에 대한 대체 URL
- **og:video:type**: 비디오 MIME 타입
- **og:video:width**: 비디오 너비
- **og:video:height**: 비디오 높이

```
<meta property="og:video" content="https://example.com/movie.swf" />
<meta property="og:video:secure_url" content="https://secure.example.com/movie.
swf" />
```

```
<meta property="og:video:type" content="application/x-shockwave-flash" />
<meta property="og:video:width" content="400" />
<meta property="og:video:height" content="300" />
```

og:audio는 3개의 속성을 사용할 수 있습니다.

- **og:audio:url**: 제공되는 오디오 URL
- **og:audio:secure_url**: HTTPS에 대한 대체 URL
- **og:audio:type**: 오디오 MIME 타입

```
<meta property="og:audio" content="https://example.com/sound.mp3" />
<meta property="og:audio:secure_url" content="https://secure.example.com/sound.
mp3" />
<meta property="og:audio:type" content="audio/mpeg" />
```

3.8.3 공유 콘텐츠 타입 설정

og:type 속성을 사용해 공유되는 콘텐츠가 어떤 타입인지에 대한 정의합니다. 다음은 og:
type 값과 그 값에 따라 함께 사용할 수 있는 속성입니다.

og:type 값	함께 사용할 수 있는 속성
website	없음
music.song	music:duration, music:album, music:album:disc, music:album:track, music:album:musician
music.album	music:song, music:song:disc, music:song:track, music:musician, music:release_date
music.playlist	music:song, music:song:disc, music:song:track, music:creator
music.radio_station	music:creator
video.movie	video:actor, video:actor:role, video:director, video:writer, video:duration, video:release_date, video:tag
video.episode	video:actor, video:actor:role, video:director, video:writer, video:duration, video:release_date, video:tag, video:series
article	article:published_time, article:modified_time, article:expiration_time, article:author, article:section, article:tag
book	book:author, book:isbn, book:release_date, book:tag
profile	profile:first_name, profile:last_name, profile:username, profile:gender

3.8.4 콘텐츠 공유 시 주의사항

오픈 그래프 프로토콜로 소셜 미디어에 한 번 공유된 정보는 해당 소셜 미디어에 기록됩니다. 만약 개발자가 HTML `<meta>` 태그에 의해 실시간으로 반영하는 오픈 그래프 프로토콜 설정을 확인하기 위해서는 각 소셜 미디어에서 제공하는 공유 디버거 페이지에서 '캐시 초기화' 또는 '다시 스크랩'을 수행해야 변경된 사항이 반영됩니다.

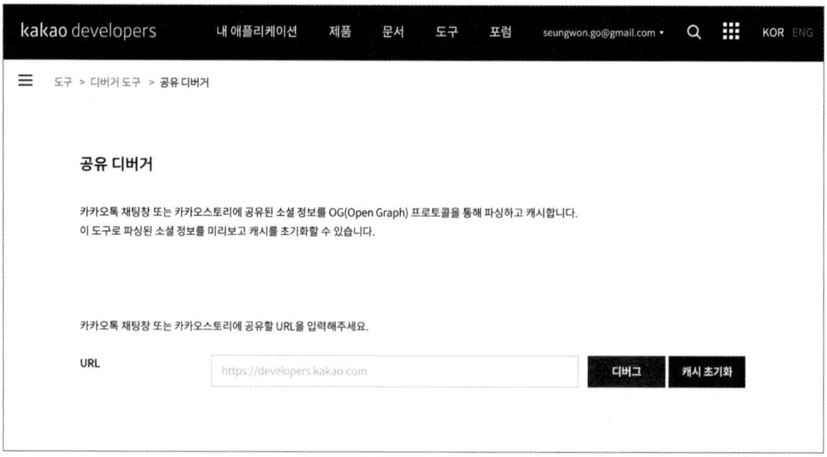

그림 3-46 카카오 개발자 센터 공유 디버거[9]

그림 3-47 페이스북 개발자 센터 공유 디버거[10]

---

9 https://developers.kakao.com/tool/debugger/sharing

10 https://developers.facebook.com/tools/debug

3.9 웹 검색 최적화

[그림 3-48]은 2023년 4월 기준, 세계적으로 많이 사용하는 검색 엔진 순위를 나열한 것입니다. 구글이 92.61%로 전 세계 검색 엔진 시장의 90% 이상을 차지하고 있습니다. 이 말은 구글 검색 엔진에 최적화하는 것만으로도 우리가 개발한 웹사이트가 사용자에게 노출될 확률이 높아진다는 것을 의미합니다.

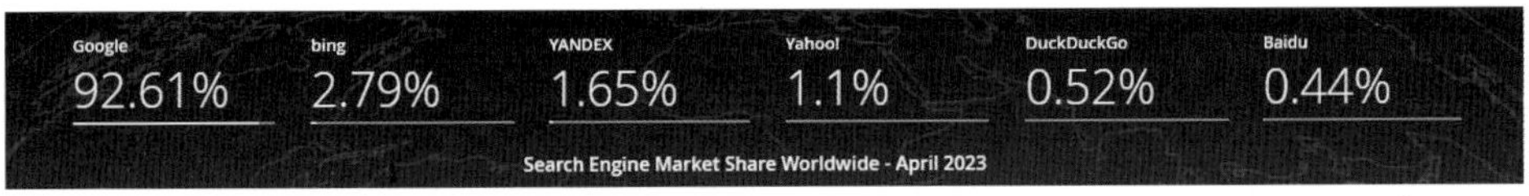

Google	bing	YANDEX	Yahoo!	DuckDuckGo	Baidu
92.61%	2.79%	1.65%	1.1%	0.52%	0.44%

Search Engine Market Share Worldwide - April 2023

그림 3-48 2023년 4월 기준 세계 검색 엔진 점유율[11]

구글은 구글 검색 엔진만을 위한 meta 태그를 제공합니다. meta는 검색 엔진과 웹페이지에 대한 추가 정보를 제공하는 데 사용되는 HTML 태그입니다. 이 절에서는 구글에서 지원하는 meta 태그를 알아보겠습니다.

3.9.1 검색 엔진의 크롤링과 색인 생성을 위한 meta 태그

검색 엔진의 크롤링과 색인 생성을 위한 meta 태그에는 <meta name="robots">와 <meta name="googlebot">가 있습니다. <meta name="robots"> 태그는 모든 검색 엔진에 적용되지만, <meta name="googlebot"> 태그는 오직 구글 검색 엔진에만 적용됩니다. 이런 meta 태그를 '로봇 메타 태그'라고 합니다. 로봇 메타 태그를 사용하면 페이지의 색인이 생성되는 방식과 사용자에게 구글 검색 결과가 보이는 방식을 페이지별로 설정할 수 있습니다.

구글에서 지원하는 로봇 메타 태그에 적용할 수 있는 지시어는 다음과 같습니다.

---

11 https://gs.statcounter.com/search-engine-market-share

지시어	설명
all	색인 생성이나 게재에 대한 제한이 없습니다. 기본 값입니다.
noindex	페이지와 페이지 안에 있는 미디어 또는 리소스에 대한 색인 생성을 허용하지 않습니다. 즉, 검색 결과에 현재 페이지, 미디어 또는 리소스를 표시하지 않습니다.
nofollow	페이지에 있는 링크를 따라가지 못하도록 합니다. 즉, 이 지시어를 지정하지 않으면 페이지 내에 링크된 페이지를 검색할 수 있습니다.
none	noindex, nofollow를 둘 다 적용한 것과 같습니다.
noarchive	검색 결과에 '저장된 페이지' 링크를 표시하지 않습니다. '저장된 페이지' 링크는 구글이 최신 페이지를 사용할 수 없을 때를 대비해서 백업으로 각 웹페이지의 스냅샷을 캡처한 것입니다. '저장된 페이지' 링크를 클릭하면 구글에서 저장한 사이트 버전이 표시됩니다.
nositelinkssearchbox	검색 결과에 사이트링크 검색창을 표시하지 않습니다. 사이트링크 검색창은 구글에서 웹사이트가 검색 결과로 표시될 때 해당 웹사이트로 범위가 지정된 추가적인 검색창을 말합니다. 다음은 구글에서 'pinterest'를 검색했을 때 핀터레스트 웹사이트의 사이트 링크 검색창이 나타나는 예입니다.
nosnippet	검색 결과에 텍스트 스니펫 또는 동영상 미리 보기를 표시하지 않습니다. 정적 썸네일 이미지는 표시할 수 있습니다.
indexifembedded	noindex로 설정되어 있지만 페이지 내의 iframe에서는 색인을 허용합니다.
max-snippet: [number]	검색 결과의 텍스트 스니펫에 영문 기준으로 최대 몇 자를 사용할지 설정합니다. • 0: 표시할 스니펫이 없음. nosnippet과 동일한 의미 • −1: 구글에서 사용자를 사이트로 유도하는 데 가장 효과적인 스니펫 길이를 선택 • number: 최대 [number]자까지 표시 다음은 최대 20자(영문 기준)만 표시하도록 설정한 예입니다. ```\n<meta name="robots" content="max-snippet:20">\n```

지시어	설명
max-image-preview: [setting]	검색 결과에 페이지가 표시될 때 사용할 미리 보기 이미지의 최대 크기를 설정합니다. • none: 표시할 이미지가 없음 • standard: 기본 미리 보기 이미지 표시 • large: 미리 보기 이미지가 표시 영역 너비까지 더 크게 표시될 수 있음 `<meta name="robots" content="max-image-preview:standard">`
max-video-preview: [number]	검색 결과로 나오는 페이지 내의 동영상 스니펫에 대한 미리 보기 시간입니다. 최대 [number]초를 사용합니다. 이 지시어를 지정하지 않으면 미리 보기 시간은 구글이 결정합니다. '-1'을 지정하면 미리 보기 시간에 제한이 없습니다. 다음은 '-1'을 지정해서 미리 보기 시간에 제한을 두지 않도록 설정한 예입니다. `<meta name="robots" content="max-video-preview:-1">`
notranslate	검색 결과에 페이지에 대한 번역을 제공하지 않습니다. 이 지시어를 지정하지 않으면 검색 결과를 사용자의 기본 언어로 자동으로 번역해서 제공할 수 있습니다. 사용자가 번역된 제목 링크를 클릭하면 이동하는 페이지도 자동으로 번역됩니다.
noimageindex	페이지의 이미지에 대한 색인 생성을 허용하지 않습니다.
unavailable_after: [date/time]	지정한 날짜/시간 이후에는 검색 결과에 이 페이지를 표시하지 않습니다. 다음은 2023년 11월 3일 이후로는 검색 결과로 표시하지 못하도록 메타 태그를 설정한 예입니다. `<meta name="robots" content="unavailable_after: 2024-11-03">`

지시어를 쉼표로 결합하여 meta 태그를 작성할 수 있습니다. 다음은 페이지의 색인을 생성하지 않고 페이지에 있는 그 어떤 링크도 크롤링하지 않도록 웹 크롤러에 지시하는 메타 태그의 예입니다.

```
<meta name="robots" content="noindex, nofollow">
```

다음과 같이 여러 개의 meta 태그를 사용해서 작성할 수도 있습니다.

```
<meta name="robots" content="noindex">
<meta name="robots" content="nofollow">
```

robots와 googlebot에 대한 meta 태그가 충돌하는 경우에는 더 제한적인 태그가 적용됩니다. 예를 들어 max-snippet:50과 nosnippet이 둘 다 설정되면 더 제한적인 값인 nosnippet이 적용됩니다.

3.9.2 그 외 meta 태그

그 외에 구글 검색 서비스와 관련된 태그입니다.

태그	설명
`<meta name="description" content="">`	이 태그를 사용해서 현재 페이지에 대한 설명을 제공합니다. 페이지 설명은 구글에서 검색 후 표시되는 스니펫에 사용되기도 합니다.
`<meta name="google" content="nositelinkssearchbox">`	검색 결과에 사이트링크 검색창을 표시하지 않습니다. `<meta name="googlebot" content="nositelinkssearchbox">`와 동일합니다.
`<meta name="google" content="nopagereadaloud">`	구글 TTS(텍스트 음성 변환) 서비스에서 웹페이지를 소리 내어 읽는 것을 방지합니다.
`<meta name="google-site-verification" content="...">`	사이트에 대한 소유권을 확인하는 용도로 사용됩니다. 여기서 소유권 확인이란 특정 웹사이트의 소유자임을 검색 콘솔에 증명하는 것을 의미합니다. 사이트의 최상위 페이지에서 이 태그를 설정합니다. 사이트 소유자에게 제공된 name 및 content 속성 값이 일치하면 사이트 소유자로 증명됩니다.
`<meta name="rating" content="adult">`	성인용 콘텐츠가 포함되어 있음을 알립니다. 그래서 세이프서치 검색 결과에서 필터링하는 데 사용됩니다.

4장

더 나은
CSS 개발

4.1 CSS는 무엇인가?

CSS^{Cascading Style Sheets}는 웹페이지 디자인, 레이아웃 등 스타일을 정의하기 위한 언어입니다. CSS는 HTML 요소들이 화면에 어떻게 보일지를 기술합니다. 여러 웹페이지의 레이아웃을 한 번에 컨트롤할 수 있기 때문에 효율적으로 작업할 수 있습니다.

CSS는 선택자^{selector}와 이에 대한 선언 블록^{declaration blcok}으로 이루어집니다.

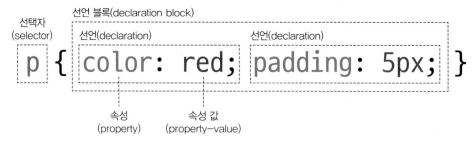

그림 4-1 CSS 선택자 선언 블록

선택자는 스타일을 지정하고 싶은 HTML 요소를 가리킵니다. 선언 블록은 세미콜론(;)을 구분자로 해서 하나 이상의 선언을 포함합니다. 각 선언은 CSS 속성 이름과 값을 포함합니다. 속성 이름과 값 사이는 콜론(:)으로 구분합니다.

다음 예제는 <p> 태그에 글자 색상은 red, 글자는 가운데 정렬을 적용하는 CSS입니다.

```
p {
  color: red;
  text-align: center;
}
```

여기서 선택자는 p이고, 선언 블록은 2개(color: red;, text-align: center;)로 이루어져 있습니다.

- p는 선택자(화면의 모든 <p> 태그에 정의된 스타일을 적용하겠다는 의미)
- color는 속성, red는 속성 값
- text-align는 속성, center는 속성 값

4.2 W3C 표준화 제정 단계

CSS는 꾸준히 보완되며 새로운 기술 사양이 추가되고 있습니다. W3C는 신규 기술 사양에 대해 4개의 절차로 표준화 제정 단계를 구분하여 공개된 기술 사양이 어느 상태에 있는지 알려줍니다.

다음 W3C 기술 문서의 표준화 제정 단계는 웹 기술을 표준화하기 위해 W3C의 워킹 그룹이 따라야 하는 여러 절차와 요구사항입니다.

- **WD(Working Draft, 초안)**: W3C가 그 멤버뿐만 아니라 대중, 다른 기술 단체 등 여러 커뮤니티에 검토를 받기 위해 공개한 문서로 초안 단계입니다.
- **CR(Candidate Recommendation, 후보 권고안)**: 충분히 검토받고 테스트를 거쳐서 워킹 그룹의 기술적인 요구사항이 충족된 상태로, CR 단계의 기술 사양은 실질적으로 실무에 적용되기 시작합니다.
- **PR(Proposed Recommendation, 제안 권고안)**: 광범위한 기술적인 구현과 검토가 거의 모두 완료된 단계로 최종 승인을 얻기 위해 검토하는 단계입니다.
- **REC(W3C Recommendation, 권고안)**: 최종적으로 승인되어 표준화가 완료된 단계입니다.

개발자로서 경력이 쌓이면 새롭게 추가되는 사양을 미리 학습하고, 개인 프로젝트에 적용해보고, 때로는 실무 프로젝트에 그 일부를 적용하는 일이 생깁니다. 이때 W3C 기술 문서로 미리 학습하면 CR 단계의 기술 사양을 접할 수 있습니다.

caniuse[1]은 CSS의 모든 기술 사양에 관해서 W3C 표준화 제정 단계 중 어떤 단계에 있고, 브라우저별로 상세 제공 범위가 어디까지 있고, 어떤 테스트를 만족했는지 등을 알 수 있는 사이트입니다. PR 단계는 실무에서 사용해도 큰 문제가 되지 않을 정도로 모든 검토가 완료된 상태

---

1 https://caniuse.com

이기 때문에 적용하는 데 많이 고민할 필요가 없지만, CR 단계에서는 실무에 적용할 때 내가 구축하려는 웹사이트 대상이 어떤 브라우저를 사용하는지에 대한 충분한 검토가 이뤄져야 합니다.

4.3 CSS 선택자

태그의 **style** 속성을 통해 스타일을 직접 지정하는 것을 인라인 스타일이라고 합니다. 인라인 스타일은 태그에 바로 지정하는 것이기 때문에 HTML 코드를 보면 매우 직관적입니다. 하지만 실무에서는 정말 특별한 예외사항이 아니라면 인라인 스타일을 사용하는 것을 추천하지 않습니다.

인라인 스타일은 다음과 같은 상황에서 매우 비효율적입니다.

1 만약 style="font-weight:bold;text-align:center"과 같은 동일한 스타일 속성을 10개의 태그에 적용하려면 동일한 코드를 10번 반복해서 작성해야 합니다.

2 1번과 같이 10개의 태그에 인라인 스타일을 적용했는데 프로젝트 중간에 기획자 혹은 디자이너가 10개의 태그에 적용한 text-align:center, 즉 가운데 정렬로 보이는 문자열을 왼쪽 정렬로 바꾸어 달라는 요청을 했습니다. 이럴 때는 어쩔 수 없이 10개의 태그를 모두 찾아서 text-align:center 스타일 속성을 일일이 삭제해야 합니다.

HTML 문서는 다양한 태그로 이루어져 있습니다. 그리고 CSS는 디자인을 입히기 위한 특정 태그를 쉽고 빠르게 찾아내기 위한 방법을 고안했습니다. CSS 선택자는 HTML 페이지의 특정 태그를 태그명, 태그가 가지고 있는 속성, 클래스명 등을 이용해서 효율적으로 찾을 수 있고, 스타일을 한 번에 적용할 수 있도록 합니다. 스타일을 한 번에 적용하면 반복적인 코드를 줄일 수 있고, 변경사항이 있을 때 일괄 수정이 가능합니다.

CSS 선택자는 자바스크립트에서 HTML 태그를 찾을 때도 동일하게 사용할 수 있는 문법이기 때문에 개발자라면 반드시 정확하게 이해하고 사용할 수 있어야 합니다.

4.3.1 전체 선택자

전체 선택자^{universal selector}는 HTML 페이지 내부의 모든 태그에 지정된 스타일을 적용하도록 합니다. 태그마다 적용할 수 있는 스타일 속성이 모두 같지 않고, 전체 선택자는 페이지 내의 모든 태그에 한 번에 동일한 스타일이 적용되기 때문에 사용 시 주의해야 합니다.

전체 선택자를 나타내는 기호는 별표(*)입니다. 다음 예제와 같이 정의하면 HTML 문서 모든 텍스트에 빨간색(red)이 적용됩니다.

```
* {
  color: red;
}
```

전체 선택자는 HTML 문서 내의 모든 요소를 탐색하고 적용합니다. 따라서 HTML 요소가 복잡하고 많다면 느려질 수 있기 때문에 전체 선택자 사용을 최소화하는 것이 좋습니다.

4.3.2 클래스 선택자

HTML 태그마다 가질 수 있는 속성 정보에는 조금씩 차이가 있습니다. id 같은 속성은 모든 태그가 동일하게 가질 수 있지만, href는 <a> 태그 같은 특정 태그만 가질 수 있는 속성입니다. 모든 태그가 가질 수 있는 속성에는 class가 있습니다. 클래스 선택자^{class selector}는 태그의 class 속성 값을 활용하는 선택자입니다. 클래스 선택자는 선언된 선택자명과 동일한 이름의 class 속성 값을 가지고 있는 태그를 찾아내고 스타일을 한 번에 적용합니다.

클래스 선택자를 선언할 때는 클래스명 앞에 마침표(.)를 추가합니다. 스타일을 적용할 태그의 class 속성 값에는 마침표를 제외한 클래스명만 사용해야 하고, 2개 이상의 클래스 선택자를 하나의 태그에 적용할 때는 공백(Space)을 사용해서 클래스명을 분리한 후 사용하면 됩니다.

다음 예제에서 2개(.bg-red, .h-100)의 클래스를 선언했습니다. <div> 태그에 2개의 클래스를 적용하기 위해서 class 속성 값으로 bg-red h-100을 할당했습니다. 여러 개의 class 사이에 공백을 두고 할당할 수 있습니다.

```
<style>
    .bg-green {
        background-color: green;
    }

    .h-100 {
        height: 100px;
    }
</style>

<!-- BODY -->
<div class="bg-green h-100">클래스 선택자를 사용해서 스타일 지정</div>
```

클래스 선택자는 HTML 문서 내 모든 태그의 class 속성 값을 확인하고 일치하는 태그를 찾아낸 후 클래스로 선언된 스타일을 적용합니다.

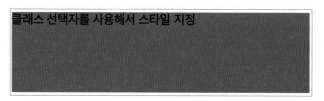

그림 4-2 클래스 선택자 적용

4.3.3 태그 선택자

태그 선택자^{type selector}는 태그명을 사용해서 HTML 요소를 찾고, 동일한 스타일 속성을 적용하기 위해 사용합니다. 예를 들어 하이퍼링크를 위한 <a> 태그는 태그 안의 텍스트에 자동으로 밑줄이 추가됩니다. 사용자 대부분은 웹에서 밑줄이 적용된 텍스트에는 링크 속성이 있어서 해당 텍스트를 클릭 시 특정 페이지로 이동한다는 것을 알고 있습니다.

쇼핑몰 사이트를 보면 상품마다 상품 카테고리, 키워드, 판매처 등 페이지 이동을 위한 수많은 <a> 태그를 가지고 있습니다. 만약 모든 <a> 태그에 밑줄이 그어져 있다면 시각적으로 좋은 경험을 줄 수 없을 것입니다.

[그림 4-3]은 네이버쇼핑에서 상품을 검색했을 때 나오는 상품 목록입니다. <a> 태그 기본 밑줄이 삭제된 형태로 제공되고 있습니다. [그림 4-4]는 동일한 화면에 강제로 CSS를 추가해서

<a> 태그가 기본으로 가지고 있는 밑줄을 추가한 그림입니다.

그림 4-3 네이버쇼핑 상품 검색 목록 원본

그림 4-4 CSS 변경해서 〈a〉 태그에 밑줄 추가

링크로 연결되는 텍스트 디자인을 밑줄로 표시하지 않고 다른 텍스트와 구분되는 색상, 폰트 크기, 폰트 굵기 등으로 표현하는 게 최근 추세입니다. 그래서 기본적으로 〈a〉 태그가 텍스트에 밑줄로 표기되는 것을 막기 위해서 다음과 같이 스타일 속성을 지정합니다.

```
<a href="링크주소" style="text-decoration: none;">링크</a>
```

이렇게 사용되는 모든 〈a〉 태그에 직접 인라인 스타일로 지정하거나 클래스를 만들어서 지정할 수 있습니다. 하지만 매번 이렇게 지정하는 것은 불필요한 작업입니다. 태그 선택자를 사용하면 다음과 같이 페이지 내 모든 〈a〉 태그에 스타일 속성을 한 번에 적용할 수 있습니다.

```
a {
  text-decoration: none;
}
```

태그 선택자를 사용해서 페이지 내에 공통으로 적용해야 하는 스타일 속성을 지정한 후, 각 태그에 변경이 필요한 스타일 속성에 대해서만 클래스 혹은 인라인 스타일로 적용하면 됩니다.

```
a {
 text-decoration: none;
}

.underline {
 text-decoration: underline;
}

<!-- BODY -->
<a href="#">링크1</a>
<a href="#">링크2</a>
<a href="#" class="underline">링크3</a>
<a href="#">링크4</a>
```

링크1 링크2 <u>링크3</u> 링크4

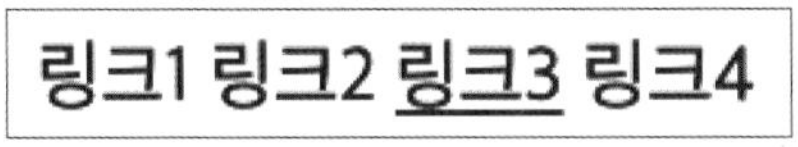

그림 4-5 태그 선택자와 클래스 선택자 사용

4.3.4 ID 선택자

HTML 태그의 id는 모든 태그에 사용할 수 있는 속성이며 속성 값으로는 반드시 중복되지 않는 유일한 값을 사용해야 합니다. ID 선택자[id selector]는 태그의 **id** 속성 값이 유일하다는 특징을 활용합니다.

HTML 문서 내에서 **id** 속성 값이 일치하는 태그를 찾고 선언된 디자인을 적용합니다. **id**는 동일한 페이지 내에서 무조건 유일해야 하기 때문에 ID 선택자는 HTML 문서 내 단 하나의 요소에만 스타일을 적용할 때 사용합니다.

```
<style>
#container {
 width: 1200px;
 margin: 20px auto;
 font-size: 14pt;
}
</style>
<!-- BODY -->
<div id="container"></div>
```

앞서 클래스 선택자를 사용해서 태그에 스타일을 지정하는 방법을 배웠습니다. ID 선택자 대신 유일한 클래스명을 가지고 클래스 선택자를 사용해도 분명 ID 선택자와 동일한 효과를 얻을 수 있습니다. 하지만 클래스 선택자는 하나 이상의 태그에 적용하기 위해 만들어진 CSS 선택자입니다. 그렇기 때문에 클래스명을 봤을 때 무의식적으로 '여러 태그에 적용해도 상관없겠지'라고 생각할 수 있습니다. 그렇지만 하나의 태그를 위해 작성된 클래스일지라도 이를 적용하는 개발자가 여러 태그에 적용하면 잘못된 스타일을 반영하는 상황이 발생할 수 있습니다.

애플리케이션은 개발 중에도 변경이 많이 일어나지만, 개발 완료 후 운영할 때도 변경이 생길 수 있기 때문에 하나의 태그를 위해 작성된 클래스의 의도를 모르는 개발자는 언제든지 실수할 수 있습니다. 그렇기 때문에 하나의 태그에만 적용해야 할 스타일이 있다면 ID 선택자를 사용해야 합니다.

4.3.5 복합 선택자

복합 선택자^{combinator selector}는 클래스, 태그, ID 선택자 등 2개 이상의 선택자 요소를 같이 적용한 선택자입니다.

하위 선택자와 자식 선택자

```css
/* 하위 선택자 */
section ul {
  border: 1px dotted black;
  font-size: 14pt;
}

/* 자식 선택자 */
section>ul {
  border: 1px dotted black;
  font-size: 14pt;
}
```

하위 선택자^{descendant combinator}는 선택자 사이를 공백으로 분리해서 부모 선택자 하위의 모든 요소를 찾습니다. 예제에서는 태그 선택자 2개를 사용해서 section ul를 정의했습니다. section 태그 다음 공백을 두고 ul 태그가 정의되어 있습니다. 이는 [그림 4-6]의 왼쪽과 같이 section 태그 하위에 있는 모든 ul 태그(자식 태그의 깊이는 상관없음)를 찾아서 스타일을 적용하겠다는 뜻입니다.

자식 선택자^{child combinator}는 선택자 사이에 > 기호를 사용해서 부모 선택자 자식에 해당하는 요소를 찾습니다. 예제에서는 태그 선택자 2개를 사용해서 section>ul이 정의되었습니다. 이는 [그림 4-6]의 오른쪽과 같이 section 태그 바로 아래 태그가 ul이어야만 적용됩니다. section 태그 안에 ul 태그가 아닌 다른 태그가 있고, 그 다른 태그 안에 ul 태그가 있다면 적용되지 않습니다.

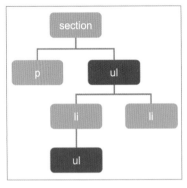 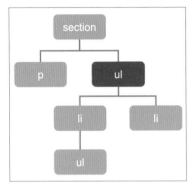

하위 선택자   자식 선택자

그림 4-6 하위 선택자와 자식 선택자

인접 형제 선택자와 일반 형제 선택자

```
/* 인접 형제 선택자 */
h1+ul {
  background: blue;
}

/* 일반 형제 선택자 */
h1~ul {
  background: green;
}
```

같은 부모를 가진 요소는 형제 요소라고 합니다. 형제 요소 중에 먼저 나온 요소를 형 요소, 나중에 나온 요소를 동생 요소라고 합니다.

인접 형제 선택자^{adjacent sibling combinator}는 같은 레벨에 있는 자식 요소 중 나란히 붙어 있는 요소, 인접한 형제 요소의 조건을 충족할 때 스타일을 적용하도록 합니다. 선택자 사이에 **+** 기호를 사용해서 정의합니다. 예제에서 정의한 h1+ul은 [그림 4-7]과 같이 h1 요소 바로 옆의 ul 요소에만 스타일이 적용됩니다.

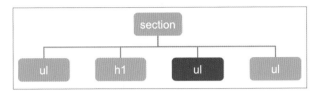

그림 4-7 인접 형제 선택자

일반 형제 선택자[general sibling combinator]는 나란히 붙어 있지 않더라도 조건을 충족하는 모든 동생 요소에 스타일을 적용하도록 합니다. 예제에서 정의한 h1~ul은 [그림 4-8]과 같이 h1 요소 옆의 모든 ul 요소에 스타일이 적용됩니다.

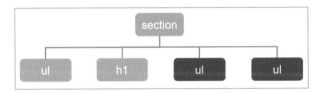

그림 4-8 일반 형제 선택자

4.3.6 속성 선택자

속성 선택자[attribute selector]는 HTML 요소의 특정 속성[attribute] 이름과 그 속성 값을 사용해서 스타일을 적용할 수 있게 합니다. 일치하는 속성 값, 특정 문자열을 포함한 속성 값 등 다양한 방법의 스타일을 적용할 수 있다는 장점이 있습니다.

패턴	의미
E[attr]	'attr' 속성이 포함된 요소(E)를 선택합니다.
E[attr="val"]	'attr' 속성 값이 정확하게 'val'과 일치하는 요소를 선택합니다.
E[attr~="val"]	'attr' 속성 값에 'val'이 포함되는 요소를 선택합니다(공백으로 분리된 값이 일치).
E[attr^="val"]	'attr' 속성 값이 'val'으로 시작하는 요소를 선택합니다.
E[attr$="val"]	'attr' 속성 값이 'val'으로 끝나는 요소를 선택합니다.
E[attr*="val"]	'attr' 속성 값에 'val'이 포함되는 요소를 선택합니다.
E[attr|="val"]	'attr' 속성 값이 정확하게 'val' 이거나 'val'로 시작되는 요소를 선택합니다.

```
/* CSS */
/* E[attr] 형식 */
a[href] {
  color: black;
  text-decoration: none;
}

/* E[attr="val"] 형식 */
input[type="text"] {
  width: 200px;
  border: 1px solid #ddd;
}

<!-- BODY -->
<a href="/link">링크</a>
<input type="text">
```

4.3.7 가상 클래스 선택자

가상 클래스 선택자^{pseudo-class selector}는 특정 요소에 마우스가 포커스되거나 버튼 위에 마우스가 위치하는 사용자의 이벤트에 대해 스타일을 지정합니다.

- :link: 방문한 적이 없는 링크
- :visited: 방문한 적이 있는 링크
- :hover: 마우스를 롤 오버했을 때
- :active: 마우스를 클릭했을 때
- :focus: 포커스 되었을 때(input 태그 등)
- :first: 첫 번째 요소
- :last: 마지막 요소
- :first-child: 첫 번째 자식
- :last-child: 마지막 자식
- :nth-child(2n+1): 홀수 번째 자식
- :nth-child(2n): 짝수 번째 자식

다음은 <a> 태그에 마우스를 올렸을 때 텍스트 색상을 변경하는 예제입니다.

```
a:hover {
 color: red;
}

<!-- BODY -->
<a href="#">마우스를 올리면 색상이 변합니다.</a>
```

다음은 `<table>` 태그의 짝수 번째 `<tr>` 태그만 배경색이 다른 표를 만드는 예제입니다.

```
table {
 width: 100%;
}

table,
th,
td {
 border: 1px solid black;
 border-collapse: collapse;
}

tbody tr:nth-child(2n) {
 background-color: green;
}

<!-- BODY -->
<table>
 <thead>
   <tr>
     <th>A</th>
     <th>B</th>
     <th>C</th>
   </tr>
 </thead>
 <tbody>
   <tr>
     <td>A1</td>
     <td>B1</td>
     <td>C1</td>
   </tr>
   <tr>
     <td>A2</td>
     <td>B2</td>
```

```
        <td>C2</td>
    </tr>
    <tr>
        <td>A3</td>
        <td>B3</td>
        <td>C3</td>
    </tr>
    <tr>
        <td>A4</td>
        <td>B4</td>
        <td>C4</td>
    </tr>
  </tbody>
</table>
```

A	B	C
A1	B1	C1
A2	B2	C2
A3	B3	C3
A4	B4	C4

그림 4-9 가상 클래스 선택자

4.4 CSS 박스 모델과 요소 크기

4.4.1 CSS 박스 모델

모든 HTML 요소는 박스 모양으로 구성되며 이것을 CSS 박스 모델box model이라고 부릅니다. 박스 모델은 콘텐츠content, 패딩padding, 테두리border, 마진margin으로 이루어집니다.

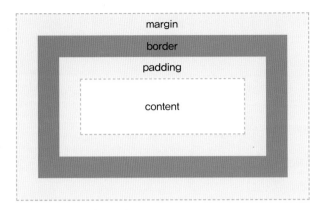

그림 4-10 CSS 박스 모델

HTML 모든 요소는 눈에 보이지는 않지만 HTML 요소를 둘러싼 박스가 존재합니다.

- **content**: 텍스트, 이미지, input, div 요소 등 모든 콘텐츠
- **padding**: content를 둘러싼 공간(border와 content 사이의 공간)
- **border**: content와 padding을 둘러싼 선
- **margin**: border를 둘러싼 공간

다음은 2개의 `<div>` 태그 각각에 `padding`, `border`, `margin`을 정의해서 2개의 `<div>` 태그 사이의 공간이 어떻게 보이는지 확인할 수 있는 예제 코드입니다.

```
<div style="padding: 10px 10px; border: 10px solid green; margin: 10px">
 <div style="padding: 10px 10px; border: 10px solid red; margin: 10px">
   CSS 박스 모델
 </div>
</div>
```

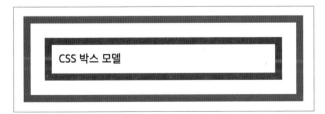

그림 4-11 CSS 박스 모델 예제

CSS 박스 모델을 정확하게 이해하고 있어야 웹페이지 레이아웃 및 콘텐츠의 배치 간격을 원하는 대로 디자인할 수 있습니다.

4.4.2 CSS 요소 크기

HTML 요소에 대한 너비와 높이는 각각 `width`, `height` 프로퍼티를 사용합니다.

- **auto**: 기본 값, 브라우저가 자동으로 계산합니다.
- **length**: px, cm 등 직접 길이를 지정합니다.
- **%**: HTML 요소를 둘러싼 블록의 길이를 기준으로 %으로 지정합니다.
- **initial**: 대상 요소의 기본 값이 적용됩니다.
- **inherit**: 부모 요소의 길이를 상속받습니다.

다음 예제 코드는 `<div>` 태그에 높이는 200px, 너비는 `<div>` 태그의 부모 요소 너비를 기준으로 50%로 설정됩니다.

```
div {
  height: 200px;
  width: 50%;
}
```

너비와 높이에 대한 CSS 프로퍼티 목록은 다음과 같습니다.

Property	설명
height	요소의 높이
max-height	요소의 최대 높이
min-height	요소의 최소 높이
width	요소의 너비
max-width	요소의 최대 너비
min-width	요소의 최소 너비

만약 요소의 넓이를 100%으로 지정했고 부모 요소의 넓이가 1000px이라면, 현재 요소는 1000px이 됩니다. 그런데 이때 `max-width:800px;`으로 지정하면 최대 넓이는 800px로 제한됩니다.

HTML 요소는 border, padding 같은 요소를 둘러싼 CSS 속성을 가지고 있습니다. 그래서 이런 CSS 속성, 즉 CSS 박스 모델을 기준으로 너비와 높이를 계산하는 방법을 지정해야 합니다. HTML 요소의 너비와 높이를 계산하는 방법은 **box-sizing** 프로퍼티를 사용합니다. **box-sizing**은 무엇을 기준으로 박스 크기를 계산할지 정하는 속성입니다. 다음과 같은 속성 값을 사용합니다.

- **content-box**: 콘텐츠 영역을 기준으로 크기를 정합니다.
- **border-box**: 테두리(border)를 기준으로 크기를 정합니다.
- **initial**: 기본 값을 설정합니다.
- **inherit**: 부모 요소의 속성 값을 상속받습니다.

다음 예제는 2개의 **\<div\>** 태그를 정의했습니다.

```
div {
  width: 300px;
  height: 100px;
  margin: 10px;
  padding: 10px;
  border: 10px solid green;
}

.box-cb {
  box-sizing: content-box;
}

.box-bb {
  box-sizing: border-box;
}

<!-- BODY -->
<div class="box-cb">box-sizing: content-box</div>
<div class="box-bb">box-sizing: border-box</div>
```

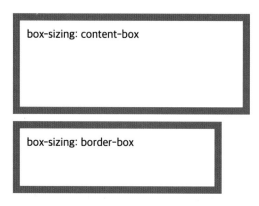

그림 4-12 box-sizing

첫 번째 `<div>` 태그에는 `box-sizing:content-box;`가 적용됐습니다. `content-box`는 박스 안 콘텐츠의 너비와 높이를 적용하기 때문에 콘텐츠 너비는 300px, 높이는 100px, `border`는 10px, `padding`은 10px이 됩니다. 그래서 테두리[border]를 포함한 실제 너비는 340px, 높이는 140px이 됩니다.

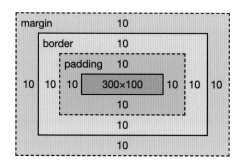

그림 4-13 box-sizing: content-box

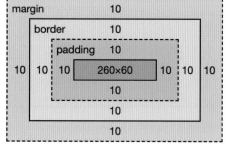

그림 4-14 box-sizing: border-box

두 번째 `<div>` 태그에는 `box-sizing:border-box;`가 적용되어 있습니다. `border-box`를 적용하면 테두리까지 포함한 크기를 기준으로 너비와 높이가 적용되기 때문에 콘텐츠 너비는 `border`와 `padding` 값을 제외한 260px, 높이는 60px이 됩니다. 그래서 테두리를 포함한 실제 너비가 300px, 높이는 100px이 됩니다.

4.5 레이아웃을 만들기 위한 CSS

[그림 4-15]는 우리가 흔히 볼 수 있는 웹 화면의 일반적인 형태입니다.

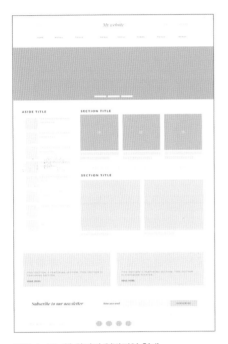

그림 4-15 웹 화면의 일반적인 형태

[그림 4-15]에서 ASIDE TITLE, SECTION TITLE이 있는 영역은 [그림 4-16]과 같이 콘텐츠 배치를 위해 자주 사용되는 웹 화면의 레이아웃 구조입니다.

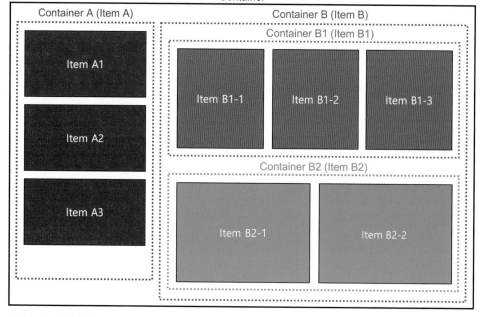

그림 4-16 레이아웃

이해를 돕기 위해서 콘텐츠가 배치되는 그릇을 컨테이너^{Container}라고 하고, 컨테이너에 담기는 각 콘텐츠를 아이템^{Item}이라고 하겠습니다. 사용자 눈에 보이지는 않지만 HTML 요소를 배치하기 위해서는 [그림 4-17]과 같이 아이템을 담기 위한 컨테이너가 필요합니다.

Container는 Item A와 Item B를 담고 있습니다. Container 입장에서 Item A는 Container 안에 배치된 하나의 아이템이지만, Item A는 Item A1, Item A2, Item A3을 담는 컨테이너 (Container A)이기도 합니다. 이와 마찬가지로 Item B는 Container 안에 배치된 하나의 아이템이지만, Item B1, Item B2를 담는 컨테이너(Container B)이기도 합니다. 그리고 Item B1는 Item B1-1부터 1-3까지 담고 있는 컨테이너(Container B1)이고, Item B2는 Item B2-1, 2-2를 담고 있는 컨테이너(Container B2)입니다.

웹 화면에 배치된 콘텐츠는 사용자 눈에는 보이지 않지만 콘텐츠를 배치하기 위한 컨테이너가 필요하고, 이런 컨테이너들이 모여서 화면 레이아웃을 구성합니다.

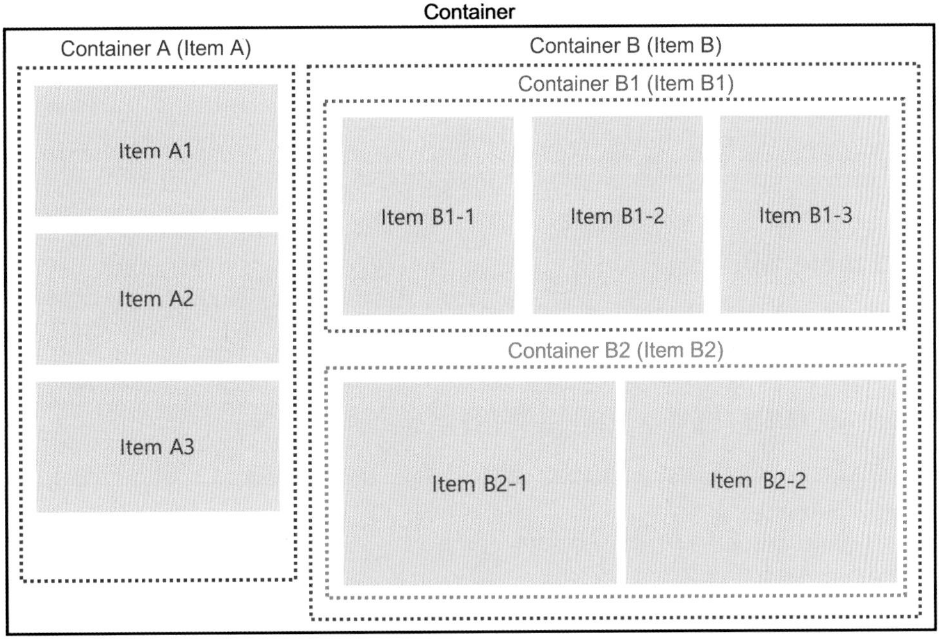

그림 4-17 레이아웃 구성

4.5.1 CSS display

display 속성은 HTML 요소의 외부 display 유형을 블록과 인라인 중 어떤 방식으로 처리할지 설정할 수 있습니다. 또한 요소의 내부 display 유형, 즉 자식 요소를 배치할 때 사용할 레이아웃을 설정합니다. HTML 요소는 기본적으로 한 라인 전체를 차지하고 줄 바꿈이 일어나는 block 유형, 요소의 크기만큼만 너비를 차지하는 inline 유형 중 하나의 특성을 가지고 있습니다. 하지만 display 속성을 사용해서 HTML 요소가 가지는 기본 유형과 상관없이 block과 inline 중 하나의 유형으로 설정할 수 있습니다.

속성 값	설명
block	요소의 크기와 상관없이 한 라인 전체를 차지하고, 요소 다음에 줄 바꿈이 일어납니다.
inline	요소의 크기만큼만 너비를 차지하고, 줄 바꿈이 일어나지 않습니다.

HTML 요소의 내부 display 유형을 설정하는 키워드는 다음과 같습니다. 요소의 자식 요소 배치를 위한 레이아웃을 설정합니다.

속성 값	설명
table	⟨table⟩ 태그처럼 자식 요소를 배치합니다.
flex	flexbox 모델에 따라 자식 요소를 배치합니다.
grid	grid layout을 사용해서 자식 요소를 배치합니다.

4.5.2 table 레이아웃

다음은 `display:table`을 사용해서 자식 요소를 배치하기 위한 레이아웃을 작성한 예제입니다. `table`, `table-row`, `table-cell` 등을 사용해서 마치 **⟨table⟩** 태그를 사용하는 것과 비슷하게 HTML 태그를 작성할 수 있는 것을 확인할 수 있습니다.

```
.display-table {
  display: table; /* <table> 요소처럼 표현됨 */
  width: 100%;
}

.display-tb-header {
  display: table-header-group; /* <thead> 요소처럼 표현됨 */
}

.display-tb-body {
  display: table-row-group; /* <tbody> 요소처럼 표현됨 */
}

.display-tb-row {
  display: table-row; /* <tr> 요소처럼 표현됨 */
}

.display-tb-cell {
  display: table-cell; /* <td> 혹은 <th> 요소처럼 표현됨 */
  padding: 10px;
  border: 1px solid black;
}

<!-- BODY -->
<div class="display-table">
  <div class="display-tb-header">
    <div class="display-tb-row">
      <div class="display-tb-cell">A</div>
```

```
        <div class="display-tb-cell">B</div>
        <div class="display-tb-cell">C</div>
      </div>
    </div>
    <div class="display-tb-body">
      <div class="display-tb-row">
        <div class="display-tb-cell">A1</div>
        <div class="display-tb-cell">B1</div>
        <div class="display-tb-cell">C1</div>
      </div>
      <div class="display-tb-row">
        <div class="display-tb-cell">A2</div>
        <div class="display-tb-cell">B2</div>
        <div class="display-tb-cell">C2</div>
      </div>
    </div>
  </div>
</div>
```

코드를 실행하면 [그림 4-18]과 같은 표가 화면에 출력됩니다.

A	B	C
A1	B1	C1
A2	B2	C2

그림 4-18 table 레이아웃

표와 관련 있는 display 속성 값은 다음과 같습니다.

- **table**: <table> 태그처럼 사용됩니다.
- **table-header-group**: <thead> 태그처럼 사용됩니다.
- **table-row-group**: <tbody> 태그처럼 사용됩니다.
- **table-footer-group**: <tfoot> 태그처럼 사용됩니다.
- **table-row**: <tr> 태그처럼 사용됩니다.
- **table-cell**: <td>, <th> 태그처럼 사용됩니다.
- **table-caption**: <caption> 태그처럼 사용됩니다.
- **table-column-group**: <colgroup> 태그처럼 사용됩니다.
- **table-column**: <col> 태그처럼 사용됩니다.

4.5.3 flexbox 레이아웃

flexbox를 구성하는 2개의 축

flexbox는 웹 화면의 공간 분할과 콘텐츠가 담길 공간의 크기 및 배분 그리고 콘텐츠에 대한 배치 순서를 빠르고 쉽게 정의해주는 레이아웃 모델입니다. flexbox를 다루려면 flexbox를 구성하는 2개의 축인 주축^{main axis}과 교차축^{cross axis}을 먼저 이해해야 합니다. 웹 화면에 배치된 콘텐츠를 자세히 보면 결국 다음과 같은 형태임을 알 수 있습니다.

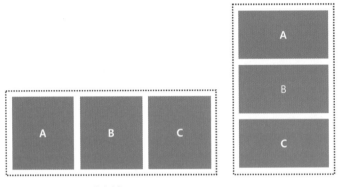

그림 4-19 flexbox 레이아웃

[그림 4-19]를 HTML 태그로 작성하면 2개 모두 다음과 같은 형태가 됩니다.

```
<div class="container">
 <div class="item">A</div>
 <div class="item">B</div>
 <div class="item">C</div>
</div>
```

예제 코드에서는 콘텐츠를 담는 `<div>` 태그가 있고, 클래스는 `container`를 사용했습니다. 그리고 각각의 콘텐츠 A, B, C는 `<div>` 태그를 사용하고, 클래스는 `item`으로 정의했습니다.

[그림 4-19]의 두 그림은 콘텐츠를 배치하는 레이아웃이 서로 다르지만 둘 다 동일한 HTML 코드로 작성할 수 있습니다. [그림 4-19]의 좌측 그림은 컨테이너에 담긴 아이템이 왼쪽에서 오른쪽으로 순서대로 배치되었고, 우측 그림은 컨테이너에 담긴 아이템이 상단에서 하단 순서대로 배치된 것입니다.

여기서 컨테이너가 flexbox이고, flexbox의 주축에 의해 아이템의 배치되는 방향과 순서를 결정할 수 있습니다. 컨테이너 안에서 아이템이 배치되는 방향이 바로 flexbox의 주축입니다. 교차축은 주축과 수직입니다.

flexbox를 적용하기 위해서 스타일 속성 중 `display`의 속성 값을 flex로 사용합니다.

```
.container {
 display: flex;
}
```

flexbox에서 주축은 `flex-direction` 속성을 사용해서 정의할 수 있고, 다음과 같은 4개의 값을 가질 수 있습니다. 이 값에 따라서 컨테이너에 담긴 아이템이 배치되는 방향과 순서가 달라집니다.

- **row(기본값)**: 아이템이 배치되는 방향이 왼쪽에서 오른쪽으로
- **row-reverse**: 아이템이 배치되는 방향이 오른쪽에서 왼쪽으로
- **column**: 아이템이 배치되는 방향이 상단에서 하단으로
- **column-reverse**: 아이템이 배치되는 방향이 하단에서 상단으로

[그림 4-20]처럼 컨테이너에 담긴 아이템이 왼쪽에서 오른쪽으로 순서대로 배치할 때는 `flex-direction`의 값으로 row를 사용합니다.

```
.container {
 display: flex;
 flex-direction: row;
}
```

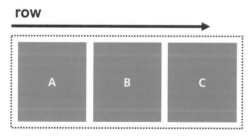

그림 4-20 flex-direction: row

[그림 4-21]과 같이 row와 반대로 아이템을 오른쪽에서 왼쪽 순으로 배치하고 싶다면 flex-direction: row-reverse;를 사용합니다.

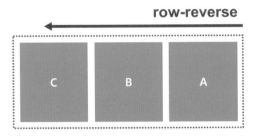

그림 4-21 flex-direction: row-reverse

[그림 4-22]처럼 컨테이너에 담긴 아이템을 상단에서 하단으로 순서대로 배치할 때는 flex-direction의 값으로 column을 사용합니다.

```
.container {
  display: flex;
  flex-direction: column;
}
```

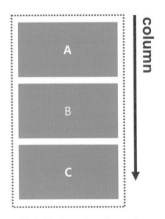

그림 4-22 flex-direction: column

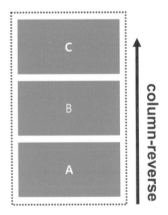

그림 4-23 flex-direction: column-reverse

column과 반대로 [그림 4-23]과 같이 아이템을 아래에서 위로 배치하고 싶다면 flex-direction: column-reverse;를 사용합니다.

복수행을 갖는 컨테이너 설정

컨테이너에 담긴 아이템이 한 개의 행(row, row-reverse) 혹은 한 개의 열(column, column-reverse)에 함께 담을 수 없는 경우 여러 행에 나열할 수 있습니다. 아이템을 여러 행에 나열하려면 flex-wrap 속성 값을 wrap으로 지정합니다. flex-wrap:wrap;을 지정하면 한 개의 행에 들어가지 않을 정도로 아이템이 클 경우 아래 행에 배치됩니다.

```css
.container {
 display: flex;
 flex-direction: row;
 flex-wrap: wrap;
}

.item {
 width: 150px;
 border: 2px solid #222;
 background-color: rgb(142, 218, 30);
 margin: 3px;
 text-align: center;
}

* {
 box-sizing: border-box;
}
```

```html
<div class="container">
 <div class="item">A</div>
 <div class="item">B</div>
 <div class="item">C</div>
 <div class="item">D</div>
 <div class="item">E</div>
</div>
```

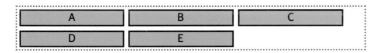

그림 4-24 flex-wrap: wrap

flex-direction 속성과 flex-wrap 속성은 flex-flow 속성 하나로 축약해서 함께 지정할 수 있습니다.

```
.container {
 display: flex;
 flex-flow: row wrap;
}
```

컨테이너 아이템 정렬

주축 방향 정렬

주축 방향으로 정렬해야 할 때는 justify-content 속성을 사용합니다.

- **flex-start(기본값)**: 아이템들을 시작점으로 정렬합니다. flex-direction이 row이면 왼쪽, rowreverse이면 오른쪽, column이면 위쪽, column-reverse이면 아래쪽을 시작점으로 정렬합니다.
- **flex-end**: 아이템들을 끝점으로 정렬합니다.
- **center**: 아이템들을 가운데로 정렬합니다.
- **space-between**: 아이템과 아이템 사이(between)의 간격을 균일하게 정렬합니다.
- **space-around**: 아이템의 둘레(around) 간격을 균일하게 정렬합니다.
- **space-evenly**: 아이템 사이와 시작점과 끝점의 간격을 균일하게 정렬합니다.

```
.container {
 display: flex;
 flex-direction: row;
 justify-content: flex-start;
 /* justify-content: flex-end;
 justify-content: center;
 justify-content: space-between;
 justify-content: space-around;
 justify-content: space-evenly; */
}
```

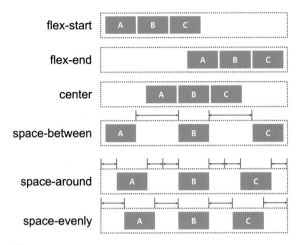

그림 4-25 justify-content

교차축 방향 정렬

교차축 방향으로 정렬할 때는 `align-items` 속성을 사용합니다.

- **stretch(기본값)**: 아이템의 크기를 교차축 방향으로 끝까지 늘립니다.
- **flex-start**: 아이템들을 교차축의 시작점으로 정렬합니다.
- **flex-end**: 아이템들을 교차축의 끝점으로 정렬합니다.
- **center**: 아이템들을 교차축의 가운데로 정렬합니다.
- **baseline**: 아이템들을 텍스트 베이스라인 기준으로 정렬합니다.

```
.container {
  display: flex;
  flex-direction: row;
  align-items: stretch;
  /* align-items: flex-start; */
  /* align-items: flex-end; */
  /* align-items: center; */
  /* align-items: baseline; */
}
```

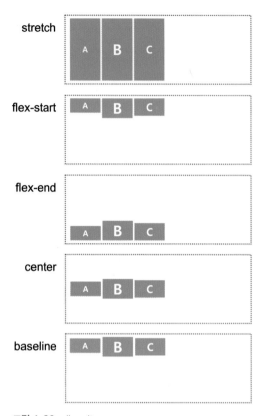

그림 4-26 align-items

아이템을 상하좌우 정중앙에 정렬하고 싶을 때는 `justify-content:center;align-items:center;` 속성을 사용합니다.

여러 행 정렬

아이템 크기의 합이 컨테이너 크기를 벗어나는 경우 아이템을 여러 행으로 나열하기 위해 `flex-wrap:wrap;`을 지정했습니다. 이렇게 아이템이 여러 행으로 나열되는 경우 `align-content` 속성으로 정렬합니다. `align-content`는 아이템들의 행이 2줄 이상일 때 교차축 방향으로 정렬을 결정하는 속성입니다.

- **`stretch`(기본값)**: 아이템 크기를 교차축 방향으로 늘릴 때 행별로 동일한 크기로 늘립니다.
- **`flex-start`**: 아이템들을 교차축의 시작점으로 정렬합니다.
- **`flex-end`**: 아이템들을 교차축의 끝점으로 정렬합니다.

- **center**: 아이템들을 교차축의 가운데로 정렬합니다.

- **space-between**: 행과 행 사이의 간격을 균일하게 정렬합니다.

- **space-around**: 행의 둘레의 간격을 균일하게 정렬합니다.

- **space-evenly**: 행의 사이와 시작점과 끝점 사이를 모두 균일하게 정렬합니다.

```
.container {
display: flex;
flex-direction: row;
align-content: stretch;
/* align-content: flex-start; */
/* align-content: flex-end; */
/* align-content: center; */
/* align-content: space-between; */
/* align-content: space-around; */
/* align-content: space-evenly; */
}
```

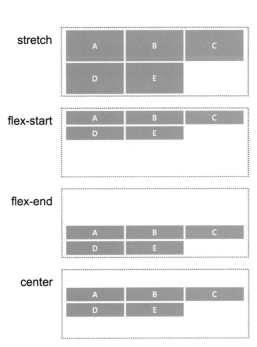

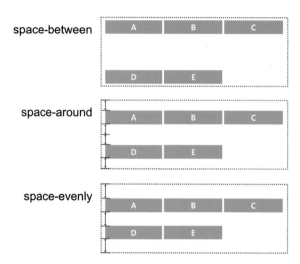

그림 4-27 align-content

flexbox 아이템 크기 설정

컨테이너 안에 배치되는 아이템의 크기를 설정하는 옵션에는 `flex-basis`, `flex-grow`, `flex-shrink`가 있습니다.

flex-basis

`flex-basis`는 아이템의 기본 크기를 설정하는 속성입니다. `flex-direction`이 `row`일 때는 너비를, `column`일 때는 높이를 설정합니다. `style` 속성에서 `width`와 `height`의 크기를 설정하는 px, %, em, rem 등의 단위를 사용하는 방식으로 설정할 수 있습니다.

```
.item {
  flex-basis: 100px; /* 기본 값은 auto */
}
```

`flex-basis`를 100px로 지정하면 아이템의 크기가 100px보다 작으면 크기를 100px로 자동으로 늘려주고, 아이템의 크기가 100px보다 크면 100px로 바꾸지 않고 원래 크기 그대로 유지합니다. 즉, `flex-basis`로 지정된 크기보다 작은 아이템의 크기만 늘려줍니다. [그림 4-28]은 100px보다 작은 AA와 CC만 100px로 크기가 늘어난 것입니다.

그림 4-28 flex–basis

만약 width를 사용해서 아이템의 넓이를 100px로 지정했다면, 아이템의 넓이가 100px보다 큰 'BBBBBBBBBBBBBBBBBBBB'가 [그림 4-29]와 같이 강제로 100px로 바뀝니다.

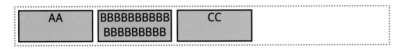

그림 4-29 width: 100px로 지정

flex–grow

flex-grow 값을 '1'과 같은 양수로 지정하면 flex-basis 크기를 기준으로 컨테이너의 주축 방향으로 아이템의 크기를 지정된 비율만큼 늘려줍니다. 아이템들 크기의 합이 주축의 크기보다 작다면 주축의 남는 공간을 각 아이템에 배분하도록 정의합니다.

```
.item {
  flex-grow: 1;
}
```

flex-grow를 '1'로 설정하면 아이템이 가진 크기를 제외한 나머지를 각 아이템이 동일한 크기로 나눠 가집니다. 예를 들어 컨테이너의 크기가 500px이고, 'AA'와 'CC'의 기본 크기가 60px, 'BBBBBBBBBB'의 기본 크기가 140px이면 컨테이너 크기에서 모든 아이템의 크기를 뺀 나머지는 240px이 됩니다. 나머지 240px을 아이템 개수인 3으로 나누면 80px이고, 컨테이너 안에 배치된 각 아이템은 크기가 각각 80px씩 추가로 늘어납니다.

그림 4-30 flex–grow 예시-1

컨테이너 안의 각 아이템별로 flex-grow를 지정하면 지정된 비율로 각 아이템의 크기가 늘어납니다.

```
.item:nth-child(1) {
  flex-grow: 2;
}

.item:nth-child(2) {
  flex-grow: 1;
}

.item:nth-child(3) {
  flex-grow: 1;
}
```

첫 번째 아이템의 `flex-grow`는 '2', 두 번째, 세 번째 아이템의 `flex-grow`는 '1'로 지정하면 컨테이너의 크기에서 모든 아이템의 기본 크기를 뺀 나머지 크기를 2:1:1 비율로 나눠서 각 아이템의 크기가 늘어납니다.

그림 4-31 flex-grow 예시-2

flex-shrink

`flex-shrink`는 `flex-grow`와 반대 개념입니다. `flex-grow`가 컨테이너의 주축에서 남는 공간을 아이템들에 분배하는 방법이라면, `flex-shrink`는 컨테이너 주축의 공간이 부족할 때 각 아이템의 크기를 줄이는 방법입니다. `flex-shrink` 값이 '1'과 같은 양수이면 해당 비율로 부족한 공간에 대해 아이템의 크기를 줄입니다.

```
.item:nth-child(1) {
  flex-shrink: 0;
}

.item:nth-child(2) {
  flex-shrink: 1;
}

.item:nth-child(3) {
  flex-shrink: 0;
}
```

컨테이너에 배치된 3개의 아이템 중 flex-shrink에 '1'을 적용하면 컨테이너 크기가 아이템 크기 합보다 작아서 공간이 부족해지고 아이템의 크기만 줄어듭니다.

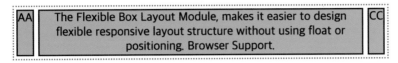

그림 4-32 flex-shrink 예시

flex

flex는 flex-grow, flex-shrink, flex-basis 값을 한 번에 지정할 수 있는 축약형 속성입니다. flex의 값은 flex-grow, flex-shrink, flex-basis 순서로 지정됩니다.

```
.item:nth-child(1) {
  flex: 1 0 auto; /* flex-grow:1; flex-shrink:0; flex-basis:auto; */
}

.item:nth-child(2) {
  flex: 1 1 auto; /* flex-grow:1; flex-shrink:1; flex-basis:auto; */
}

.item:nth-child(3) {
  flex: 1 0 auto; /* flex-grow:1; flex-shrink:0; flex-basis:auto; */
}
```

크로스 브라우저 호환성

flexbox는 크롬, 파이어폭스, 오페라, 마이크로소프트 에지, 안드로이드, iOS 모바일에서도 사용할 수 있습니다. 하지만 flexbox를 지원하지 않거나 일부만 지원하는 구형 브라우저를 사용하는 사용자가 있을 수 있습니다. 현재 개발하고 있는 웹의 실제 사용자가 어떤 브라우저를 사용하고 있는지에 따라 flexbox 적용 여부를 결정해야 합니다.

[그림 4-33]은 브라우저별 flexbox 지원 현황입니다.

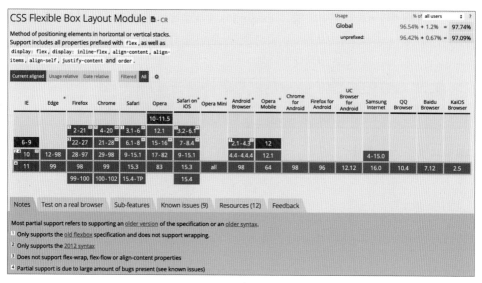

그림 4-33 flexbox 지원 브라우저[2]

현재 flexbox는 W3C 기술 문서의 표준화 제정 단계 중 후보 권고안[Candidate Recommendation](CR) 상태에 머무르고 있습니다. 아직 CR 단계이지만 대부분의 브라우저에서 flexbox를 지원하고 있기 때문에 이미 많은 웹사이트에 적용되어 있습니다.

4.5.4 grid 레이아웃

CSS 그리드 레이아웃[grid layout]은 2차원 형태의 구조입니다. flexbox가 한 방향, 즉 가로면 가로, 세로면 세로만 할 수 있는 1차원적인 레이아웃 시스템이라면, 그리드 레이아웃은 행과 열을 동시에 배치할 수 있는 2차원적 레이아웃 시스템입니다. 그리드 레이아웃은 복잡한 구조를 직관적으로 구축하고, 테이블과 마찬가지로 열과 행을 기준으로 HTML 요소를 배치 및 정렬할 수 있게 합니다.

그리드 레이아웃에서 하나의 그리드는 여러 개의 열[column]과 여러 개의 행[row]으로 구성되며 각 행과 행 사이, 열과 열 사이에 있는 공백을 'gutter'라고 합니다.

---

2 https://caniuse.com/flexbox

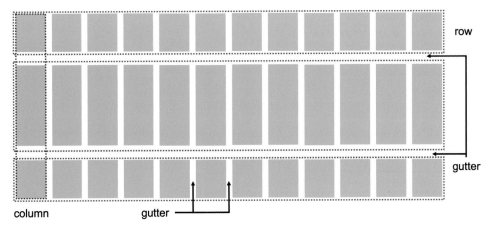

column   gutter

그림 4-34 그리드 레이아웃 gutter

그리드 컨테이너와 아이템

그리드 레이아웃을 적용하기 위해서는 제일 먼저 그리드 컨테이너에 해당하는 HTML 요소에 `display:grid;`를 선언해야 합니다. 이렇게 선언하면 해당 요소의 모든 자식 요소는 그리드 아이템이 됩니다.

```css
.container {
  display: grid;
}

/* 그리드 아이템을 구분하기 쉽게 추가한 CSS */
.container div {
  background-color: bisque;
  border: 1px solid orange;
}
```

다음 예제는 class 속성 값으로 container를 가지고 있는 div가 있고, 자식 요소로 5개의 div가 있습니다. 이때 class 속성 값으로 container가 정의된 div가 그리드 컨테이너이고, 5개의 자식 요소 div가 컨테이너 아이템입니다.

```html
<div class="container">
  <div>One</div>
  <div>Two</div>
  <div>Three</div>
```

```
    <div>Four</div>
    <div>Five</div>
  </div>
```

이렇게 적용하면 [그림 4-35]와 같은 결과를 확인할 수 있습니다. `display:grid;`가 적용되기 전과 특별한 차이가 없습니다.

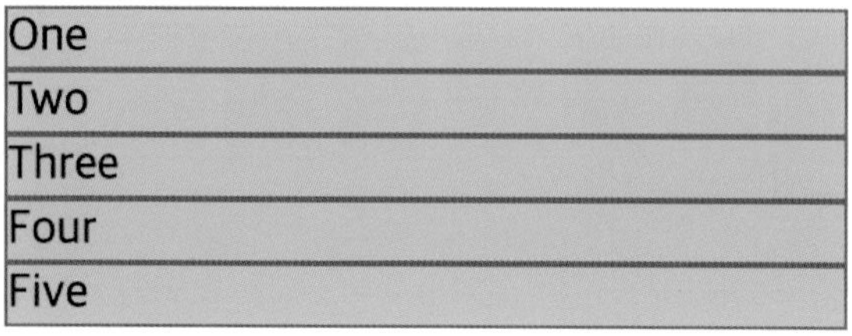

One
Two
Three
Four
Five

그림 4-35 display:grid

그리드 트랙

그리드 트랙은 그리드의 행과 열로 그려진 두 라인 사이의 공간입니다. `<table>` 태그의 `<td>`에 해당하는 공간이라고 이해하면 쉽습니다. 그리드의 행과 열은 `grid-template-columns`, `grid-template-rows`로 정의할 수 있습니다.

`container` 클래스에 `grid-template-columns`를 추가하겠습니다.

```
  .container {
  display: grid;
  grid-template-columns: 100px 100px 100px;
  }
```

`grid-template-columns` 프로퍼티 값을 `100px 100px 100px`로 정의했습니다. 이는 그리드 컨테이너를 3개의 열로 구분한다는 뜻이고, [그림 4-36]과 같이 그리드 아이템이 차례대로 각 열에 배치됩니다. 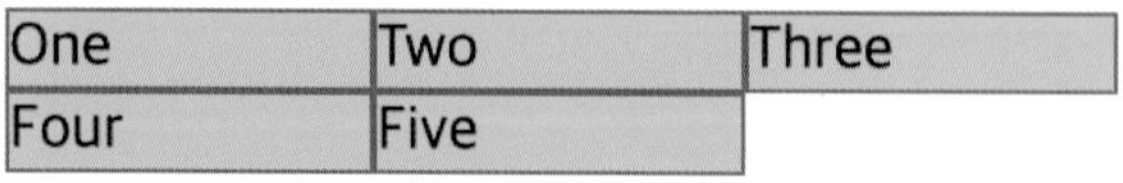

One	Two	Three
Four	Five	

그림 4-36 grid-template-columns 적용 예시-1

그리드 트랙은 grid-template-columns 길이 단위인 px 및 모든 종류의 길이 단위를 프로퍼티 값으로 사용할 수 있습니다. 그리고 더 유연하게 그리드 트랙을 생성할 수 있는 fr 단위가 있습니다. fr 단위로 그리드 컨테이너의 남은 공간을 일정 비율로 사용할 수 있습니다.

다음 예제는 그리드 컨테이너를 크기를 4분할하고 총 3개의 트랙을 생성합니다.

```css
.container {
  display: grid;
  grid-template-columns: 1fr 2fr 1fr;
}
```

이렇게 하면 [그림 4-37]과 같이 첫 번째 트랙은 1/4 크기로, 두 번째 트랙은 2/4 크기로, 세 번째 트랙은 1/4 크기가 됩니다.

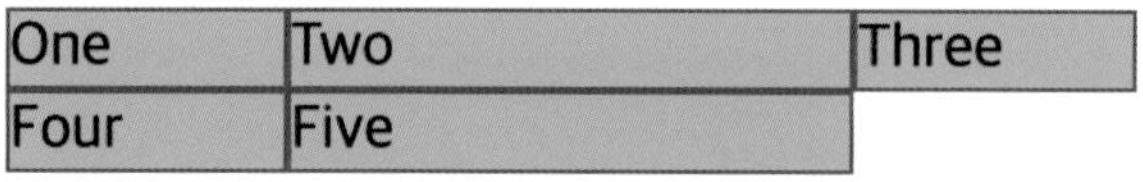

그림 4-37 grid-template-columns 적용 예시-2

그리드 트랙은 길이 값으로 정의하는 고정된 크기와 fr 단위로 정의하는 비율 단위를 혼합해서 사용할 수 있습니다. 다음 예제에서 첫 번째 트랙은 고정 크기인 50px로, 나머지 공간에 대해서는 fr 단위를 사용해서 비율로 공간의 크기를 정의했습니다.

```css
.container {
  display: grid;
  grid-template-columns: 50px 2fr 1fr;
}
```

이렇게 하면 [그림 4-38]과 같이 첫 번째 트랙은 고정 크기인 50px이 되고, 그리드 컨테이너 전체 너비 50px을 뺀 나머지 공간에 대해서 두 번째 트랙은 2/3, 세 번째 트랙은 1/3 크기를 차지합니다.

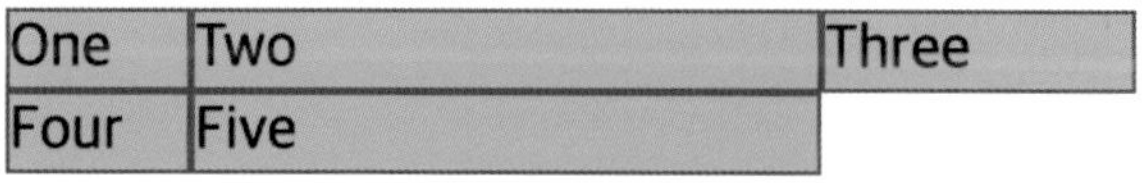

그림 4-38 grid-template-columns 적용 예시-3

그리드 컨테이너 내에 많은 트랙을 포함하는 경우 repeat() 표기법을 사용해서 트랙 전체 또는 일부를 정의할 수 있습니다. 만약 3개의 트랙에 동일하게 1fr을 적용하는 경우 repeat() 표기법을 사용하면 다음과 같이 정의할 수 있습니다.

```
.container {
  display: grid;
  grid-template-columns: repeat(3, 1fr);
}
```

repeat(반복 수, 각 트랙의 크기) 표기법은 2개의 파라미터를 사용할 수 있고 첫 번째는 반복 수, 두 번째는 각 트랙의 크기를 의미합니다.

repeat() 표기법은 전체 트랙 목록 중 일부에만 사용할 수도 있습니다.

```
.container {
  display: grid;
  grid-template-columns: 50px repeat(2, 1fr);
}
```

repeat() 표기법을 사용하면서 서로 다른 크기의 트랙을 사용하고 싶다면 repeat()의 두 번째 파라미터에 다수의 트랙 크기를 정의합니다. 다음 예제에서는 총 4개의 트랙이 생성되고 각 트랙은 1fr, 2fr 크기가 반복적으로 적용됩니다.

```
.container {
  display: grid;
  grid-template-columns: repeat(2, 1fr 2fr);
}
```

minmax() 표기법을 사용해서 그리드 트랙의 최소 크기와 최대 크기를 정의할 수 있습니다.

```
.container {
  display: grid;
  grid-template-columns: repeat(3, minmax(50px, auto));
}
```

minmax(최소, 최대) 표기법은 2개의 파라미터를 사용할 수 있고 첫 번째 파라미터는 최소 크기, 두 번째는 최대 크기입니다. 값을 auto로 지정하면 자동으로 늘어납니다. minmax(50px, auto)라고 정의하면 최소 크기는 50px이 되고, 최대 크기는 트랙 안의 HTML 요소 크기에 따라 자동으로 늘어납니다.

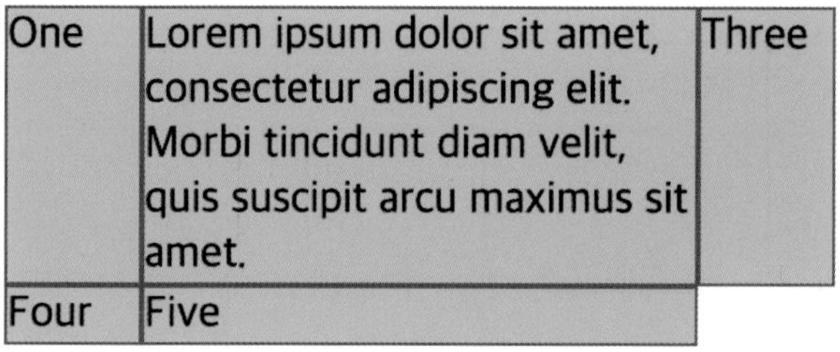

| One | Lorem ipsum dolor sit amet, consectetur adipiscing elit. Morbi tincidunt diam velit, quis suscipit arcu maximus sit amet. | Three |
| Four | Five | |

그림 4-39 grid-template-columns 적용 예시-4

그리드 트랙 사이의 간격

트랙 사이의 간격은 열 사이의 간격에는 grid-column-gap 속성을 사용하고, 행 사이의 간격에는 grid-row-gap 속성을 사용합니다. 한 번에 열과 행 사이의 간격을 설정할 때는 grid-gap 속성을 사용합니다.

다음과 같이 grid-gap을 정의하면 트랙 사이의 열과 행 간격이 모두 20px이 됩니다.

```
.container {
  display: grid;
  grid-template-columns: 1fr 2fr 1fr;
  grid-gap: 20px;
}
```

| One | Two | Three |
| Four | Five | |

그림 4-40 grid-gap 사용 예시

그리드 라인

그리드 트랙을 정의하면 그리드 아이템을 배치할 수 있는 번호가 매겨진 라인이 자동으로 제공되는데 이것을 '그리드 라인'이라고 합니다. [그림 4-41]은 3개의 열과 2개의 행으로 되어 있습니다.

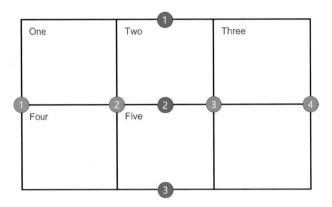

그림 4-41 그리드 라인

그리드 라인을 사용해서 HTML 요소를 배치할 수 있습니다.

```
.container {
 display: grid;
 grid-gap: 20px;
}

.header {
 grid-column: 1 / 4; /* column 1번에서 4번까지 */
 grid-row: 1;
 background-color: greenyellow;
}

.aside {
 grid-column: 1 / 2; /* column 1번에서 2번까지 */
 grid-row: 2;
 background-color: yellow;
}

.article {
 grid-column: 2 / 4; /* column 2번에서 4번까지 */
```

```
    grid-row: 2;
    background-color: gray;
}

.footer {
    grid-column: 1 / 4; /* column 1번에서 4번까지 */
    grid-row: 3;
    background-color: bisque;
}

<!-- BODY -->
<div class="container">
    <div class="header">
        <h1>페이지 header 영역입니다.</h1>
    </div>
    <div class="aside">
        <h3>aside 영역</h3>
        <p>...</p>
    </div>
    <div class="article">
        <h3>article 영역</h3>
        <p>...</p>
    </div>
    <div class="footer">페이지 footer 영역입니다.</div>
</div>
```

예제 코드를 실행하면 [그림 4-42]와 같이 HTML 요소가 배치된 것을 확인할 수 있습니다.

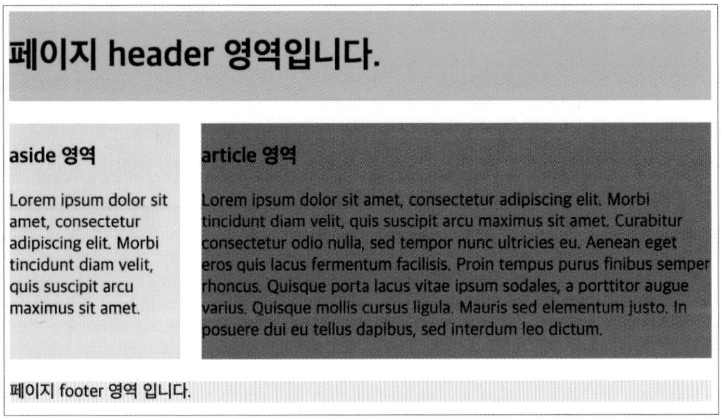

그림 4-42 그리드 레이아웃 예시

그리드 레이아웃이 어떻게 배치되었는지 확인하려면 크롬 브라우저에서 개발자 도구를 실행합니다. 개발자 도구는 F12 키를 누르면 나타납니다. 개발자 도구 [Elements] 탭에서 그리드 레이아웃이 적용된 태그를 클릭한 후 [Layout] 탭에서 [Extend grid lines] 체크 박스 선택, [Grid overlays]에서 그리드 컨테이너를 선택합니다.

그림 4-43 크롬 개발자 도구에서 그리드 레이아웃 확인

[그림 4-44]와 같이 브라우저에서 그리드 라인 번호와 각 트랙별 크기를 확인할 수 있습니다.

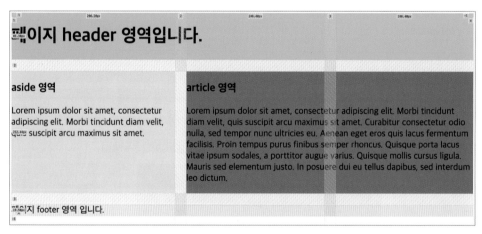

그림 4-44 그리드 라인 번호와 각 트랙별 크기

4.5.5 float 레이아웃

float를 사용해서 웹페이지의 레이아웃을 만드는 방법은 가장 오랫동안 사용되었습니다. flex box, 그리드 레이아웃이 CR 단계이기 때문에 아직까지는 float를 사용해서 만든 코드를 많이 접하게 됩니다.

원래 float은 이미지와 텍스트를 함께 배치하려고 사용했습니다. 다음은 이미지와 텍스트를 배치하기 위한 코드입니다.

```
.container {
 border: 2px solid green;
}

<!-- BODY -->
<div class="container">
    <img src="./img/logo.png" alt="" width="100px" />
    Lorem ipsum dolor sit amet, consectetur adipisicing elit, sed do eiusmod
 tempor incididunt ut labore et dolore magna aliqua. Ut enim ad minim veniam,
 quis nostrud exercitation ullamco laboris nisi ut aliquip ex ea commodo conse-
 quat. Duis aute irure dolor in reprehenderit in voluptate velit esse cillum do-
 lore eu fugiat nulla pariatur. Excepteur sint occaecat cupidatat non proident,
 sunt in culpa qui officia deserunt mollit anim id est laborum.
</div>
```

예제 코드를 실행하면 [그림 4-45]와 같이 이미지와 텍스트가 배치됩니다. 이때 텍스트는 이미지 하단 쪽에 옆으로 배치됩니다.

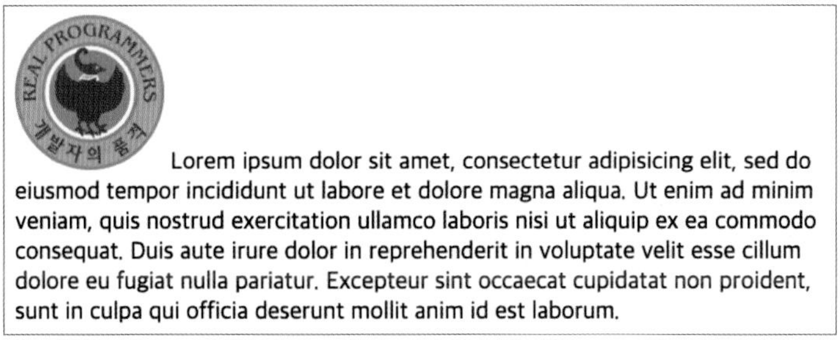

그림 4-45 float 적용 전

[그림 4-46]과 같이 이미지 상단 라인에 맞춰 옆으로 텍스트를 배치하기 위해 `float` 속성을 사용할 수 있습니다.

- `float:left`: 스타일이 적용된 HTML 요소를 왼쪽에 배치합니다.
- `float:right`: 스타일이 적용된 HTML 요소를 오른쪽에 배치합니다.

`<img>` 태그에 `float:left` 스타일을 지정하면 [그림 4-46]과 같이 왼쪽에 이미지가 배치되고 그 옆으로 텍스트가 배치됩니다.

```
img {
  float: left;
}
```

Lorem ipsum dolor sit amet, consectetur adipisicing elit, sed do eiusmod tempor incididunt ut labore et dolore magna aliqua. Ut enim ad minim veniam, quis nostrud exercitation ullamco laboris nisi ut aliquip ex ea commodo consequat. Duis aute irure dolor in reprehenderit in voluptate velit esse cillum dolore eu fugiat nulla pariatur. Excepteur sint occaecat cupidatat non proident, sunt in culpa qui officia deserunt mollit anim id est laborum.

그림 4-46 float:left 적용

`<img>` 태그에 `float:right` 스타일을 지정하면 [그림 4-47]과 같이 오른쪽에는 이미지, 왼쪽에는 텍스트가 배치됩니다.

```
img {
  float: right;
}
```

Lorem ipsum dolor sit amet, consectetur adipisicing elit, sed do eiusmod tempor incididunt ut labore et dolore magna aliqua. Ut enim ad minim veniam, quis nostrud exercitation ullamco laboris nisi ut aliquip ex ea commodo consequat. Duis aute irure dolor in reprehenderit in voluptate velit esse cillum dolore eu fugiat nulla pariatur. Excepteur sint occaecat cupidatat non proident, sunt in culpa qui officia deserunt mollit anim id est laborum.

그림 4-47 float:right 적용

이렇게 float를 사용하면 [그림 4-48]과 같이 <div> 태그 같은 block 요소도 한 라인에 여러 개를 배치할 수 있습니다.

```
.container {
  border: 2px solid green;
  width: 400px;
}

div {
  float: left;
  border: 2px solid red;
  width: 100px;
  margin: 5px;
}

<!-- BODY -->
<div class="container">
    <div>A</div>
    <div>B</div>
    <div>C</div>
</div>
```

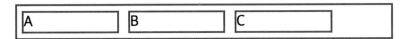

그림 4-48 여러 개가 배치된 block 요소

다음 코드는 CSS float 속성을 사용해서 페이지 레이아웃을 작성한 예제입니다.

```
.container {
  box-sizing: border-box;
  height: 300px;
}

.header {
  background-color: greenyellow;
}

.aside {
  float: left;
```

```
    width: 30%;
    height: 300px;
    background-color: yellow;
}

.main {
    float: left;
    width: 70%;
    height: 300px;
    background-color: gray;
}

.footer {
    background-color: bisque;
}

<!-- BODY -->
<div class="header">
    <h1>페이지 header 영역입니다.</h1>
</div>
<div class="container">
    <div class="aside">
        <h3>aside 영역</h3>
        <p>...</p>
    </div>
    <div class="main">
        <h3>main 영역</h3>
        <p>...</p>
    </div>
</div>
<div class="footer">
    <h1>페이지 footer 영역입니다.</h1>
</div>
```

예제 코드를 실행하면 [그림 4-49]와 같이 aside 영역과 main 영역이 좌우로 배치됩니다.

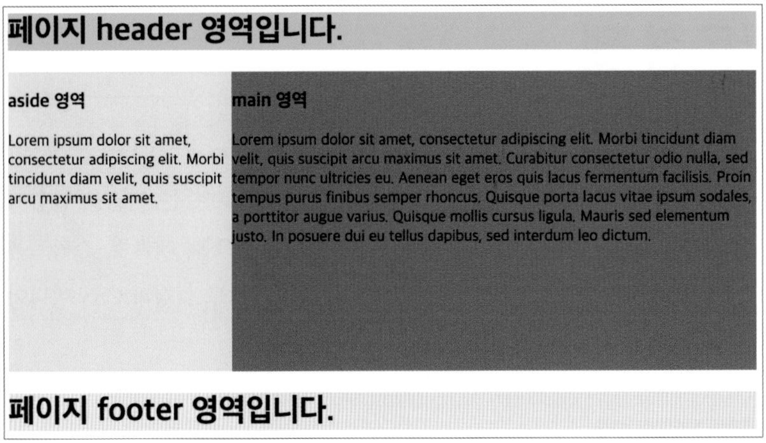

그림 4-49 float을 사용한 레이아웃

4.5.6 시맨틱 요소를 사용한 레이아웃

시맨틱 요소란 요소 자체가 의미를 갖는 요소입니다. 즉, 시맨틱 요소는 태그명 자체에 의미가 있어서 어떤 역할을 하는지 명확히 알 수 있습니다. 예를 들어 <div>와 <span> 같은 요소는 태그명만 봐서는 어떤 용도로 사용되는지 알 수 없습니다.

시맨틱 요소를 사용하지 않고 레이아웃을 만드는 경우는 <div class="nav"> <div id="header">처럼 클래스명이나 id에 의미 있는 단어를 사용해서 개발자가 알아볼 수 있도록 했습니다. 하지만 HTML 페이지 레이아웃을 위해 작성된 태그는 검색 엔진이 해석하지 못합니다. 검색 엔진에 올바르게 해석되려면 [그림 3-27]과 같이 페이지 레이아웃의 각 역할에 맞는 태그를 사용해야 합니다. 주의할 점은 시맨틱 요소를 사용했다고 해서 [그림 4-49]처럼 자동으로 레이아웃의 위치나 크기가 설정되는 것은 아닙니다.

4.6 반응형 웹

반응형이란 사용자의 해상도에 따라 웹페이지 콘텐츠를 최적화해서 보여주는 기술을 말합니다. 즉, 웹페이지 레이아웃 및 HTML 요소, 콘텐츠를 사용자 기기(데스크톱, 태블릿, 스마트폰 등)의 해상도에 따라 가장 알맞은 형태로 제공합니다. 반응형 웹은 뷰포트 설정과 CSS 미디어 쿼리를 사용해서 만들 수 있습니다.

그림 4-50 반응형 웹

4.6.1 뷰포트

뷰포트^{viewport}는 모바일 웹에서 사용자에게 보이는 웹페이지입니다. 만약 웹사이트 콘텐츠보다 사용자 화면(뷰포트)이 작을 경우 스크롤해야 하는 불편함이 있습니다. 특히 콘텐츠의 너비가 클 경우 콘텐츠를 확인하기 위해 계속 좌우로 스크롤해야 하는 상황이 발생할 수 있습니다.

뷰포트는 모바일에서 이런 불편을 해소하기 위한 방법입니다. 뷰포트는 <head> 태그 안에 다음과 같은 <meta> 태그를 사용해서 정의할 수 있습니다.

```
<meta name="viewport" content="속성=값, 속성=값,…">
```

content 속성에서 사용할 수 있는 세부 속성 종류는 다음과 같습니다.

속성	의미
width	뷰포트 너비
height	뷰포트 높이
user-scalable	확대/축소 가능 여부
initial-scale	초기 확대/축소 값
minimum-scale	최소 확대/축소 값
maximum-scale	최대 확대/축소 값

예를 들어 웹페이지가 아이폰에서 가장 잘 보이도록 설정하려면 width 값을 320px로 설정하면 됩니다.

```
<meta name="viewport" content="width=320">
```

하지만 이렇게 설정하면 다른 모바일 기기에서는 웹페이지를 제대로 이용할 수 없습니다. 모든 모바일 기기에서 웹페이지가 잘 보이도록 하려면 다음과 같이 width를 사용자 기기의 너비와 동일하게 정의합니다.

```
<meta name="viewport" content="width=device-width">
```

스마트폰에서 웹사이트를 이용할 때 페이지 내 텍스트가 잘 보이지 않아서 핀치[pinch] 제스처(두 손가락으로 넓히기/좁히기)로 확대하거나 축소한 경험이 있을 겁니다. 앞서 뷰포트 너비를 사용자 모바일 기기 너비로 설정했다면 초기 스케일을 '1'로 설정함으로써 웹페이지를 이용하는 사용자가 핀치 제스처를 사용할 필요가 없도록 할 수 있습니다.

```
<meta name="viewport" content="initial-scale=1.0">
```

사용자가 제공된 웹페이지를 확대하지 못하게 하고 싶다면 다음과 같이 최대 스케일을 '1'로 지정합니다.

```
<meta name="viewport" content="maximum-scale=1.0">
```

다음과 같이 뷰포트를 지정하면 웹페이지의 뷰포트 너비를 사용자 기기의 너비(width= device-width)에 맞추고, 초기 화면 확대/축소 값을 1(initial-scale=1.0)로 하면 100% 가 됩니다.

```
<meta name="viewport" content="width=device-width, initial-scale=1.0">
```

4.6.2 미디어 쿼리

미디어 쿼리는 미디어 타입과 미디어 지정 규칙을 사용하고 조건에 따라 별도의 CSS를 적용해 서 사용자 환경에 최적화된 스타일을 적용할 수 있도록 해줍니다. 가장 간단한 미디어 쿼리 구 문은 다음과 같습니다.

```
@media 미디어-타입 and (미디어-지정-규칙) {
  /* CSS-정의 */
}
```

- **미디어-타입**: 어떤 미디어를 위한 것인지 브라우저에게 알려주기 위한 미디어 타입 screen, print, all 등을 정의합니다.
- **미디어-지정-규칙**: CSS를 적용하기 위한 조건문에 해당하는 표현식을 정의합니다.
- **CSS-정의**: 미디어-타입과 미디어-지정-규칙을 통과하는 경우 적용할 CSS 규칙을 정의합니다.

다음은 뷰포트가 정확히 600px인 경우 <body> 태그의 배경색을 red로 적용하는 미디어 쿼리 예제입니다.

```
@media screen and (width: 600px) {
  body {
    background-color: red;
  }
}
```

다음은 뷰포트가 600px보다 좁은 경우 <body> 태그의 배경색을 red로 적용하는 미디어 쿼리 입니다. min- 과 max- 접두사를 앞에 붙이면 최솟값과 최댓값을 적용할 수 있습니다. max-width는 screen 너비의 최댓값을 지정하는 것으로 미디어 쿼리를 적용하는데 최대 너비가

600px이고, 너비가 600px 이하인 경우 적용됩니다.

```css
@media screen and (max-width: 600px) {
    body {
        background-color: red;
    }
}
```

다음과 같이 2개의 미디어 쿼리를 적용하면, <body> 배경색의 뷰포트가 600px 이하일 때는 red, 600px보다 크고 1200px 이하이면 green이 적용됩니다.

```css
@media screen and (max-width: 600px) {
    body {
        background-color: red;
    }
}

@media screen and (max-width: 1200px) {
    body {
        background-color: green;
    }
}
```

orientation 속성으로 사용자의 브라우저가 가로 모드인지 세로 모드인지 확인할 수 있습니다. 다음은 가로 모드인 경우에만 CSS가 적용됩니다.

```css
/* landscape:가로, portrait:세로 */
@media (orientation: landscape) {
    body {
        background-color: red;
    }
}
```

다음과 같이 max-width와 orientation을 결합해서 적용할 수 있습니다.

```css
@media screen and (max-width: 600px) and (orientation: landscape) {
    body {
```

```
        background-color: red;
    }
  }
```

미디어 쿼리의 hover와 pointer를 사용하면 사용자가 웹페이지와 어떤 기기를 사용해서 상호 작용하는지 알 수 있습니다.

	pointer: coarse	pointer: fine
hover: none	스마트폰, 터치스크린	스타일러스 기기(와콤 등)
hover: hover	닌텐도 위 컨트롤러, 키넥트 등	마우스, 터치패드

```
/* 스마트폰, 터치스크린 */
@media (hover: none) and (pointer: coarse) {
  ...;
}

/* 스타일러스 기기 */
@media (hover: none) and (pointer: fine) {
  ...;
}

/* 닌텐도 위 컨트롤러, 키넥트 */
@media (hover: hover) and (pointer: coarse) {
  ...;
}

/* 마우스, 터치패드 */
@media (hover: hover) and (pointer: fine) {
  ...;
}
```

4.6.3 브레이크포인트

사용자 기기와 뷰포트 크기에 따라 반응형 레이아웃이 작동하는 방식을 결정하기 위해 사용자 정의 너비인 브레이크포인트breakpoint를 지정해야 합니다.

부트스트랩[3]은 개발자가 가장 많이 사용하는 반응형 웹페이지 개발 오픈소스 프레임워크입니다. 부트스크랩에서는 [그림 4-51]과 같이 6개의 기본 브레이크포인트를 정의해서 사용합니다.

Breakpoint	Class infix	Dimensions
Extra small	None	<576px
Small	sm	≥576px
Medium	md	≥768px
Large	lg	≥992px
Extra large	xl	≥1200px
Extra extra large	xxl	≥1400px

그림 4-51 부트스트랩 기본 브레이크포인트

다음은 6가지 기본 브레이크포인트를 바탕으로 스마트폰, 태블릿, 노트북, 모니터 등 다양한 사용자 해상도에 따라 CSS를 적용하기 위해 작성된 미디어 쿼리입니다.

```
/* 스마트폰 같은 작은 기기 (576px 이상) */
@media (min-width: 576px) { /* CSS 정의 */ }

/* 태블릿 같은 중간 크기 기기 (768px 이상) */
@media (min-width: 768px) { /* CSS 정의 */ }

/* 데스크톱 작은 해상도 (992px 이상) */
@media (min-width: 992px) { /* CSS 정의 */ }

/* 데스크톱 중간 해상도 (1200px 이상) */
@media (min-width: 1200px) { /* CSS 정의 */ }

/* 데스크톱 고 해상도 (1400px 이상) */
@media (min-width: 1400px) { /* CSS 정의 */ }
```

CSS는 아래에 정의되는 코드일수록 우선순위가 높습니다. 그래서 사용자의 뷰포트 너비가 1400px 이상인 경우 앞서 정의한 모든 미디어 쿼리가 해당되지만, @media (min-width:

----

3 https://getbootstrap.com

1400px)이 가장 아래에 있기 때문에 결국 제일 아래에 있는 `@media (min-width: 1400px)` 가 적용됩니다.

4.6.4 그리드 시스템

그리드 시스템은 웹페이지 내에 배치되는 콘텐츠가 전체의 어느 정도를 차지할지 관리하기 위해 사용합니다. 일반적으로 화면의 너비를 12개의 열로 나누어서 사용하는 12개의 열 시스템을 사용합니다.

이 절에서는 flexbox로 12개의 열 시스템을 만들겠습니다. 여기서 사용되는 핵심 클래스는 .row와 .col입니다. .row는 행을 나타내고, .col은 열을 나타냅니다.

```
/* 열에 해당하는 요소를 담는 행의 역할 담당 */
.row {display: flex;flex-wrap: wrap;width: 100%;}

/* 행 안의 열의 너비를 모두 동일한 너비 지정 */
.col {flex: 1 0 0%;}

/* 행 안의 열의 너비를 전체 너비의 1/12로 지정 */
.col-1 {flex: 0 0 auto;width: 8.333333%;}

/* 행 안의 열의 너비를 전체 너비의 2/12로 지정 */
.col-2 {flex: 0 0 auto;width: 16.666667%;}

/* 행 안의 열의 너비를 전체 너비의 3/12로 지정 */
.col-3 {flex: 0 0 auto;width: 25%;}

/* 행 안의 열의 너비를 전체 너비의 4/12로 지정 */
.col-4 {flex: 0 0 auto;width: 33.333333%;}

/* 행 안의 열의 너비를 전체 너비의 5/12로 지정 */
.col-5 {flex: 0 0 auto;width: 41.666667%;}

/* 행 안의 열의 너비를 전체 너비의 6/12로 지정 */
.col-6 {flex: 0 0 auto;width: 50%;}

/* 행 안의 열의 너비를 전체 너비의 7/12로 지정 */
.col-7 {flex: 0 0 auto;width: 58.333333%;}

/* 행 안의 열의 너비를 전체 너비의 8/12로 지정 */
```

```css
.col-8 {flex: 0 0 auto;width: 66.666667%;}

/* 행 안의 열의 너비를 전체 너비의 9/12로 지정 */
.col-9 {flex: 0 0 auto;width: 75%;}

/* 행 안의 열의 너비를 전체 너비의 10/12로 지정 */
.col-10 {flex: 0 0 auto;width: 83.333333%;}

/* 행 안의 열의 너비를 전체 너비의 11/12로 지정 */
.col-11 {flex: 0 0 auto;width: 91.666667%;}

/* 행 안의 열의 너비를 전체 너비의 12/12로 지정 */
.col-12 {flex: 0 0 auto;width: 100%;}
```

이렇게 만들어진 클래스를 사용하면 12개의 열을 기준으로 콘텐츠 너비를 아주 쉽게 정의할 수 있습니다. 다음 예제 코드를 실행하면 [그림 4-52]와 같습니다.

```html
<div class="row">
  <div class="col">1 of 2</div>
  <div class="col">2 of 2</div>
</div>
<div class="row">
  <div class="col">1 of 3</div>
  <div class="col">2 of 3</div>
  <div class="col">3 of 3</div>
</div>
<div class="row">
  <div class="col-2">2 of 12</div>
  <div class="col-10">10 of 12</div>
</div>
<div class="row">
  <div class="col-4">4 of 12</div>
  <div class="col-8">8 of 12</div>
</div>
<div class="row">
  <div class="col-6">6 of 12</div>
  <div class="col-6">6 of 12</div>
</div>
```

1 of 2		2 of 2	
1 of 3	2 of 3	3 of 3	
2 of 12	10 of 12		
4 of 12	8 of 12		
6 of 12		6 of 12	

그림 4-52 12개의 열을 사용한 그리드 시스템

4.6.5 그리드 시스템과 브레이크포인트 결합

그리드 시스템을 브레이크포인트와 결합하면 사용자의 화면 너비에 따라 콘텐츠의 크기가 차지할 너비를 더 유연하게 적용할 수 있습니다.

```css
/* 스마트폰 같은 작은 기기 (576px 이상) */
@media (min-width: 576px) {
  .col-sm-1 {flex: 0 0 auto;width: 8.333333%;}
  .col-sm-2 {flex: 0 0 auto;width: 16.666667%;}
  .col-sm-3 {flex: 0 0 auto;width: 25%;}
  .col-sm-4 {flex: 0 0 auto;width: 33.333333%;}
  .col-sm-5 {flex: 0 0 auto;width: 41.666667%;}
  .col-sm-6 {flex: 0 0 auto;width: 50%;}
  .col-sm-7 {flex: 0 0 auto;width: 58.333333%;}
  .col-sm-8 {flex: 0 0 auto;width: 66.666667%;}
  .col-sm-9 {flex: 0 0 auto;width: 75%;}
  .col-sm-10 {flex: 0 0 auto;width: 83.333333%;}
  .col-sm-11 {flex: 0 0 auto;width: 91.666667%;}
  .col-sm-12 {flex: 0 0 auto;width: 100%;}
}

/* 태블릿 같은 중간 크기 기기 (768px 이상) */
@media (min-width: 768px) {
  .col-md-1 {flex: 0 0 auto;width: 8.333333%;}
  .col-md-2 {flex: 0 0 auto;width: 16.666667%;}
  .col-md-3 {flex: 0 0 auto;width: 25%;}
  .col-md-4 {flex: 0 0 auto;width: 33.333333%;}
  .col-md-5 {flex: 0 0 auto;width: 41.666667%;}
  .col-md-6 {flex: 0 0 auto;width: 50%;}
  .col-md-7 {flex: 0 0 auto;width: 58.333333%;}
  .col-md-8 {flex: 0 0 auto;width: 66.666667%;}
```

```css
  .col-md-9 {flex: 0 0 auto;width: 75%;}
  .col-md-10 {flex: 0 0 auto;width: 83.333333%;}
  .col-md-11 {flex: 0 0 auto;width: 91.666667%;}
  .col-md-12 {flex: 0 0 auto;width: 100%;}
}

/* 데스크톱 작은 해상도 (992px 이상) */
@media (min-width: 992px) {
  .col-lg-1 {flex: 0 0 auto;width: 8.333333%;}
  .col-lg-2 {flex: 0 0 auto;width: 16.666667%;}
  .col-lg-3 {flex: 0 0 auto;width: 25%;}
  .col-lg-4 {flex: 0 0 auto;width: 33.333333%;}
  .col-lg-5 {flex: 0 0 auto;width: 41.666667%;}
  .col-lg-6 {flex: 0 0 auto;width: 50%;}
  .col-lg-7 {flex: 0 0 auto;width: 58.333333%;}
  .col-lg-8 {flex: 0 0 auto;width: 66.666667%;}
  .col-lg-9 {flex: 0 0 auto;width: 75%;}
  .col-lg-10 {flex: 0 0 auto;width: 83.333333%;}
  .col-lg-11 {flex: 0 0 auto;width: 91.666667%;}
  .col-lg-12 {flex: 0 0 auto;width: 100%;}
}

/* 데스크톱 중간 해상도 (1200px 이상) */
@media (min-width: 1200px) {
  .col-xl-1 {flex: 0 0 auto;width: 8.333333%;}
  .col-xl-2 {flex: 0 0 auto;width: 16.666667%;}
  .col-xl-3 {flex: 0 0 auto;width: 25%;}
  .col-xl-4 {flex: 0 0 auto;width: 33.333333%;}
  .col-xl-5 {flex: 0 0 auto;width: 41.666667%;}
  .col-xl-6 {flex: 0 0 auto;width: 50%;}
  .col-xl-7 {flex: 0 0 auto;width: 58.333333%;}
  .col-xl-8 {flex: 0 0 auto;width: 66.666667%;}
  .col-xl-9 {flex: 0 0 auto;width: 75%;}
  .col-xl-10 {flex: 0 0 auto;width: 83.333333%;}
  .col-xl-11 {flex: 0 0 auto;width: 91.666667%;}
  .col-xl-12 {flex: 0 0 auto;width: 100%;}
}

/* 데스크톱 고 해상도 (1400px 이상) */
@media (min-width: 1400px) {
  .col-xxl-1 {flex: 0 0 auto;width: 8.333333%;}
  .col-xxl-2 {flex: 0 0 auto;width: 16.666667%;}
  .col-xxl-3 {flex: 0 0 auto;width: 25%;}
  .col-xxl-4 {flex: 0 0 auto;width: 33.333333%;}
```

```
.col-xxl-5 {flex: 0 0 auto;width: 41.666667%;}
.col-xxl-6 {flex: 0 0 auto;width: 50%;}
.col-xxl-7 {flex: 0 0 auto;width: 58.333333%;}
.col-xxl-8 {flex: 0 0 auto;width: 66.666667%;}
.col-xxl-9 {flex: 0 0 auto;width: 75%;}
.col-xxl-10 {flex: 0 0 auto;width: 83.333333%;}
.col-xxl-11 {flex: 0 0 auto;width: 91.666667%;}
.col-xxl-12 {flex: 0 0 auto;width: 100%;}
}
```

이처럼 데스크톱 해상도에 따라 그리드 시스템을 작성하면 다음과 같이 콘텐츠 너비가 사용자의 디스플레이 해상도에 따라 유동적으로 변하기 때문에 유연한 반응형 웹을 구현할 수 있습니다.

```
<div class="row">
  <!-- 브레이크포인트 sm일 때 전체 너비(12), md일 때 너비 6만큼 차지 -->
  <div class="col-sm-12 col-md-6">col-sm-12 col-md-6</div>
  <div class="col-sm-12 col-md-6">col-sm-12 col-md-6</div>
</div>
<div class="row">
  <!-- 브레이크포인트 sm일 때 전체 너비(12), md일 때 너비 6, lg일 때 너비 4, xl일 때
  너비 3만큼 차지 -->
  <div class="col-sm-12 col-md-6 col-lg-4 col-xl-3">
    col-sm-12 col-md-6 col-lg-4 col-xl-3
  </div>
  <div class="col-sm-12 col-md-6 col-lg-4 col-xl-3">
    col-sm-12 col-md-6 col-lg-4 col-xl-3
  </div>
  <div class="col-sm-12 col-md-6 col-lg-4 col-xl-3">
    col-sm-12 col-md-6 col-lg-4 col-xl-3
  </div>
  <div class="col-sm-12 col-md-6 col-lg-4 col-xl-3">
    col-sm-12 col-md-6 col-lg-4 col-xl-3
  </div>
</div>
```

클래스 col-sm-12 col-md-6 col-lg-4 col-xl-3은 다음과 같이 동작합니다.

- col-sm-12는 해상도가 sm(너비가 576px보다 같거나 크고 768px보다 작을 때)일 때는 전체 너비(12)를 차지

- col-md-6은 해상도가 md(너비가 768px보다 같거나 크고 992px보다 작을 때)일 때는 6/12 크기 차지
- col-lg-4은 해상도가 md(너비가 992px보다 같거나 크고 1200px보다 작을 때)일 때는 4/12 크기 차지
- col-xl-3은 해상도가 md(너비가 1200px보다 같거나 크고 1400px보다 작을 때)일 때는 3/12 크기 차지

이렇게 하나의 콘텐츠 영역에 그리드 시스템에 해당하는 클래스를 여러 개 할당하면, 다양한 해상도에 반응하여 최적의 콘텐츠 크기 및 레이아웃을 구성할 수 있습니다.

4.6.6 폰트 크기

폰트 크기는 반응형 웹을 구성하는 데 굉장히 중요한 요소이지만 대부분의 웹사이트에 제대로 적용되지 않고 있는 요소이기도 합니다. 사용자의 화면 해상도에 따라 너무 작은 폰트 크기가 문제될 수 있고, 반대로 너무 큰 폰트 크기가 문제될 수도 있습니다.

폰트 크기 지정하기

폰트 크기는 다음과 같이 절대 값, 상대 값, 길이 값, 퍼센트 값, 전역 값으로 지정할 수 있습니다.

- **절대 값**: xx-small, x-small, small, medium, large, x-large, xx-large를 사용할 수 있고, 브라우저의 기본 폰트 크기인 medium 크기에 따라 정해집니다.
- **상대 값**: larger, smaller를 사용할 수 있고, 부모 요소의 폰트 크기에서 일정 비율로 늘리거나 줄입니다.
- **길이 값**: em(부모 요소의 폰트 크기 기준), rem(루트 요소인 html 요소의 폰트 크기 기준), px(화면 해상도 픽셀 단위), pt(1pt는 0.72인치)
- **퍼센트(백분율) 값**: 부모 요소의 폰트 크기의 비율입니다.

```
/* 절대 값 */
font-size: xx-small;
font-size: x-small;
font-size: small;
font-size: medium;
font-size: large;
font-size: x-large;
font-size: xx-large;

/* 상대 값 */
font-size: larger;
```

```
font-size: smaller;

/* 길이 값 */
font-size: 12px;
font-size: 0.8em;

/* 퍼센트(비율) 값 */
font-size: 80%;

/* 전역 값 */
font-size: inherit;
font-size: initial;
font-size: unset;
```

대부분의 브라우저는 폰트 크기의 기본 값으로 12pt, 16px, 1em, 100%을 사용합니다. 브라우저의 기본 폰트 크기를 기준으로 px, pt, em, 퍼센트 값을 비교하면 다음과 같습니다.

px	pt	em	%
10px	8pt	0.625em	62.5%
11px	8pt	0.688em	68.8%
12px	9pt	0.750em	75.0%
13px	10pt	0.813em	81.3%
14px	11pt	0.875em	87.5%
15px	11pt	0.938em	93.8%
16px	12pt	1em	100%
17px	13pt	1.063em	106.3%
18px	14pt	1.125em	112.5%

em 값으로 폰트 크기를 지정하면 부모 요소에 적용된 값을 기준으로 폰트 크기가 정해집니다. 만약 부모 요소의 폰트 크기가 20px이고 현재 요소의 폰트 크기 값이 1em이면, 현재 요소의 실제 폰트 크기는 20px입니다. 현재 요소의 폰트 크기 값이 0.5em이면, 현재 요소의 실제 폰트 크기는 10px입니다. 브라우저는 별도 설정을 하지 않으면 기본 값인 16px을 사용하는 것이 일반적입니다. 따라서 기본 값일 때는 1em = 16px, 2em = 32px을 나타냅니다.

em 값이 부모 요소에 적용된 폰트 크기를 기준으로 정해진다면, rem 값은 부모 요소가 아니라 최상위 요소인 html 요소에 정의된 폰트 크기를 기준으로 정해집니다. rem은 'root em'을 의미하고 웹페이지의 root는 `<html>` 태그입니다. rem으로 폰트 크기를 지정하면 부모 요소의 영향을 받지 않고 모든 요소의 폰트 크기를 최상위 html 요소 기준으로 설정할 수 있습니다.

px과 같은 절대적인 값 사용 피하기

웹에서 폰트 크기를 지정할 때 px과 같이 절대적인 값을 사용하는 것을 최대한 피해야 하는 이유를 알아봅시다.

px는 픽셀pixel의 약자입니다. 초기 디스플레이의 해상도는 대부분 1024 × 768이었습니다. 그 당시 1px은 일반적으로 실제 화면의 픽셀 1개와 같았습니다. 그러나 고해상도 디스플레이가 많아지고 더 적은 공간에 더 많은 픽셀을 표현할 수 있게 되면서, 이제 더는 CSS의 1px이 디스플레이의 픽셀 1개와 일치하지 않게 되었습니다.

고해상도 디스플레이 브라우저는 웹페이지에서 작게 표시되는 것을 확대합니다. 특히 너무 작아질 경우 가독성을 해칠 수 있는 텍스트 같은 요소는 자동으로 확대됩니다. 그래서 요즘에는 1px이 일반적으로 실제 하드웨어의 문자 그대로의 픽셀이 아닌 확대된 픽셀을 의미합니다. 이는 우리가 절대 값으로 지정한 폰트의 크기가 사용자의 디스플레이 해상도에 따라 어떤 크기로 보이는지 아무도 알 수 없다는 뜻이기도 합니다.

예를 들어 아이폰 14 Pro는 고해상도 디스플레이를 사용하기 때문에 브라우저의 기본 폰트인 16px(=12pt)이 2pt 크기 정도밖에 되지 않습니다. 다행인 것은 브라우저가 그 크기를 자동으로 확장해서 보여주기 때문에 실제 우리가 지정한 크기와 유사한 크기로 볼 수 있다는 점입니다.

웹페이지 내의 모든 폰트 크기를 절대 값인 px 단위로 지정한다면, 사용자의 디스플레이 해상도에 따라 가독성 좋은 텍스트를 제공하는 데 굉장히 많은 노력을 기울여야 합니다.

em과 rem 사용하기

웹사이트 폰트에는 px, pt와 같이 절대적인 크기가 아닌 em, rem과 같은 상대 값을 적용해야 반응형 웹에 최적화할 수 있습니다. em과 rem은 둘 다 브라우저의 폰트 크기를 기반으로 합니다. 2rem은 브라우저 기본 폰트 크기의 두 배, 0.5rem은 절반입니다. 일반적으로 브라우저의 기본 폰트 크기는 16px입니다. 이 값은 고정 값이 아니고 언제든지 변경할 수 있습니다. 이는 웹페이지의 폰트 크기를 em, rem 단위로 정의했다면 브라우저의 기본 폰트 크기를 변경하는 것만으로 웹페이지에 적용된 모든 폰트 크기를 조절할 수 있다는 뜻입니다.

em, rem 단위로 지정된 반응형 웹에서 사용자 기기 해상도에 따라 웹페이지의 모든 폰트 크기를 바꾸는 것은, 절대 값인 px 단위로 지정된 것보다 훨씬 유연합니다. 예를 들어 한 번 20px로 지정한 폰트는 브라우저의 기본 폰트 크기와는 상관없는 절대적인 값입니다. 사용자의 기본 폰트가 아무리 크거나 작더라도 절대적인 값으로 지정한 폰트 크기는 바뀌지 않습니다. 하지만 em과 rem으로 지정된 폰트는 디스플레이 해상도에 따라 브라우저가 지정한 기본 폰트 크기를 기준으로 유연하게 조정할 수 있습니다.

이 외에도 vw^{viewport width} 단위로 폰트 크기를 지정하면, 브라우저의 뷰포트 크기에 따라 상대적인 값으로 폰트 크기를 사용할 수 있습니다. 1vw는 브라우저 너비의 1%에 해당합니다. vw 단위를 사용해서 상대적인 값을 지정할 수 있지만, 실무에서는 vw보다 em과 rem을 많이 사용합니다.

4.7 사용자 지정 CSS 속성 사용하기

사용자 지정 속성(CSS 변수, 종속 변수)은 문서 전반에 걸쳐 재사용할 임의의 값을 담고, 이 값을 CSS 스타일에 적용할 수 있는 변수입니다. 사용자 지정 속성은 전용 표기법을 사용해서 정의하고 var ( ) 함수로 접근할 수 있습니다.

사용자 지정 속성은 2개의 하이픈(--)으로 시작하는 속성의 이름(대소문자 구분)과 유효한 CSS 값이라면 어떤 값이든 지정할 수 있습니다. 규칙 집합 선택자를 통해 사용자 지정 속성 범위를 지정할 수 있습니다.

```
규칙 집합의 선택자 {
  --main-bg-color: brown;
}
```

일반적으로 :root를 사용하면 HTML 문서 어디에서나 사용자 지정 속성에 접근할 수 있습니다.

```
:root {
  --main-bg-color: brown;
}
```

다음에 동일한 배경 색상(brown)을 사용하고 있는 클래스 one, two, three, four, five가 있습니다.

```
.one {
  color: white;
  background-color: brown;
  margin: 10px;
  width: 50px;
  height: 50px;
  display: inline-block;
}

.two {
  color: white;
  background-color: brown;
  margin: 10px;
  width: 150px;
  height: 70px;
  display: inline-block;
}
.three {
  color: white;
  background-color: brown;
  margin: 10px;
  width: 75px;
}
.four {
  color: white;
  background-color: brown;
  margin: 10px;
  width: 100px;
}

.five {
  background-color: brown;
}
```

필요에 따라 배경을 다른 색으로 변경해야 하는 경우가 있습니다. 이럴 때는 각 클래스의 background-color를 모두 찾아 수정해야 합니다. 하지만 다음과 같이 사용자 지정 속성을 사용하면 '사용자 지정 속성' 값만 바꾸면 되기 때문에 웹 애플리케이션을 쉽게 유지보수할 수 있습니다.

```css
:root {
  --main-bg-color: brown;
}

.one {
  color: white;
  background-color: var(--main-bg-color);
  margin: 10px;
  width: 50px;
  height: 50px;
  display: inline-block;
}

.two {
  color: white;
  background-color: (--main-bg-color);
  margin: 10px;
  width: 150px;
  height: 70px;
  display: inline-block;
}
.three {
  color: white;
  background-color: var(--main-bg-color);
  margin: 10px;
  width: 75px;
}
.four {
  color: white;
  background-color: var(--main-bg-color);
  margin: 10px;
  width: 100px;
}

.five {
  background-color: var(--main-bg-color);
}
```

4.8 공간 시스템 디자인

공간 구성은 훌륭한 디자인을 위한 핵심 요소입니다. 훌륭한 웹을 만들기 위해서는 반드시 공간 시스템, 그리드 시스템, 레이아웃 디자인에 대한 일관된 규칙을 설정해야 합니다. **웹 디자인에서 콘텐츠가 배치된 영역뿐만 아니라 비어 있는 공간을 어떻게 디자인할지에 대해서도 일관성을 유지하는 것이 좋습니다.**

디자이너는 문장과 문장 간의 간격, 이미지와 이미지 간의 간격, 버튼 크기, 아이콘 등 웹을 이루는 요소 간의 수많은 공간을 결정합니다. 공간 시스템은 UI 요소를 측정하고 크기를 조정하거나 간격을 지정하는 방법에 대한 일련의 규칙입니다. 공간 시스템 규칙이 잘 정의되어 있으면 웹사이트의 일관성을 유지하여 품질을 높일 수 있고, 디자이너와 개발자가 웹을 개발하면서 내려야 하는 수많은 결정 단계를 줄일 수 있습니다.

[그림 4-53]은 공간 시스템이 적용된 경우와 그렇지 않은 경우의 로그인 폼입니다. 좌측 로그인 폼처럼 일관성이 없는 디자인은 사용자에게 신뢰감을 얻기 어렵습니다. 하지만 공간 패턴이 일관성 있게 적용된 로그인 폼은 보이지 않는 규칙으로 안정감을 줍니다.

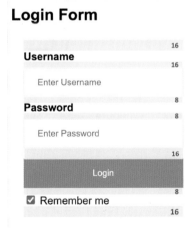

그림 4-53 공간 시스템이 적용되지 않은 경우(좌)와 공간 시스템이 적용된 경우(우)

웹페이지 내에서 공간은 HTML 요소 사이에 존재합니다. 일반적으로 HTML 요소 간의 공간은 `padding`과 `margin`을 사용해서 정의합니다.

공간 시스템을 구축하기 위한 공간 패턴은 2, 4, 8, 12, 16, 24, 32, 48, 64, 96, 128 중에서 가장 많이 선택합니다. 필자는 [그림 4-54]와 같이 2, 4, 8, 16, 32, 64를 공간 패턴을 자주 사용합니다.

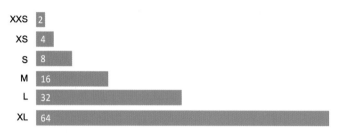

그림 4-54 공간 패턴 규칙

4.4.1절에서 언급했듯이 웹의 모든 HTML 요소는 박스 모양입니다. 박스 안에 콘텐츠와의 공간 패턴을 정의하는 `padding`은 [그림 4-55]와 같습니다.

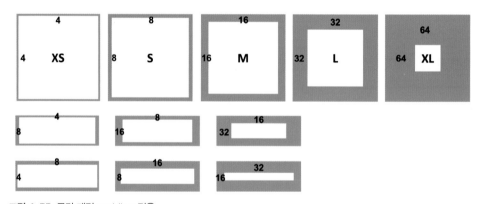

그림 4-55 공간 패턴 padding 적용

다음과 같이 클래스를 정의하면 [그림 4-55]와 동일한 공간 패턴 `padding`을 적용할 수 있습니다.

```
/* top, right, bottom, left 동일 padding */
.p-xs {padding: 4px;}
```

```
.p-s {padding: 8px;}
.p-m {padding: 16px;}
.p-l {padding: 32px;}
.p-xl {padding: 64px;}

/* top과 bottom이 좁고 left와 right를 넓게 */
.p-xs-s {padding: 4px 8px;}
.p-s-m {padding: 8px 16px;}
.p-m-l {padding: 16px 32px;}

/* top과 bottom이 넓고 left와 right를 좁게 */
.p-s-xs {padding: 8px 4px;}
.p-m-s {padding: 16px 8px;}
.p-l-m {padding: 32px 16px;}
```

CSS 박스 모델과 박스 모델 사이, 즉 HTML 요소와 요소 사이에는 margin을 사용해서 공간 패턴을 적용할 수 있습니다. [그림 4-56]과 같이 요소가 Y축으로 배치되는 경우와 X축으로 배치되는 경우, 요소 간의 간격을 생각할 수 있습니다.

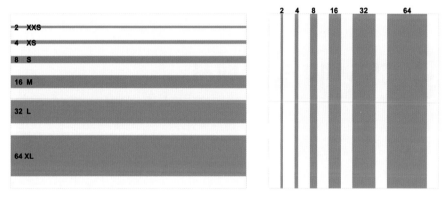

그림 4-56 공간 패턴 margin 적용

다음과 같이 클래스를 정의하면 [그림 4-56]과 동일한 공간 패턴 margin을 적용할 수 있습니다.

```
/* bottom에 대한 margin */
.mb-xxs {margin-bottom: 2px;}
.mb-xs {margin-bottom: 4px;}
.mb-s {margin-bottom: 8px;}
```

```
.mb-m {margin-bottom: 16px;}
.mb-l {margin-bottom: 32px;}
.mb-xl {margin-bottom: 64px;}

/* right에 대한 margin */
.mr-xxs {margin-right: 2px;}
.mr-xs {margin-right: 4px;}
.mr-s {margin-right: 8px;}
.mr-m {margin-right: 16px;}
.mr-l {margin-right: 32px;}
.mr-xl {margin-right: 64px;}
```

웹페이지 공간 패턴에 일관적인 디자인 규칙이 적용되어 있다면 어떤 개발자가 설계 작업을 하든 선택해야 할 사항이 크게 줄어듭니다. 디자이너가 작업한 결과물을 이어받은 개발자가 후속 작업을 이어가더라도 웹페이지에 동일한 규칙이 있기 때문에 개발 시간이 단축됩니다. 그리고 사용자에게 서비스를 더 효과적으로 시각화하여 보여줄 수 있고, 일관성 있는 브랜드 경험을 전달할 수 있습니다.

4.9 CSS 네이밍 컨벤션

다양한 CSS 네이밍 컨벤션 방법 중 가장 많이 알려진 BEM^{Block Element Modifier}을 알아봅시다. BEM은 클래스 이름에 대한 네이밍 규칙을 제공합니다. 사용자 인터페이스를 독립적인 블록으로 나누는 것입니다. BEM은 CSS 클래스 이름을 정의할 때 BEM의 약자 'Block', 'Element', 'Modifier' 3가지를 사용해서 클래스 이름에 규칙을 갖도록 합니다.

구분	설명
Block	• 요소를 담고 있는 컨테이너 블록
	• Block은 Block을 포함할 수 있음
	• 예) nav, header, footer, section, article 등

Element	• Block을 이루고 있는 종속적인 하위 요소(Element)
	• 2개의 언더바(__)로 구분
	• 예) item, title, description 등
Modifier	• Block이나 Element의 모양, 상태, 동작과 같은 속성
	• 기능은 같으나 모양이나 상태가 다른 경우 사용 등
	• 2개의 하이픈(--)으로 구분
	• 예) disabled, checked, active, fixed, warning 등

BEM으로 작성된 클래스 이름은 다음과 같은 구조입니다.

```
.block {}
.block__element {}
.block__element--modifier {}
.block--modifier {}
.block--modifier__element {}
.block--modifier__element--modifier {}
```

BEM의 장점은 클래스 이름으로 그 용도를 명확하게 알 수 있다는 직관성입니다. 예를 들어 [그림 4-57]과 같은 메뉴 네비게이션은 다음과 같이 클래스를 정의할 수 있습니다.

그림 4-57 메뉴 네비게이션

```
<style>
/* Block */
.nav {
  list-style: none;
}
/* Block__Element */
.nav__item {
  display: inline-block;
  padding: 10px;
}
/* Block__Element--Modifier */
.nav__item--active {
```

```
    background-color: aquamarine;
    font-weight: bold;
  }
</style>

<nav>
  <!-- 메뉴 네비게이션 -->
  <ul class="nav">
    <li class="nav__item nav__item--active">Home</li>
    <li class="nav__item">Service</li>
    <li class="nav__item">Product</li>
    <li class="nav__item">About</li>
    <li class="nav__item">Contact</li>
  </ul>
</nav>
```

그림 4-58 제품 카드 UI

[그림 4-58]은 온라인 쇼핑몰 사이트에서 흔히 볼 수 있는 제품 카드 UI입니다. 다음과 같이 클래스를 정의할 수 있습니다.

```
/* Block */
.product {
  display: flex;
  flex-direction: column;
  width: 100%;
  max-width: 400px;
  margin: 0 auto;
  padding: 20px;
```

```
  border: 1px solid black;
}

/* Block__Element */
.product__image {
  width: 100%;
}

/* Block__Element */
.product__info {
  margin-top: 20px;
}

/* Block__Element */
.product__title {
  margin: 0;
}

/* Block__Element */
.product__description {
  margin: 0;
}

/* Block__Element */
.product__price {
  margin: 0;
}

/* Block__Element */
.product__button {
  margin-top: 20px;
  padding: 10px;
  background-color: aquamarine;
  border: none;
}

/* Block__Element--Modifier */
.product__button--disabled {
  background-color: gray;
}

<div class="product">
  <div class="product__image">
    <img src="https://picsum.photos/300/200" alt="product image" />
```

```
    </div>
    <div class="product__info">
      <h3 class="product__title">Product Title</h3>
      <p class="product__description">
      Lorem ipsum dolor sit amet consectetur adipisicing elit.
      </p>
      <button class="product__button">Add to cart</button>
    </div>
  </div>
  <div class="product">
    <div class="product__image">
      <img src="https://picsum.photos/300/200" alt="product image" />
    </div>
    <div class="product__info">
      <h3 class="product__title">Product Title</h3>
      <p class="product__description">
      Lorem ipsum dolor sit amet consectetur adipisicing elit.
      </p>
      <button class="product__button product__button--disabled">
      Add to cart
      </button>
    </div>
  </div>
</div>
```

BEM과 같은 클래스 네이밍 컨벤션은 클래스를 쉽게 읽어 그 의미를 빠르게 파악하고 더 효율적으로 일할 수 있도록 돕습니다. 단순한 방법이지만 결정해야 하는 횟수를 줄여 개발 속도를 높일 수 있습니다. 또한 클래스 네이밍 컨벤션을 사용하면 애플리케이션 전반적으로 명확성과 일관성을 유지할 수 있습니다.

CSS 네이밍 컨벤션으로는 BEM 외에도 SMASS^Scalable and Modular Architecture for CSS, OOCSS^Object Oriented CSS 등이 있습니다. 일반적으로 BEM과 같이 이미 많이 알려진 네이밍 컨벤션을 사용하기도 하고, 개발팀 자체에서 네이밍 컨벤션을 정의해서 사용하기도 합니다. 중요한 것은 반드시 이러한 네이밍 컨벤션을 정의해서 웹 애플리케이션 내에서 명확성과 일관성을 유지해야 한다는 점입니다.

5장

더 나은
자바스크립트 개발

5.1 바닐라 자바스크립트

최근에는 리액트, 뷰, 앵귤러와 같은 프런트엔드 프레임워크를 사용하지 않고 개발하는 웹 애플리케이션이 거의 없습니다. 이러한 프레임워크를 사용하지 않더라도 최소한 jQuery 같은 라이브러리를 통해 편하게 개발합니다.

이렇게 프런트엔드 프레임워크와 라이브러리를 사용하는 것이 꼭 좋은 방법일까요? 물론 좋은 프런트엔드 프레임워크를 사용하면 개발 생산성을 향상시킬 수 있고 일정 수준의 코드 품질을 보장받을 수 있습니다. 하지만 이러한 프런트엔드 프레임워크와 오픈소스 라이브러리에만 의지하면 어느 순간 외부 도움 없이는 웹 애플리케이션을 개발할 수 없게 됩니다. 필자는 프레임워크나 라이브러리 없이 웹페이지를 개발하지 못하는 개발자를 많이 봤습니다. 자바스크립트의 document 객체를 통해 DOM을 조작하는 방법조차 제대로 구현할 수 없는 개발자가 의외로 많다는 것에 놀라움을 금치 못했습니다.

우리가 사용하고 있는 수많은 프런트엔드 프레임워크와 라이브러리도 누군가가 순수 자바스크립트로 개발한 것입니다. 당장은 대세이고 영원할 것 같은 리액트나 뷰도 빠르게 발전하는 웹 환경에서 언제 외면당할지 모릅니다.

이러한 흐름 속에서 개발자에게 중요한 것은 무엇일까요? 우리는 순수 자바스크립트, 즉 바닐라 자바스크립트에 집중해야 합니다. 어떠한 라이브러리나 프레임워크를 쓰지 않는 순수 자바스크립트를 '바닐라 자바스크립트'라고 부릅니다.

최근 들어 바닐라 자바스크립트의 중요성이 더욱 강조되고 있습니다. 대다수 웹이 프런트엔드 프레임워크와 수많은 라이브러리를 사용해서 구축되니 실제 웹에서 사용하지 않는 많은 코드를 로드하게 되고, 웹은 점점 무거워져서 적정한 성능을 보장할 수 없는 상태가 되었습니다(물론 스벨트^{Svelte}처럼 외부 라이브러리 사용 없이 순수 자바스크립트 코드를 사용하여 훨씬 가볍게 개발하도록 돕는 프런트엔드 프레임워크도 있습니다).

Vanilla JS 공식 홈페이지[1]에서는 바닐라 자바스크립트를 '강력한 자바스크립트 애플리케이션을 구축하기 위한 빠르고 가벼운 크로스 플랫폼 프레임워크'라고 소개합니다. 홈페이지에 접속

---

1 vanilla-js.com

하여 다음과 같이 [Core Functionality]를 선택하고 바닐라 자바스크립트를 다운로드할 수 있습니다.

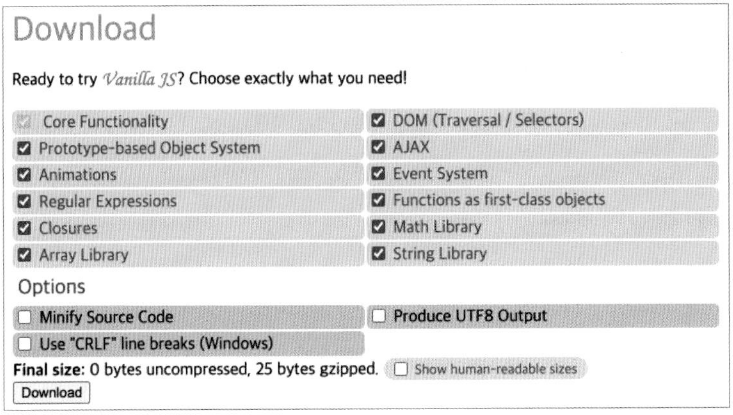

그림 5-1 Vanilla JS 다운로드 선택 옵션

제공하는 옵션 모두를 선택하고 [Download] 버튼을 누르면 vanilla.js라는 이름으로 파일이 다운로드됩니다. 모든 옵션은 이미 자바스크립트에 내장되어 있는 기능입니다. 그래서 내려받은 파일을 열어보면 [그림 5-2]와 같이 코드가 한 줄도 없는 빈 파일을 확인할 수 있습니다. 바닐라 자바스크립트는 별도의 추가 코드 없이 순수 자바스크립트만으로 개발하면 된다는 것을 재치 있게 나타낸 것입니다.

그림 5-2 Vanilla JS 다운로드 파일

바닐라 자바스크립트로 개발하면 당연히 가볍고, 빠르고, 호환성이 좋은 웹 애플리케이션을 구축할 수 있습니다. 개발자에게 가장 인기 있는 리액트, 뷰, 앵귤러, 스벨트 같은 프런트엔드 프레임워크도 결국 바닐라 자바스크립트로 구현되었습니다.

여러분은 앞으로 수많은 프런트엔드 프레임워크와 라이브러리를 마주할 것입니다. **바닐라 자바스크립트를 제대로 이해해야 이러한 웹 개발 흐름 속에서 시장을 리드할 수 있는 개발자가 될 수 있다는 점을 기억하면 좋겠습니다.**

5.2 ES2015~ES2022 최신 구문

자바스크립트는 ES2015(ES6)부터 현대 프로그래밍 언어에서 제공하는 다양한 최신 구문과 동등한 기능을 하는 구문이 빠르게 추가되었습니다. 다음은 ES2015~ES2021에 추가된 주요 구문입니다.

ES2015(ES6)	let, const, 클래스, 모듈, 화살표 함수, 함수 매개변수 기본 값, 템플릿 리터럴, 배열 구조 분해 할당, 객체 구조 분해 할당, 스프레드 연산자, 객체 프로퍼티 단축 쓰기, Promise
ES2016(ES7)	Array.prototype.includes(), 제곱 연산자
ES2017(ES8)	async & await, Object.values(), Object.entries(), padStart(), padEnd(), Object.getOwnPropertyDescriptors(), SharedArrayBuffer
ES2018(ES9)	반복문에서 await 사용, promise.finally(), Object.entries()
ES2019(ES10)	Array.prototype.flat(), Array.prototype.flatMap(), String.prototype.trimStart(), String.prototype.trimEnd(), Object.fromEntries(), String.prototype.matchAll(), BigInt
ES2020(ES11)	Promise.allSettled(), 옵셔널 체이닝, null 병합 연산자, 다이나믹 import, globalThis
ES2021(ES12)	Promise.any(), 논리 할당 연산자(||=, &&=, ??=), WeakRef, Finalizers

이 절에서는 ES2015부터 ES2022까지 추가된 최신 구문 중, 이미 실무에서 잘 활용하는 구문 외에 개발자가 제대로 이해하고 있어야 하고 반드시 알아야 하는 구문을 살펴봅니다.

5.2.1 비동기 작업 제대로 이해하기

비동기 작업을 효율적으로 처리하기 위해서 ES2015에는 Promise, ES2017에는 async, await 구문이 추가되었습니다. 특히 서버와의 데이터 통신, 파일을 읽고 쓰는 작업에 필수로 사용되고 있습니다. 구현된 코드 순서에 따라서만 구동되었던 자바스크립트를 비동기 방식으로 작업할 수 있도록 함으로써 더 유연한 웹 개발이 가능해졌습니다.

Ajax가 등장하기 전까지 자바스크립트 코드 대부분은 동기 작업이었습니다. 물론 setTimeout 과 같은 비동기 작업이 완전히 없었던 것은 아니지만 서버와의 데이터 통신에서 요청에 대한 응답을 받는 것은 모두 동기 방식으로 처리되었습니다. 동기 방식은 하나의 작업이 완료되기 전까지 다른 코드를 실행하지 않는 것입니다. 즉, 동시에 여러 작업을 실행할 수 없고 한 번에 하나씩 순차적으로 수행됩니다.

웹이 점점 복잡해지면서 자바스크립트도 동시에 여러 작업을 수행해야 했고, 이번 절에서 다룰 비동기 방식이 추가되었습니다. 비동기 작업은 여러 작업을 동시에 수행할 수 있다는 장점이 있지만, 작업 완료 순서에 대해서는 보장받을 수 없습니다.

동기식	비동기식
한 번에 하나의 작업을 수행함	동시에 여러 작업을 수행함
작업 완료 순서가 정해져 있음	작업 완료 순서를 알 수 없음
코드 실행 흐름 파악이 용이함	코드 실행 흐름 파악이 어려움

XMLHttpRequest 객체를 통해서 서버와 비동기 통신이 가능했지만, 비동기 작업이 완료된 후 실행해야 할 콜백 함수를 전달하여 발생하는 '콜백 지옥^{callback hell}'은 코드를 점점 복잡하게 하고 유지하기 어렵게 만들었습니다.

Promise

Promise는 비동기 작업에 해당하는 코드를 더 직관적이고 간결하게 유지할 수 있는 방법입니다. Promise는 new 키워드를 사용해서 객체를 생성할 수 있고 기본 형태는 다음과 같습니다.

```
const promise1 = new Promise((resolve, reject) => {
  // 비동기 작업을 수행하는 코드
  // 비동기 작업 수행 후 resolve() 또는 reject() 함수를 호출
  // resolve('성공');
  // reject('실패');
});
```

비동기 작업 수행 후 성공에 대한 결과는 resolve() 함수에 전달합니다. 만약 비동기 작업이 서버에 데이터를 달라고 요청하면, 서버로부터 정상적으로 데이터를 받은 후 resolve() 함수에 결과 데이터를 전달하면 됩니다. 비동기 작업 수행에 실패하면 reject() 함수에 실패 정보를 전달하면 됩니다. 이렇게 Promise를 사용한 비동기 함수는 다음과 같이 구현합니다.

```
promise1
  .then((value) => {
    // Promise 함수에서 resolve() 함수 호출 시 수행(성공)
  })
  .catch((error) => {
    // Promise 함수에서 reject() 함수 호출 시 수행(실패)
  });
```

Promise() 함수의 수행 결과가 성공했고 resolve() 함수를 호출했다면 .then() 함수가 실행되고 resolve() 함수로 전달한 결과를 value로 받습니다.

```
const promiseSuccess = new Promise((resolve, reject) => {
  resolve("성공");
});

promiseSuccess
  .then((value) => {
    console.log(value); // 성공
  })
  .catch((error) => {
    // Promise 함수에서 reject() 함수 호출 시 수행(실패)
  });
```

반대로 Promise 함수의 수행 결과가 실패했고 reject() 함수를 호출했다면 .catch() 함수가 실행되고 reject() 함수로 전달한 오류 메시지를 error로 받습니다.

```
const promiseFail = new Promise((resolve, reject) => {
  reject("실패");
});

promiseFail
  .then((value) => {
    // Promise 함수에서 resolve() 함수 호출 시 수행(성공)
  })
  .catch((error) => {
    console.log(error); // 실패
  });
```

이와 같이 Promise를 사용하면 비동기 작업을 쉽게 구현할 수 있고 코드가 실행되는 흐름을 이해할 수 있습니다. Promise에서 비동기 작업에 대한 성공은 resolve() 함수를 호출하고, 실패는 reject() 함수를 호출합니다. Promise 비동기 작업에 성공했을 때 후속 조치는 then() 함수에서, 실패에 대한 후속 조치는 catch() 함수에서 처리하기 때문에 비동기 작업을 직관적으로 구현할 수 있습니다.

Promise.all

Promise.all을 사용하면, 다수의 비동기 함수를 수행하는 데 비동기 함수 결과가 서로 연관이 없고 독립적인 수행일 경우 모든 비동기 함수가 완료될 때까지 기다렸다가 한 번에 후속 작업을 할 수 있습니다. Promise.all은 함수의 인수로 Promise 배열을 받고 그 결과에 대한 resolve()와 reject()를 호출합니다. 모든 Promise가 비동기 작업을 완료했고 모두 성공했다면 resolve()를 호출하고, 비동기 작업 중 하나라도 오류가 발생했다면 reject()를 호출합니다.

```
pro1mise
 .all([promise1, promise2, promise3])
 .then((values) => {
   // 모든 Promise가 resolve() 함수 호출 시 수행
 })
 .catch((error) => {
   // Promise 중 하나라도 reject() 함수 호출 시 수행
 });
```

Promise.allSettled

Promise.all은 여러 개의 Promise 중 단 하나라도 실패하면 전체 결과도 실패합니다. 즉, 모든 Promise가 성공되어야 하고 하나라도 실패하면 안 됩니다. 하지만 실제 코드를 구현하다 보면 여러 개의 Promise 중 하나가 실패하더라도 성공한 나머지 정보를 받아오는 것이 효율적일 때가 있습니다. 이때 Promise.allSettled를 사용합니다. Promise.allSettled는 ES2020에 추가된 구문으로 여러 개의 Promise에 대해서 각 Promise의 성공과 실패 결과를 얻을 수 있습니다.

```
const promise1 = Promise.resolve(3);
const promise2 = new Promise((resolve, reject) =>
 setTimeout(() => resolve(4), 1000)
);
const promise3 = Promise.reject(new Error("에러 발생"));
const promises = [promise1, promise2, promise3];

Promise.allSettled(promises).then((results) =>
 results.forEach((result) => console.log(result))
);

// { status: 'fulfilled', value: 3 }
// { status: 'fulfilled', value: 4 }
// { status: 'rejected', reason: Error: 에러 발생 }
```

Promise.race

Promise.race는 여러 개의 Promise 중 가장 먼저 처리되는 Promise 결과만을 반환합니다.
다음 예제에서 promise1은 500ms 후에 실행되고, promise2는 100ms 후에 실행되기 때문에
더 빨리 실행되는 promise2의 결과만 반환하고 종료됩니다.

```
const promise1 = new Promise((resolve, reject) => {
// 500ms 후에 resolve 함수를 실행합니다.
 setTimeout(resolve, 500, "500ms 후에 실행됩니다.");
});

const promise2 = new Promise((resolve, reject) => {
// 100ms 후에 resolve 함수를 실행합니다.
 setTimeout(resolve, 100, "100ms 후에 실행됩니다.");
});

Promise.race([promise1, promise2]).then((value) => {
 console.log(value);
});
// 100ms 후에 실행됩니다.
```

Promise.any

Promise.any는 여러 개의 Promise 중 가장 먼저 성공한 Promise의 결과만을 반환합니다.

다음 예제에서 promise1은 바로 reject되었고, promise2는 500ms 후에 resolve되고, promise3는 100ms 후에 resolve되기 때문에 더 빨리 성공한 promise3의 결과만 반환하고 종료됩니다.

```javascript
const promise1 = Promise.reject(0);
const promise2 = new Promise((resolve, reject) => {
  // 500ms 후에 resolve 함수를 실행합니다.
  setTimeout(resolve, 500, "500ms 후에 실행됩니다.");
});

const promise3 = new Promise((resolve, reject) => {
  // 100ms 후에 resolve 함수를 실행합니다.
  setTimeout(resolve, 100, "100ms 후에 실행됩니다.");
});

const promises = [promise1, promise2, promise3];

Promise.any(promises).then((value) => console.log(value));
// 100ms 후에 실행됩니다.
```

async와 await

비동기 작업을 처리할 수 있는 다른 방법은 async를 사용하는 것입니다. 함수를 선언할 때 async 키워드를 추가합니다. async 키워드를 추가하면 비동기 함수로 동작합니다. 이때 반환되는 값은 무조건 Promise입니다.

다음 코드에서 async 키워드가 추가된 함수의 return '비동기 결과'는 return new Promise((resolve, reject) => {resolve('비동기 결과')})와 동일합니다.

```javascript
async function foo() {
  // return new Promise((resolve, reject) => {
  //     resolve("비동기 결과");
  // });
  return "비동기 결과";
}

foo()
  .then((value) => {
    console.log(value); // 비동기 결과
```

```
  })
  .catch((error) => {
    console.log(error);
  });
```

여기까지는 Promise와 큰 차이가 없습니다. async(비동기) 키워드가 추가된 함수 내에서 await(기다리다)를 사용하면 비동기 작업이 완전히 완료되어 결과를 반환될 때까지 후속 코드를 수행하지 않고 기다립니다. 즉, await는 Promise가 완료될 때까지 기다립니다.

await는 반드시 async 키워드가 추가된 함수 내에서만 사용할 수 있습니다. await 키워드는 비동기 함수를 호출하는 곳 앞에 작성합니다. await는 Promise가 resolve한 값을 반환합니다. await를 사용하면 Promise의 then()과 catch() 함수를 구현할 필요가 없습니다. 비동기 작업 오류 reject가 발생하면 try…catch 블록을 사용하여 처리합니다.

```
function setTimeoutPromise() {
  return new Promise((resolve, reject) => {
    setTimeout(() => resolve('비동기 결과'), 1000);
  });
}

async function bar() {
  try {
    const result = await setTimeoutPromise();
    console.log(result); // 비동기 결과
  } catch (error) {
    console.log(error); // Promise의 reject 함수 호출 시 수행
  }
}
```

Promise에 대해 살펴봤습니다. Promise는 비동기 작업을 할 수 있고 결과에 따른 후속 작업에 대한 코드를 직관적으로 작성할 수 있다는 장점이 있습니다. 하지만 여러 개의 비동기 작업을 연속적으로 수행해야 하고, 이전 비동기 작업이 완료된 이후 후속 비동기 작업을 수행해야 할 경우 코드의 가독성은 급격히 떨어집니다.

다음 예제 코드와 같이 첫 번째 비동기 작업 완료 후 그 결과를 바탕으로 두 번째 비동기 작업을 수행하고, 두 번째 비동기 작업의 결과를 바탕으로 세 번째 비동기 작업을 연속적으로 수행해야 하는 경우 코드를 작성하고 유지하는 것이 직관적이지 않을 수 있습니다.

```javascript
const promise1 = new Promise((resolve, reject) => {
  // 비동기 작업을 수행하는 코드
});

const promise2 = new Promise((resolve, reject) => {
  // 비동기 작업을 수행하는 코드
});

const promise3 = new Promise((resolve, reject) => {
  // 비동기 작업을 수행하는 코드
});

promise1
  .then((value1) => {
    promise2
      .then((value2) => {
        promise3
          .then((value3) => {
            // ...
          })
          .catch((error3) => {
            // ...
          });
      })
      .catch((error2) => {
        // ...
      });
  })
  .catch((error1) => {
    // ...
  });
```

이렇게 다수의 비동기 작업을 수행하고 각각의 비동기 작업 결과를 기다렸다가 다음 비동기 작업을 수행해야 할 때 async, await는 매우 효과적입니다. await 키워드가 붙은 비동기 함수는 그 결과가 반환될 때까지 대기 상태로 있고, 결과가 반환된 후 다음 코드를 순차적으로 실행합니다. 그래서 async와 await를 사용하면 연속된 비동기 작업을 Promise보다 훨씬 직관적으로 구현할 수 있습니다.

```javascript
function setTimeoutPromise1() {
  return new Promise((resolve, reject) => {
```

```
      setTimeout(() => resolve("비동기 결과1"), 1000);
  });
}

function setTimeoutPromise2() {
  return new Promise((resolve, reject) => {
    setTimeout(() => resolve("비동기 결과2"), 1000);
  });
}

function setTimeoutPromise3() {
  return new Promise((resolve, reject) => {
    setTimeout(() => resolve("비동기 결과3"), 1000);
  });
}

async function foo() {
  try {
    const result1 = await setTimeoutPromise1();
    console.log(result1); // 비동기 결과1
    const result2 = await setTimeoutPromise2();
    console.log(result2); // 비동기 결과2
    const result3 = await setTimeoutPromise3();
    console.log(result3); // 비동기 결과3
  } catch (error) {
    console.log(error);
  }
}
```

async, await를 사용하면 비동기 함수 작업이 완료될 때까지 기다렸다가 결과를 반환받은 후 순차적으로 다음 코드가 실행되기 때문에 코드를 더 직관적으로 구현할 수 있습니다. 하지만 async, await가 Promise 방식보다 반드시 더 좋다고 할 수는 없습니다. 비동기 함수가 완료된 후 그 결과를 사용해서 바로 실행해야 하는 코드를 순차적으로 관리하고 싶을 때는 async, await를 사용하는 것이 좋고, 비동기 함수의 결과에 상관없이 바로 다음 코드를 실행하는 것이 효과적이라면 await 없이 async만 사용하거나 Promise를 직접 사용하는 것이 좋습니다.

반복문에서 await 사용하기

반복문에서 비동기 처리가 필요할 때 일반적으로 다음과 같이 코드를 작성합니다.

```
async function foo(array) {
 for (const i of array) {
   await doSomething(i);
 }
}

async function foo(array) {
 array.forEach(async (i) => {
   await doSomething(i);
 });
}
```

ES2018부터는 비동기 for 구문을 사용할 수 있습니다. 다음 코드와 같이 for 구문 다음에 await 구문을 바로 붙여서 사용할 수 있습니다. 이렇게 하면 호출하는 함수에는 await를 붙일 필요가 없습니다.

```
function doSomething(i) {
  return new Promise((resolve, reject) => {
    setTimeout(() => {
      console.log(i);
      resolve(i);
    }, 1000);
  });
}

async function foo(array) {
  for await (const i of array) {
    doSomething(i);
  }
}

foo([1, 2, 3, 4, 5, 6, 7, 8, 9, 10]);
```

5.2.2 BigInt 객체

다음 예제에서 y는 실제로 할당한 값과 다른 값을 저장합니다. 왜냐하면 자바스크립트가 숫자형 원시 값을 안정적으로 나타낼 수 있는 최대치는 '2^53−1'이기 때문입니다.

```
//소수점 없는 숫자의 경우 최대 16자리 이상인 경우 잘못된 값이 나올 수 있음
let x = 999999999999999;   // x에 할당된 실제 값은 999999999999999로 동일
let y = 9999999999999999;  // y에 할당된 실제 값은 10000000000000000로 다름
```

콘솔에 Number.MAX_SAFE_INTEGER라고 입력하면 다음과 같은 결과 값이 출력됩니다.

```
console.log(Number.MAX_SAFE_INTEGER ); //9007199254740991
```

Number.MAX_SAFE_INTEGER 값이 9007199254740991 이상인 정수의 경우 연산 시 오류가 발생할 수 있습니다. 반대로 자바스크립트가 안정적으로 표현할 수 있는 최대 마이너스 값은 다음과 같습니다.

```
console.log(Number.MIN_SAFE_INTEGER ); //-9007199254740991
```

BigInt는 ES10에 추가된 새로운 객체입니다. 자바스크립트가 숫자형 원시 값을 안정적으로 나타낼 수 있는 최대치인 '2^53−1'보다 큰 정수를 표현할 수 있는 내장 객체입니다. BigInt는 정수 리터럴 값 제일 뒤에 영문자 'n'을 붙이거나 BigInt()를 호출해서 생성할 수 있습니다.

```
const bigint1 = 9007199254740991n;

const bigint2 = BigInt(9007199254740991);
// 9007199254740991n

const bigint3 = BigInt("9007199254740991");
// 9007199254740991n
```

BigInt 연산은 다음과 같습니다.

```
const maxSafeInteger = BigInt(Number.MAX_SAFE_INTEGER);
```

```
// 9007199254740991n

const maxPlusOne = maxSafeInteger + 1n;
// 9007199254740992n

const maxMulti = maxSafeInteger * 2n;
// 18014398509481982n
```

BigInt와 Number 값은 일반적인 방법으로 비교할 수 있습니다.

```
console.log(1n < 2); // true
console.log(2n > 1); // true
console.log(2n > 2); // false
console.log(2n == 2); // true
console.log(2n === 2); // false
```

5.2.3 그 외 알아두면 유용한 구문

객체 프로퍼티 단축 쓰기

다음은 변수 name, age, city를 customer라는 객체의 속성과 속성 값으로 정의한 예제입니다.

```
const name = 'John Doe', age = 24, city = 'New York';

const customer = {
  name: name,
  age: age,
  city: city
} // {name: 'John Doe', age: 24, city: 'New York'}
```

자바스크립트에서 객체 타입은 '키'와 '값' 한 쌍으로 이루어져 있습니다. 하지만 '키'와 '값'에 해당하는 변수명을 동일하게 사용할 때는 다음과 같이 '키'를 생략해서 작성할 수 있습니다.

```
const newCustomer = {
  name,
  age,
  city
} // {name: name, age: age, city: city}
```

padStart() & padEnd()

padStart(targetLength, padString) 함수는 현재 문자열의 길이가 targetLength보다 작은 경우 문자열의 시작을 padString으로 채워서 새로운 문자열을 반환하는 함수입니다.

- **targetLength**: 목표 문자열 길이
- **padString**: 문자열 길이가 targetLength보다 작은 경우 채워 넣을 다른 문자열

다음 예제는 문자열 1 앞에 문자 0을 추가하는데, 총 길이는 4이기 때문에 0이 3개 추가됩니다.

```
let str = "1";
str = str.padStart(4,0); // 0001
```

이렇게 특정 길이가 되도록 문자열을 추가해야 하는 상황은 언제일까요? 필자의 경우 padStart() 함수는 다음 예제 코드와 같이 '년(4자리)-월(2자리)-일(2자리)' 형식을 만들 때 가장 많이 사용합니다. 만약 padStart() 함수를 사용하지 않는다면 month와 date 값이 10보다 작은지 if 문을 통해 비교하고, 만약 작다면 앞에 0을 추가하는 코드를 작성해야 합니다. padStart() 함수로 이런 코드를 쉽게 처리할 수 있습니다.

```
const now = new Date();
const year = now.getFullYear();
const month = now.getMonth() + 1;
const date = now.getDate();
const formatDate = `${year}-${String(month).padStart(2, '0')}-${String(date).padStart(2, '0')}`;
```

반대로 padEnd(targetLength, padString) 함수는 현재 문자열의 길이가 targetLength보다 작은 경우 문자열의 끝을 padString으로 채워서 새로운 문자열을 반환하는 함수입니다.

- **targetLength**: 목표 문자열 길이
- **padString**: 문자열 길이가 targetLength보다 작은 경우 채워 넣을 다른 문자열

다음 예제는 문자열 1 뒤에 문자 0을 추가하는데, 총 길이는 4이기 때문에 0이 3개 추가됩니다.

```
let str = "1";
str = str.padEnd(4,0); // 1000
```

옵셔널 체이닝

애플리케이션을 개발할 때 대부분의 데이터는 객체에 담겨 저장됩니다. 객체는 키^{key}와 값^{value}을 가질 수 있는데, 키와 값은 데이터베이스에 설계된 테이블의 필드와 그 값을 담는 데 가장 적합한 자바스크립트 데이터 타입입니다.

다음과 같은 형태로 서버에서 사용자 정보를 가져온다고 가정해봅시다.

```
const user = {
    name: 'John Doe',
    email: 'john@mail.com',
    address: {
        street: 'Main Street',
        number: 123,
        city: 'New York',
        state: 'NY',
        country: 'USA',
        zipCode: '10001',
    }
}
```

사용자의 **city** 정보를 읽기 위해서는 다음과 같이 코드를 작성합니다.

```
const city = user.address.city; // New York
```

만약 주소(**address**) 정보가 등록되지 않은 사용자가 **user.address.city**로 객체의 프로퍼티에 접근하려고 하면 TypeError: Cannot read properties of undefined (reading 'city') 오류가 발생합니다. 지금처럼 사용자의 **city** 정보가 반드시 있는 것이 아니라 사용자의 주소 정보가 있는지 확신할 수 없을 때는 다음과 같이 코드를 작성합니다.

```
const isAddressExist = user && user.address;
if(isAddressExist) {
    const city = user.address.city; // New York
}
```

옵셔널 체이닝은 프로퍼티가 없는 중첩 객체를 오류 없이 안전하게 접근할 수 있게 해줍니다.

옵셔널 체이닝은 접근하려는 프로퍼티에 '?'를 사용해서 해당 프로퍼티가 있을 때만 접근하고, 접근하려는 프로퍼티가 undefined 또는 null이면 undefined를 반환합니다.

이전 코드는 옵셔널 체이닝을 사용해서 다음과 같이 작성할 수 있습니다.

```
const city = user?.address?.city;
```

이 코드는 다음과 같은 기능을 모두 내포합니다.

1 user가 null 또는 undefined이면 undefined를 반환합니다.
2 user가 정의되어 있고 user.address가 null 또는 undefined이면 undefined를 반환합니다.
3 user.address가 정의되어 있고 user.address.city가 null 또는 undefined이면 undefined를 반환합니다.
4 user.address.city가 정의되어 있으면 해당 값을 반환합니다.

필수 값이 아닌 정보에 대한 접근에만 옵셔널 체이닝을 사용하는 것이 좋습니다. 그러므로 이 예제에서는 사용자 정보는 반드시 있고, 주소(address) 정보만 필수 값이 아니라면 다음과 같이 작성하는 것이 훨씬 좋습니다.

```
const city = user.address?.city;
```

옵셔널 체이닝은 읽기에는 사용할 수 있지만 쓰기에는 사용할 수 없습니다.

```
user.address?.city = 'Los Angeles'; // SyntaxError: Invalid left-hand side in
assignment
```

null 병합 연산자(??)

null 병합 연산자는 왼쪽 피연산자가 null 또는 undefined이면 오른쪽 피연산자를 반환하고, 그렇지 않으면 왼쪽 피연산자를 반환하는 논리 연산자입니다.

null 병합 연산자 ??를 사용하기 전에 다음 코드를 먼저 살펴봅시다. 다음 예제에서 getValue 함수는 인수로 전달한 첫 번째 매개변수인 value가 null 또는 undefined이면 ""(빈 문자열)를 반환하고, 그렇지 않으면 value를 반환하는 함수입니다.

```
function getValue(value) {
    if(value === null || value === undefined) {
        return "";
    }

    return value;
}

getValue(); // ""
getValue(null); // ""
getValue(undefined); // ""
getValue(0); // 0
```

동일한 기능을 하는 함수를 null 병합 연산자를 사용하면 코드를 더 단축할 수 있습니다.

```
function getValue(value) {
 return value ?? ""; // value가 null 또는 undefined일 경우 "" 반환, 그렇지 않을 경
 우 value 반환
}
```

다이나믹 import

그동안 자바스크립트에서 사용하던 일반적인 import/export는 모두 정적인 방법입니다. 즉,
사용자 런타임 시 해당 모듈을 실제로 사용하든 사용하지 않든 무조건 가져온다는 것입니다.
이와 같은 정적인 방법은 가져오는 모든 모듈을 코드 최상단에 모아서 작성하기 때문에 코드
구조가 간단하고 가독성이 높지만, 런타임 시 가져온 모듈을 사용하지 않으면 결국 자원 낭비
로 이어집니다.

다이나믹 import는 모듈이 필요한 시점에 동적으로 모듈을 가져오기 때문에 런타임 시 실제
로 사용하는 모듈만 가져옴으로써 초기 렌더링 속도나 자원 요청 낭비를 막을 수 있습니다.
import(모듈 경로)는 요청한 모듈이 내보내는 것을 모두 포함한 객체를 담은 Promise를 반
환합니다.

```
if (조건을 만족하는 경우) {
 import("./modules/my-module.js").then(({ sum }) => {
    console.log(sum(2, 7));
```

```
  });
 }
```

다음과 같이 `async`, `await`를 사용해서 동적으로 모듈을 가져올 수도 있습니다.

```
(async () => {
 if (조건을 만족하는 경우) {
  const { sum } = await import("./modules/my-module.js");
  console.log(sum(2, 7));
 }
})();
```

5.3 64비트 부동소수점

자바스크립트는 숫자형 원시 값을 저장하기 위해 64비트 부동소수점을 사용합니다. 조금 어려운 개념이지만 자바스크립트를 제대로 사용하기 위해서는 반드시 이해해야 합니다.

다음 예제를 실행하면 연산에 대한 결과가 예상과 전혀 다르게 출력됩니다.

```
let x = 0.1 + 0.2;   // x에 할당된 실제 값은 0.3이 아니고 0.30000000000000004가 됨
```

자바스크립트는 암산으로도 가능한 `0.2 + 0.1`과 같은 쉬운 연산을 `0.3`이 아닌 `0.300000000000` `00004`의 결과로 출력합니다. 왜 이런 결과를 출력하는지 알아보겠습니다.

자바스크립트 64비트 부동소수점은 양수(0)인지 음수(1)인지를 나타내는 부호 비트가 1비트, 지수부 11비트, 가수부 52비트 이렇게 총 64비트를 사용하여 숫자형 원시 값을 저장합니다.

부호비트(1)　지수부(11)　　　　　　　　　가수부(52)

그림 5-3 64비트 부동소수점

컴퓨터는 모든 데이터를 2진법으로 저장합니다. 우선 0.1을 2진수로 변환하기 위해 toString
() 함수를 사용합니다. toString() 함수에 인수로 2를 넣으면 2진수로 변환합니다.

```
console.log((0.1).toString(2));
//0.0001100110011001100110011001100110011001100110011001101
```

0.1을 2진수를 변환하면 '0.0001100110011001100110011001100110011001100110011001
1001101'입니다. 64비트 부동소수점으로 변환하기 위해서 1이 나올 때까지 왼쪽 혹은 오른쪽
으로 소수점을 옮겨야 합니다.

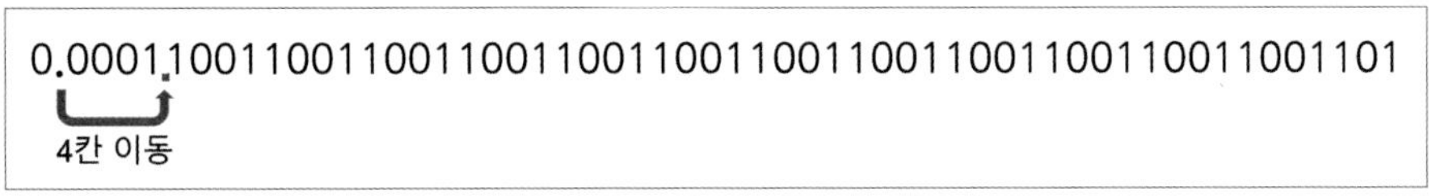

그림 5-4 64비트 부동소수점 변환을 위한 소수점 이동

0.1의 2진수는 오른쪽으로 4칸 옮기면 '1.1001100110011001100110011001100110011001100
110011001101'이 됩니다. 이 값을 64비트 부동소수점으로 변환하면 다음과 같습니다.

- 부호 비트는 값이 양수이면 0이고 음수이면 1입니다. 여기서는 값이 양수이기 때문에 부호 비트 1비트에는 0
  이 저장됩니다.
- 지수부 11비트에 저장되는 값을 구하기 위한 수식은 $2^{(n-1)}-1+m$입니다. 여기서 n은 지수부의 총 비
  트수인 11이고, m은 [그림 5-4]에서 이동한 칸 수입니다. 왼쪽으로 이동했으면 양수 값이고 오른쪽으
  로 이동했으면 음수 값입니다. 여기서는 오른쪽으로 4칸 이동했으므로 m은 -4입니다. 수식에 대입하면
  $2^{(11-1)}-1+(-4)$ = 1019입니다. 1019를 2진수로 변환하면 '1111111011'입니다. 지수부는 11
  비트인데 구한 값은 10자리입니다. 이런 경우 제일 앞에 0이 추가됩니다. 결과적으로 지수부 11비트에는
  '01111111011'이 저장됩니다.
- 가수부는 52비트를 차지합니다. 가수부는 1이 나올 때까지 소수점을 이동한 값인 '1.100110011001100
  110011001100110011001100110011001101'에서 소수점 이하 값만 사용합니다. 그러면 '1001
  1001100110011001100110011001100110011001101'이 됩니다. 가수부는 52비트인데
  구한 값은 51자리입니다. 이런 경우 제일 뒤에 0을 추가합니다. 결과적으로 가수부 52비트에는 '1001100
  110011001100110011001100110011001100110011010'이 저장됩니다.

이러한 원리로 0.1과 0.2는 64비트 부동소수점으로 다음과 같이 저장됩니다.

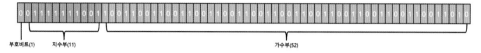

그림 5-5 0.1을 64비트 부동소점으로 나타낸 그림

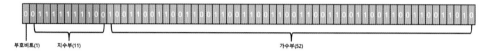

그림 5-6 0.2을 64비트 부동소점으로 나타낸 그림

그래서 0.1 + 0.2는 64비트 부동소수점으로 저장된 2진수를 더해서 결과를 출력합니다. 0.1 과 0.2에 대한 2진수를 더하면 '0.0100110011001100110011001100110011001100110011 0011001100111'이 되고 이 값을 64비트 부동소수점으로 저장하면 그 결과는 0.3이 아닌 '0.30000000000000004'가 되는 것입니다.

0.30000000000000004

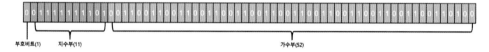

그림 5-7 0.1 + 0.2 값을 64비트 부동소점으로 나타낸 그림

자바스크립트는 숫자를 64비트 부동소수점으로 저장하기 때문에 예상과는 전혀 다른 결과가 발생할 수 있습니다. 하지만 대다수의 자바스크립트 개발자는 이런 연산 오류로 인해 어려움을 겪어보지 않았을 겁니다. 왜일까요? 실제 우리가 개발하는 애플리케이션에서 '0.30000000000000004'와 같이 소수점 17자리까지 보여줘야 하는 경우는 매우 드물기 때문입니다. 일반적으로 소수점 2자리 혹은 많아야 소수점 5자리 이내에서 반올림으로 처리하기 때문에 결국 0.3이라는 결과를 얻습니다.

자바스크립트의 이러한 연산 오류는 정말 특별한 프로그램을 개발하는 경우를 제외하고는 발생하지 않는다고 생각해도 됩니다. 하지만 소수점 이하 숫자를 다루는 프로그램을 개발할 때는 이러한 연산 오류가 치명적인 결과를 만들 수 있습니다. 예를 들어 블록체인 중 하나인 이더리움은 소수점을 18자리까지 사용합니다(0.000000000000000001 Ether = 1 Wei). 이렇게 숫자 값을 정밀하게 연산해야 하는 프로그램을 개발할 때는 bignumber.js[2]와 같은 오픈소스 라이브러리를 사용하는 것도 좋은 방법입니다.

5.4 자바스크립트 메모리 관리

웹사이트를 이용하다 보면 속도가 느려지거나 특정 버튼을 클릭한 뒤 무한 대기가 발생하기도 합니다. 이런 문제는 인터넷 네트워크 문제 때문일 수도 있지만 웹 애플리케이션 메모리 관리 문제에 원인이 있기도 합니다.

일반적으로 성능이 서서히 낮아지는 '메모리 누수memory leak'나 메모리의 속도가 급격히 느려지는 '메모리 팽창memory bloat'은 메모리 관리가 제대로 되지 않았을 때 나타나는 현상입니다. 자바스크립트는 고수준 언어로 객체가 생성되는 시점에 자동으로 메모리를 할당하고, 쓸모없어졌을 때 자동으로 메모리를 해제(가비지 컬렉션garbage collection)합니다. 메모리를 할당하는 시점은 알 수 있지만, 쓸모없어졌다고 판단하고 자동으로 메모리를 해제하는 시점은 알기 어렵습니다.

5.4.1 메모리 할당

메모리 할당 시점

자바스크립트는 값을 선언할 때 자동으로 메모리를 할당합니다.

```
let num = 14; // 숫자형 데이터를 담기 위한 메모리 할당
let str = 'Jeremy'; // 문자열을 담기 위한 메모리 할당

let o = { // 객체와 그 객체에 포함된 값들을 담기 위한 메모리 할당
 n1: 1,
 n2: 3
};
```

---

2 https://mikemcl.github.io/bignumber.js

```
let a = [1, 3, 5]; // 배열과 배열에 담긴 값들을 위한 메모리 할당

function sum(n1, n2) { // 함수를 위한 메모리 할당(함수는 호출 가능한 객체)
 return n1 + n2;
}
```

함수를 호출하면 메모리 할당이 일어나기도 합니다. 자바스크립트 내장 객체의 함수 호출을 통해 새로운 값이나 새로운 객체를 위해 메모리 할당이 일어납니다.

```
let d = new Date(); // Date 객체를 위해 메모리를 할당
```

다음 예제는 자바스크립트 String 객체의 내장 함수인 substring()을 이용해서 문자열 내특정 문자열을 가져오는 코드입니다. 이때 새로운 문자열이 메모리에 할당되는 것이 아니라 substring() 함수로 지정한 문자열 범위만 메모리에 저장됩니다. 자바스크립트에서 문자열 string은 불변하는immutable 값이기 때문에 새롭게 메모리에 할당하지 않고 단순히 [6,12] 범위만 저장합니다.

```
let str = 'Hello Jeremy';
let str2 = str.substring(6, 12); // str2는 새로운 문자열
```

다음 예제는 새로운 배열 객체를 메모리에 할당합니다.

```
let arr = ['Won', 'Hyeok'];
let arr2 = ['Seo', 'Sol'];
let arr3 = arr.concat(arr2); // arr과 arr2를 이어 붙여, 4개의 원소를 가진 새로운
배열
```

콜 스택

콜 스택call stack은 정적 메모리 할당 시 사용합니다. 자바스크립트에서 배열, 객체, Map, Set 같은 객체는 저장되는 데이터가 가변적입니다. 하지만 문자열string, 숫자형number, 불리언boolean, undefined, null 같은 데이터는 데이터의 크기가 유한finite하고 정적static이기 때문에 스택 메모리에 저장됩니다.

메모리 힙

힙^{heap}은 동적 메모리 할당에 사용하며 실제 데이터가 저장되는 위치에 대한 참조(포인터)를 저장합니다. 스택에 비해 데이터를 처리하고 접근하는 속도는 느리지만, 더 큰 용량의 데이터를 저장할 수 있습니다. 자바스크립트에서 배열, 객체, `Map`, `Set` 과 같은 객체는 저장되는 데이터를 동적으로 변경 가능하기 때문에 사용하는 시점에 데이터 저장 공간이 얼마나 필요한지 알 수 없습니다. 그래서 실제로 데이터가 저장되는 메모리 공간과 이 위치를 알 수 있는 참조 값을 저장하는 메모리 공간을 사용합니다. 결국 변수에 배열, 객체가 할당되면 그 변수는 실제 데이터가 저장된 메모리 블록 주소에 대한 참조 값을 메모리에 저장합니다. 특히 메모리 힙^{memory} ^{heap}을 사용한 후 더 이상 메모리를 사용하지 않으면 개발자가 직접 해제해야 메모리를 효율적으로 관리할 수 있습니다. 자바스크립트에서는 메모리 힙을 사용하는 변수에 `null`을 할당하면 메모리가 해제됩니다.

콜 스택과 메모리 힙 데이터 저장 구조

[그림 5-8]은 변수에 원시 타입과 참조 타입을 할당할 때 메모리에 어떻게 저장되는지를 보여줍니다.

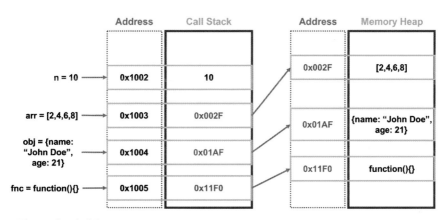

그림 5-8 메모리 저장

숫자형, 문자형, 불리언, `undefined`, `null`과 같은 원시 타입이 변수에 할당되면 콜 스택 메모리 블록에 그 값이 저장됩니다. 배열과 객체처럼 가변 데이터를 갖는 참조 타입은 실제 값은 메모리 힙에 저장되고 콜 스택은 실제 값이 저장된 메모리 힙 블록의 주소가 저장됩니다.

- **n = 10**: 콜 스택 메모리 블록에 값 10이 저장
- **arr = [2, 4, 6, 8]**: 메모리 힙 블록에 배열 값 [2, 4, 6, 8]이 저장되고, 값이 저장된 메모리 힙 블록 주소를 콜 스택 블록에 저장. 즉, 콜 스택 블록에는 실제 배열 값이 저장되어 있는 메모리 힙 블록 주소를 저장하고 있음
- **obj = {name: "John Doe", age: 21}**: 메모리 힙 블록에 값 {name: "John Doe", age: 21}이 저장되고, 값이 저장된 메모리 힙 블록 주소를 콜 스택 블록에 저장. 즉, 콜 스택 블록에는 실제 객체 값이 저장되어 있는 메모리 힙 블록 주소를 저장하고 있음
- **fnc = function(){}**: 메모리 힙 블록에 함수 function(){}이 저장되고, 함수가 저장된 메모리 힙 블록 주소를 콜 스택 블록에 저장. 즉, 콜 스택 블록에는 실제 함수가 저장되어 있는 메모리 힙 블록 주소를 저장하고 있음

[그림 5-9]는 숫자와 같은 원시 타입 데이터를 변수에 할당할 때 스택 메모리에 어떻게 저장되는지를 보여줍니다.

1 변수 n1에 10을 할당하고 변수 n2에 40을 할당하면 각각 새로운 콜 스택 블록에 저장됨
2 변수 n1에 20을 재할당하면, 10이 저장되었던 콜 스택을 10으로 변경하는 것이 아니라 새로운 콜 스택 블록에 저장됨
3 이 경우 제일 처음 변수 n1에 10을 저장하기 위해서 사용했던 콜 스택 블록은 더 이상 참조되지 않기 때문에 가비지 컬렉터에 의해 해제 대상이 됨

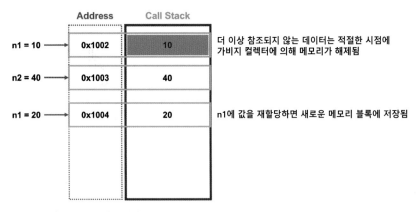

그림 5-9 원시 타입 데이터 저장

여기서 변수 n1에 40을 재할당하면, 이미 변수 n2에 40이 할당되어서 콜 스택 블록에 저장되어 있기 때문에 n1 = 40을 새로운 콜 스택 블록에 저장하는 것이 아니라 [그림 5-10]과 같이 이미 40이 저장되어 있는 블록을 가리킵니다.

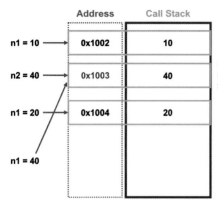

n1 = 10

n2 = 40

n1 = 20

n1 = 40

이미 40이란 값을 가진 메모리 블록이 있다면,
메모리가 새롭게 할당되는 것이 아니라
해당 값의 동일한 주소를 갖게 됨

그림 5-10 원시 타입 데이터 재할당

[그림 5-11]은 가변 타입 데이터가 메모리에 어떻게 저장되는지 보여줍니다.

1 arr에 배열 [2, 4, 6, 8]을 할당하면 메모리 힙 블록에 배열 데이터가 저장되고, 콜 스택 블록에는 배열 데이터가 저장되어 있는 메모리 힙 블록에 대한 주소를 저장합니다. 즉, 변수에 배열이나 객체를 할당하면 메모리 힙 블록 한 개와 콜 스택 블록 한 개를 사용합니다.

2 push( ) 함수를 사용해서 배열에 11를 추가하면 실제 배열 데이터가 저장되어 있는 메모리 힙 블록 값이 [2, 4, 6, 8, 11]로 변경되고, 메모리 힙 블록을 참조하고 있는 콜 스택 블록은 변경되지 않습니다.

그래서 배열이나 객체 값을 갖는 변수의 경우, const 변수 선언자를 사용해서 선언해도 요소 추가와 요소 변경과 같은 메모리 힙에만 변경이 일어나는 코드가 가능합니다. 신입 개발자가 빈번하게 실수하는 코드 중 하나가 const 선언자를 사용해서 선언한 배열이나 객체는 변경이 불가능할 것이라고 생각하는 것입니다. 즉, const 선언자를 사용해서 선언한 변수는 콜 스택 변경이 불가능하다고 생각하면 됩니다.

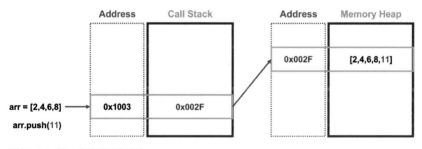

그림 5-11 참조 타입 데이터 변경

[그림 5-12]는 배열을 복사할 때 메모리에 어떻게 저장되는지 보여줍니다.

1 변수 arr에 배열 [2, 4, 6, 8]을 할당합니다.

2 메모리 힙 블록에 배열 [2, 4, 6, 8]이 저장되고, 콜 스택 블록에는 메모리 힙 블록 주소가 저장됩니다.

3 변수 arr2에 변수 arr를 할당합니다.

4 변수 arr2는 새롭게 메모리 힙 블록에 변수 arr이 갖고 있는 배열 [2, 4, 6, 8]을 저장하는 것이 아니라, 새로운 콜 스택 블록에 이미 변수 arr을 통해서 배열 [2, 4, 6, 8]이 저장된 메모리 힙 주소를 저장합니다. 즉, 변수 arr과 arr2는 모두 같은 메모리 힙 블록을 참조합니다.

5 변수 arr2에 push() 함수를 사용해서 새로운 요소 11를 추가하면, 배열 [2, 4, 6, 8]이 저장되어 있는 메모리 힙 블록의 내용을 수정해서 [2, 4, 6, 8, 11]이 됩니다.

6 변수 arr과 arr2 모두 동일한 메모리 힙 블록을 참조하고 있으므로 arr2.push(11)을 통해 배열 요소를 추가하면, 변수 arr 읽었을 때 배열에 11이 추가되었음을 확인할 수 있습니다.

만약 개발자가 배열을 복사해서 기존 변수 arr 배열 값은 그대로 두고 새롭게 선언한 arr2로 요소를 추가해서 사용하고자 했다면, arr과 arr2 모두 같은 메모리 힙 블록을 참조하고 있기 때문에 기존 의도와 다른 결과가 나옵니다. 이렇게 같은 메모리 힙을 참조하도록 복사되는 것을 '얕은 복사'라고도 합니다. 자바스크립트를 구현할 때 가장 많이 하는 실수입니다.

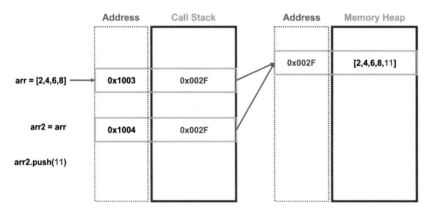

그림 5-12 참조 타입 얕은 복사

이미 선언된 변수인 arr를 복사하고 새롭게 선언한 arr2를 사용해서 요소를 추가하는 등 변경하려면 '깊은 복사'를 해야 합니다. 깊은 복사는 배열과 같은 가변 데이터가 동일한 메모리 힙 블록을 참조하는 것이 아니라 새로운 메모리 힙 블록으로 저장하는 것입니다.

[그림 5-13]에서 변수 arr2에 기존 arr 배열을 할당할 때 [...arr]과 같이 배열 분해 기법을 사용하면 깊은 복사가 됩니다. 배열 분해를 사용하면 arr 배열의 모든 요소를 분해해서 가져온 후 변수 arr2 배열의 요소로 저장합니다. 이렇게 새로운 메모리 힙 블록에 [2, 4, 6, 8]을 저장하고, push( ) 함수를 통해 요소를 추가하면 해당 메모리 힙 블록의 데이터가 업데이트됩니다.

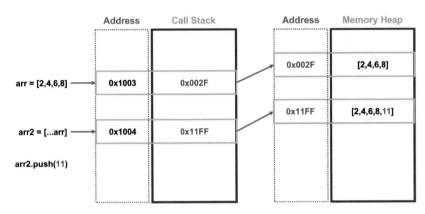

그림 5-13 참조 타입 깊은 복사

[그림 5-14]와 같이 선언된 변수에 배열 전체를 재할당하면 새로운 메모리 힙 블록에 배열이 저장되고, 새로운 콜 스택 블록에 메모리 힙 주소가 저장됩니다. 그렇기 때문에 변수 선언자 const를 사용해서 배열을 선언하는 경우 배열 요소를 변경하는 것은 가능하고, [그림 5-14]와 같이 새롭게 배열을 재할당하는 것은 불가능합니다.

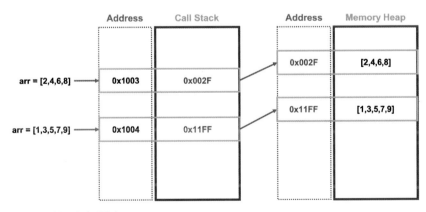

그림 5-14 참조 타입 재할당

5.4.2 메모리 해제

저수준 언어에서는 메모리가 필요 없어질 때를 개발자가 직접 결정해야 하고, 할당된 메모리를 직접 해제해야 합니다. 하지만 자바스크립트 같은 고수준 언어는 가비지 컬렉션(GC)이라는 자동 메모리 관리 방법을 사용합니다. 가비지 컬렉션은 메모리 할당을 추적하고, 할당된 메모리 블록이 더 이상 필요하지 않는지 판단하고, 메모리를 회수합니다. 가비지 컬렉션은 메모리를 더 이상 사용하지 않는지를 스스로 판단하기 때문에 알고리즘마다 작동 방식에 차이가 있습니다.

2012년 기준으로 모든 최신 브라우저는 가비지 컬렉션으로 마크 앤 스윕^{Mark and Sweep} 알고리즘을 사용합니다. 마크 앤 스윕은 'roots'라는 객체 집합을 가지고 있습니다. 자바스크립트에서는 'window' 같은 전역 객체, 전역 변수가 root에 해당합니다. 가비지 컬렉터는 주기적으로 root 부터 시작해서 root가 참조하는 객체를 표시^{mark}합니다. 즉, root에서 접근이 가능하면 가비지가 아니라고 판단합니다. 표시되지 않은 객체가 가비지 컬렉션 대상이 되고 메모리가 반환^{sweep} 됩니다.

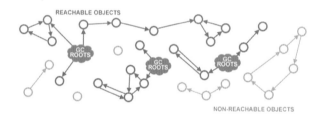

그림 5-15 마크 앤 스윕[3]

  1 가비지 컬렉터는 'root(루트)' 정보를 수집하고 이를 'mark(표시)'합니다.

  2 root가 참조하는 모든 객체를 방문하고 이를 'mark'합니다.

  3 마크된 모든 객체에 방문하고 그 객체가 참조하는 객체도 마크합니다. 한 번 방문한 객체는 전부 마크하기 때문에 같은 객체를 다시 방문하지 않습니다.

  4 root에서 도달이 가능한 모든 객체를 방문할 때까지 앞선 과정을 반복합니다.

  5 마크되지 않은 모든 객체를 메모리에서 삭제합니다.

---

3 https://plumbr.io/handbook/garbage-collection-algorithms

5.5 코딩 컨벤션

코딩 컨벤션은 코드를 쉽게 관리하고 읽기 편하게 작성하기 위한 일종의 코딩 스타일 규약입니다. 개발자는 읽기 쉬운 코드를 작성해야 합니다. 그리고 팀 작업 시 모든 팀원이 같은 코딩 규칙을 준수해야 합니다. 코드를 작성하는 스타일 규칙을 정하고, 공동 작업하는 모든 개발자가 동일한 코딩 규칙을 준수하기 위해 코딩 컨벤션이 필요합니다. 다음 코드에서 볼 수 있는 코딩 규칙은 다음과 같습니다.

```
                    함수 이름과 괄호    매개변수 사이    매개변수와 중괄호
                    사이 공백 없음     공백 한 칸      사이 공백 한 칸

                function sum(param1, param2) {
공백 두 칸 들여쓰기 ──▶    let result = param1; ◀── 구문 마지막 세미콜론
                          ↕ 한 줄 띄어쓰기
                    return result;
                }
                ↕ 한 줄 띄어쓰기
                const sum1 = sum(1, 2);
                const sum2 = sum(3, 4);
                ↕ 한 줄 띄어쓰기      ──  조건절과 중괄호 사이 공백 한 칸
                if (sum1 > sum2) {
if와 조건절 사이 공백 한 칸       console.log("Sum1 is bigger than Sum2");
                } else {
                    console.log("Sum2 is bigger than Sum1");
                }
```

그림 5-16 코딩 컨벤션

5.5.1 들여쓰기와 띄어쓰기

들여쓰기는 함수 코드 블록 또는 조건문 코드 블록 안의 코드를 작성할 때 사용합니다. 한 줄 띄어쓰기는 함수, 조건문, 반복문, 변수 선언 등과 같은 논리 블록 사이에 사용합니다.

일반적으로 들여쓰기는 공백 두 칸 혹은 네 칸을 사용합니다. 들여쓰기는 키보드에서 Space
키를 사용하는 방법과 Tab 키를 사용하는 방법이 있습니다. 비주얼 스튜디오 코드와 같은
IDE에서는 Tab 키를 눌렀을 때 두 칸을 들여쓸지 네 칸을 들여쓸지 설정할 수 있습니다.

5.5.2 세미콜론

구문 마지막에 세미콜론(;)을 추가합니다. 자바스크립트 코드를 작성할 때 세미콜론은 반드시
구문 마지막에 작성하는 것이 필수이지만, 대표적인 코딩 컨벤션 가이드인 StandardJS에서는
구문 마지막에 세미콜론을 사용하지 않습니다. 그래서 최근에는 구문 마지막에 세미콜론을 사
용하지 않는 개발자도 있습니다. 세미콜론 사용 여부는 개발자의 선택이지만, 필수로 사용하는
습관을 갖는 것이 좋습니다.

자바스크립트 엔진은 세미콜론을 사용하지 않아도 줄 바꿈을 하면 대부분 자동으로 문장이 끝
났다고 간주하며, 이를 자동 세미콜론 삽입$^{automatic\ semicolon\ insertion}$(ASI)이라고 합니다. 그러나 자
동 세미콜론 삽입은 항상 완벽하게 동작하지는 않고, 다음과 같이 세미콜론을 생략하면 예기치
않은 오류가 발생할 수 있습니다.

```javascript
function example() {
  let a = 3
  let b = 5
  let c = a + b
  [1, 2, 3].forEach((n) => console.log(n))
  // 세미콜론이 없는 c와 그 아래 문장을 하나로 인식해서 오류가 발생
  // let c = a + b[1, 2, 3].forEach((n) => console.log(n));
}
```

여기서 오류가 발생하는 이유는 자바스크립트에서는 대괄호 [1, 2, 3] 앞에 세미콜론이 자동
으로 삽입되지 않기 때문입니다. 이런 코드가 흔하지는 않지만 언제 이런 상황이 발생할지 모
르기 때문에 세미콜론을 사용하는 것이 안전합니다.

5.5.3 중괄호

중괄호는 함수, 조건문, 반복문 등에 사용합니다. 일반적으로 여는 중괄호({)는 같은 줄에 작
성하고 앞에 공백을 한 칸 사용합니다. 닫는 중괄호(})는 다음 줄에 작성합니다.

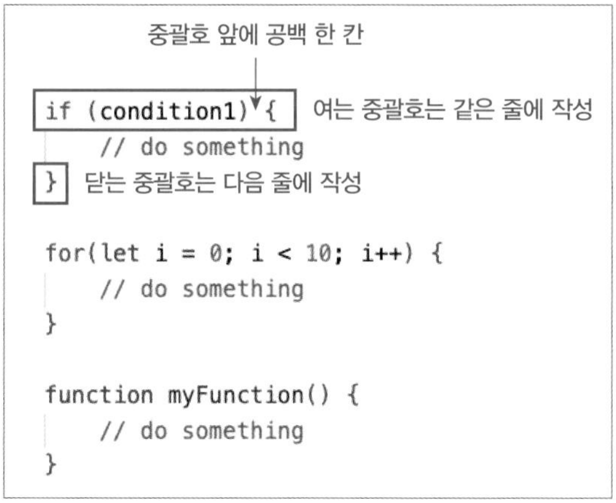

```
중괄호 앞에 공백 한 칸

if (condition1) {        여는 중괄호는 같은 줄에 작성
    // do something
}  닫는 중괄호는 다음 줄에 작성

for(let i = 0; i < 10; i++) {
    // do something
}

function myFunction() {
    // do something
}
```

그림 5-17 중괄호

5.5.4 문자열

문자열을 표현할 때 큰따옴표(") 또는 작은따옴표(') 둘 다 사용할 수 있지만, 동일한 프로젝트 내 여러 명의 개발자가 작성하더라도 큰따옴표 또는 작은따옴표 둘 중 하나로 통일하는 것을 권장합니다.

5.5.5 한 줄 길이

한 줄에 많은 분량의 코드를 작성하면 코드를 모두 읽기 위해 화면을 옆으로 넘겨야 합니다. 그래서 한 줄에 몇 개의 문자까지 작성할 것인지 제한을 둘 수 있습니다.

비주얼 스튜디오 코드의 확장 프로그램 'Prettier - Code formatter'와 같이 코딩 스타일 규칙을 자동으로 완성해주는 보조 프로그램이 있습니다. 이러한 확장 프로그램을 사용하면 들여쓰기, 띄어쓰기, 세미콜론, 중괄호, 문자열, 한 줄 길이 등 코드를 작성하고 저장할 때마다 정해진 코딩 규칙에 맞게 자동으로 변경해줘서 동일한 코딩 규칙을 쉽게 적용할 수 있습니다.

5.5.6 ESLint

소스 코드를 분석하여 프로그램 오류, 버그, 스타일 오류, 의심스러운 구조체를 탐색하는 작업을 린트[lint]라고 하며, 이러한 작업을 도와주는 도구를 린터[linter]라고 합니다. 자바스크립트는 컴파일 과정이 없는 인터프리터 언어이기 때문에 코딩할 때 미처 발견하지 못한 대다수의 오류를 런타임 시 발견하게 됩니다. 이런 특성이 디버깅하는 데 어려움을 호소하는 이유이기도 합니다. 따라서 린터를 사용해서 코딩할 때 오류를 최대한 잡는 것이 중요합니다.

대표적인 린터에는 JSLint, JSHint, ESLint가 있습니다. 이 책에서는 최근 넷플릭스, 에어비앤비 등 글로벌 테크 기업이 가장 많이 사용하는 ESLint를 다룹니다. ESLint는 미리 정의된[built-in rule] 코딩 컨벤션에 위배되는 코드나 안티패턴[anti-pattern]을 자동 검출하는 도구입니다. 정의된 규칙은 개발자가 직접 자신의 스타일에 맞게 재정의해서 사용할 수 있습니다.

ESLint 설치하기

ESLint를 설치하기에 앞서 반드시 Node.js가 설치되어 있어야 합니다. Node.js 설치는 9.2장을 참조하세요.

프로젝트 폴더를 만들고 터미널에서 해당 폴더로 이동합니다.

```
$ cd <프로젝트 폴더>
```

다음 명령어를 통해 `package.json` 파일을 생성합니다.

```
$ npm init -y
```

ESlint를 설치합니다.

```
$ npm install -D eslint
```

설치가 끝나면 node_modules 디렉터리 안에 ESlint 관련 파일이 생성됩니다. ESLint 설정 파일을 자동으로 작성하기 위해서는 터미널에서 다음 명령어를 실행합니다.

```
$ npm init @eslint/config
```

[그림 5-18]과 같이 ESLint를 어떻게 사용할지 선택하는 옵션이 나타납니다. 이 책에서는 마지막 옵션인 'To check syntax, find problems, and enforce code style'을 선택하겠습니다. 이 옵션은 구문을 검사하고, 문제를 발견하고, 코드 스타일을 강제로 맞추도록 합니다.

```
? How would you like to use ESLint? …
  To check syntax only
  To check syntax and find problems
> To check syntax, find problems, and enforce code style
```

그림 5-18 ESLint 사용 옵션

다음은 [그림 5-19]와 같이 프로젝트에서 사용하는 모듈 타입을 선택합니다. 이 책에서는 'JavaScript modules (import/export)'을 선택하겠습니다.

```
? What type of modules does your project use? …
> JavaScript modules (import/export)
  CommonJS (require/exports)
  None of these
```

그림 5-19 모듈 타입 선택

다음은 [그림 5-20]과 같이 어떤 프레임워크에서 사용할지 선택합니다. 책에서는 'None of these'을 선택합니다.

```
? Which framework does your project use? …
  React
  Vue.js
> None of these
```

그림 5-20 프레임워크 선택

다음은 프로젝트에서 타입스크립트 사용하는지를 선택합니다. 책에서는 'No'를 선택합니다.

```
? Does your project use TypeScript? › No / Yes
```

그림 5-21 타입스크립트 사용 여부 선택

다음은 코드 실행 환경을 선택합니다. 책에서는 'Node'를 선택합니다. 2가지 옵션인 Browser와 Node 모두 선택이 가능합니다. 선택하려는 옵션에서 space 키를 누르면 활성화됩니다.

```
? Where does your code run? …
✓ Browser
✓ Node
```

그림 5-22 코드 실행 환경 선택

다음은 코드 스타일을 정의합니다. 이미 정의된 인기 있는 스타일 가이드를 사용할 수 있고, 원한다면 스타일 가이드를 하나씩 입력해서 작성할 수 있습니다. 책에서는 'Use a popular style guide'를 선택합니다.

```
? How would you like to define a style for your project? …
> Use a popular style guide
  Answer questions about your style
```

그림 5-23 스타일 가이드 선택

다음은 인기 있는 여러 스타일 가이드입니다. 책에서는 'Standard'를 선택합니다.

```
? Which style guide do you want to follow? …
  Airbnb: https://github.com/airbnb/javascript
> Standard: https://github.com/standard/standard
  Google: https://github.com/google/eslint-config-google
  XO: https://github.com/xojs/eslint-config-xo
```

그림 5-24 인기 있는 스타일 가이드 중 선택

다음은 ESLint의 설정 파일 형식을 선택합니다. 책에서는 'JavaScript'를 선택합니다.

```
? What format do you want your config file to be in? …
> JavaScript
  YAML
  JSON
```

그림 5-25 ESLint 설정 파일 형식 선택

다음과 같이 앞서 선택한 옵션을 기준으로 설치할지 결정합니다. 'Yes'를 선택합니다.

```
eslint-config-standard@latest eslint@^8.0.1 eslint-plugin-import@^2.25.2 eslint-plugin-n@^15.0.0
 eslint-plugin-promise@^6.0.0
? Would you like to install them now? › No / Yes
```

그림 5-26 ESLint 설치

다음은 패키지 매니저로 무엇을 사용할지 결정합니다. 책에서는 'npm'을 선택합니다.

```
? Which package manager do you want to use? …
> npm
  yarn
  pnpm
```

그림 5-27 패키지 매니저 선택

이제 ESLint가 설치되고, 다음과 같은 내용을 담은 .eslintrc.js 파일이 생성됩니다.

```
module.exports = {
  env: {
    es2021: true,
    node: true
  },
  extends: 'standard',
  overrides: [
  ],
  parserOptions: {
    ecmaVersion: 'latest',
    sourceType: 'module'
  },
  rules: {
  }
}
```

ESLint 사용하기

index.js 파일을 생성하고 다음과 같은 코드를 작성해보세요.

```
var str = "foo";
```

코드를 작성하는 순간 코드에 오류 밑줄이 보이고, 마우스를 가져다 놓으면 [그림 5-28]과 같이 오류에 대한 정보를 볼 수 있습니다.

```
1   var str = "foo"; 🔧
    Unexpected var, use let or const instead. eslint(no-var)

    Strings must use singlequote. eslint(quotes)

    View Problem (⌥F8)    Quick Fix... (⌘.)
```

그림 5-28 ESLint에서 보여주는 오류 정보

작성된 코드의 가장 오른쪽에 보이는 풍선 모양 아이콘을 클릭하면 [그림 5-29]와 같이 ESLint에서 설정한 코드 스타일 가이드와 맞지 않는 코드를 고칠 수 있는 메뉴 또는 해당 코딩 스타일 가이드를 비활성화할 수 있는 메뉴 [Quick Fix]를 확인할 수 있습니다.

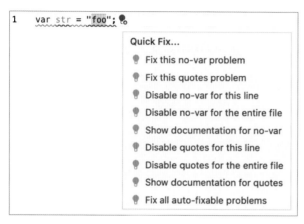

그림 5-29 Quick Fix 메뉴

[Quick Fix] 메뉴에서 'Fix this no-var problem'을 선택하면 다음과 같이 변수 선언자가 'var'에서 'let'으로 변경됩니다.

```
let str = "foo";
```

다음 'Fix this semi problem'을 선택하면 문장의 가장 마지막 세미콜론(;)이 삭제됩니다.

```
let str = "foo"
```

다음 'Fix this quotes problem'을 선택하면 문자열을 감싸는 큰따옴표가 작은따옴표로 바뀝니다.

```
let str = 'foo'
```

이 모든 과정은 [Fix all auto-fixable problems] 메뉴를 선택해서 한 번에 자동으로 적용할 수 있습니다.

다음과 같이 터미널 명령어를 통해서 [그림 5-30]과 같이 파일 전체에 대한 스타일 규칙을 점검할 수 있습니다.

```
$ node_modules/.bin/eslint 파일명
```

```
⊗ seungwongo@Seungwonui-MacBookPro eslint-project % node_modules/.bin/eslint index.js

  /Users/seungwongo/Documents/Project/test/eslint-project/index.js
    1:1   warning  Unexpected var, use let or const instead  no-var
    1:5   error    'str' is assigned a value but never used  no-unused-vars
    1:11  error    Strings must use singlequote              quotes
    1:16  error    Extra semicolon                           semi

  ✗ 4 problems (3 errors, 1 warning)
    2 errors and 1 warning potentially fixable with the `--fix` option.
```

그림 5-30 파일 전체 코드에 대해서 ESLint 스타일 규칙 점검

--fix 옵션을 사용하면 정의된 스타일 규칙에 맞도록 자동으로 수정됩니다.

```
$ node_modules/.bin/eslint 파일명 --fix
```

ESLint 규칙 적용하기

rules는 코딩 규칙에 대한 정의를 키와 값 쌍으로 정의합니다. 값은 배열을 사용하고, 첫 번째 요소에는 다음 3가지 중 하나를 사용합니다.

- error: 해당 규칙에 맞지 않으면 오류로 취급합니다.
- warn: 해당 규칙에 맞지 않으면 경고로 취급합니다.
- off: 해당 규칙을 사용하지 않습니다.

두 번째 요소에는 옵션을 정의합니다. 옵션은 rules의 각 항목에 따라 달라집니다.

```
rules: {
    indent: ['error', 2],
    quotes: ['error', 'single'],
    'comma-spacing': ['error', { before: false, after: true }],
    'spaced-comment': ['error', 'always']
}
```

주로 많이 사용하는 rules 항목(키)은 다음과 같습니다.

- indent: 들여쓰기 공백 수
- semi: 문장 끝에 세미콜론(;) 사용 여부
- quotes: 문자열은 큰따옴표를 사용할지 작은따옴표를 사용할지 결정
- space-before-blocks: 블록 앞에 공백 사용
- comma-spacing: 콤마(,) 앞에 공백 사용
- spaced-comment: 주석 '//' 또는 '/*' 다음에 공백 사용

그림 5-31 모든 rules 항목 보기

5.6 쿠키와 개인정보보호법

쿠키는 브라우저에 저장되는 작은 크기의 텍스트 파일입니다. 브라우저는 쿠키 외에도 로컬스토리지, 세션스토리지, IndexedDB 등 데이터를 저장할 수 있는 방법을 제공합니다.

쿠키는 클라이언트에서도 만들 수 있지만 주로 웹서버에 의해 만들어지고, HTTP 응답 헤더에 실어서 클라이언트로 전송한 후 브라우저에 저장됩니다. 쿠키는 사용자 인증과 같이 클라이언트를 식별하기 위한 용도로 가장 많이 사용하고, 사용자가 웹페이지 방문 시 방문 기록을 저장하는 용도로도 사용합니다.

[그림 5-32]와 같이 사이트별로 저장되는 쿠키 정보는 크롬 개발자 도구 [Application] → [Storage] → [Cookies] → [사이트 도메인 주소]를 클릭하면 확인할 수 있습니다.

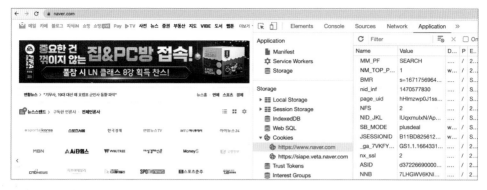

그림 5-32 네이버 방문 시 저장되는 쿠키 정보

브라우저에 저장된 쿠키는 document 객체의 cookie 속성을 통해 읽을 수 있습니다.

```
console.log(document.cookie);
// 쿠키_이름1=쿠키_값1; 쿠키_이름2=쿠키_값2; 쿠키_이름3=쿠키_값3;...
```

쿠키는 '쿠키_이름=쿠키_값' 쌍으로 되어 있고, 각 쌍은 세미콜론(;)으로 구분합니다. 쿠키는 쿠키_이름=쿠키_값 형태로 저장합니다. 다음 setCookie 함수는 매개변수로 key(쿠키_이름), value(쿠키_값), expireDate(쿠키 만료일)을 받고 쿠키를 저장합니다. 이렇게 쿠키 만료일을 설정하면 해당 날짜가 되었을 때 저장된 쿠키가 자동으로 삭제됩니다.

```
// 쿠키 저장 만료일 지정
function setCookie(name, value, expireDate) {
 document.cookie =
   name +
   "=" +
   encodeURIComponent(value) +
   "; path=/; expires=" +
   expireDate.toGMTString() +
   ";";
}
```

쿠키를 저장하는 시점을 기준으로 max-age를 사용해서 얼마 후에 삭제할지 정의할 수 있습니다. max-age는 초 단위로 지정되고, max-age=3600이면 저장된 시점부터 1시간 이후에 쿠키가 삭제됩니다.

```
// 쿠키 저장 만료 기간 지정
function setCookie(name, value, maxAge) {
  document.cookie =
    name +
    "=" +
    encodeURIComponent(value) +
    "; path=/; max-age=" +
    maxAge +
    ";";
}
```

특정 쿠키만 읽어오고 싶다면 다음과 같이 자바스크립트 정규식을 이용할 수 있습니다.

```
function getCookie(name) {
  let value = document.cookie.match("(^|;) ?" + name + "=([^;]*)(;|$)");
  return value ? value[2] : null;
}
```

쿠키를 삭제할 때는 만료 기간을 음수로 설정하면 됩니다. max-age=-1로 설정하면 자동으로
삭제됩니다.

```
function deleteCookie(name) {
  document.cookie = name + "= " + "; path=/; max-age=-1;";
}
```

최근에는 대부분의 웹사이트가 [그림 5-33]과 같이 사이트 방문자에게 쿠키 허용 관련 설정을
요청합니다.

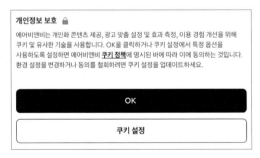

개인정보 보호 🔒

에어비앤비는 개인화 콘텐츠 제공, 광고 맞춤 설정 및 효과 측정, 이용 경험 개선을 위해
쿠키 및 유사한 기술을 사용합니다. OK을 클릭하거나 쿠키 설정에서 특정 옵션을
사용하도록 설정하면 에어비앤비 **쿠키 정책**에 명시된 바에 따라 이에 동의하는 것입니다.
환경 설정을 변경하거나 동의를 철회하려면 쿠키 설정을 업데이트하세요.

OK

쿠키 설정

그림 5-33 에어비앤비 쿠키 설정

이 절에서는 개인정보보호법과 관련해서 쿠키에 대해 설명하겠습니다. 유럽 연합(EU)은 2016년 개인정보보호법General Data Protection Regulation(GDPR)을 제정하여 2018년부터 시행하고 있습니다. GDPR의 주요 내용은 정보 주체의 권리와 기업의 책임성 강화이며 이를 위반 시 과징금을 부과합니다. 일반적 위반사항인 경우 전 세계 매출의 2% 혹은 1천 만 유로(약 125억 원) 중 높은 금액을 과징금으로 내야 하고, 중요한 위반사항인 경우 전 세계 매출액의 4% 혹은 2천 만 유로(약 250억 원) 중 높은 금액을 과징금으로 내야 합니다.

GDPR의 적용 범위는 다음과 같습니다.

- EU 내에 자회사/지사 등 사업장이 있는 경우
- EU 내에 사업장이 있지 않더라도 EU 내에 있는 개인(정보 주체)의 개인정보를 처리하는 경우

만약 여러분이 개발한 웹사이트가 유럽 연합 사용자의 정보를 수집하고 있고 GDPR을 위반했다면 여러분은 최소 125억 원 이상의 과징금을 내야 하고, 그에 따라 사업을 포기해야 하는 상황이 발생할 수도 있습니다. 이제 유럽 연합뿐 아니라 대부분의 국가에서도 개인정보보호법이 강화되고 있습니다. 여러분이 개발한 웹사이트에서 쿠키를 사용하고 있다면 사용자로부터 명시적인 허가를 받아야 하는 것이 GDPR의 중요 요건 중 하나입니다. GDPR 전문 30조에 다음과 같이 쿠키와 관련된 규정이 기록되어 있습니다.

개인은 본인이 사용하는 기기, 애플리케이션, 툴, 프로토콜을 통해 제공되는 인터넷 프로토콜 주소, 쿠키 식별자 또는 전파 식별 태그 등의 기타 식별자인 온라인 식별자와 연결될 수 있다. 이러한 정보는 개인에 대한 자취를 남길 수 있고, 특히 서버를 통해 수신되는 '고유 식별자unique identifier' 및 다른 정보와 결합되는 경우 해당 개인에 대한 프로파일을 생성하고 이들을 식별하는 데 사용될 수 있다.

GDPR 전문 30조

쿠키를 정보 저장 용도로만 사용하면 문제되지 않지만 사용자 인증을 통한 식별과 사용자 추적에 사용한다면 반드시 다음 사항을 준수해야 합니다.

1 쿠키를 사용하기 전, 사이트 사용자에게 반드시 동의를 얻어야 합니다. 이때 필수 쿠키와 선택적 쿠키 정보에 대해서 명확히 제시해야 합니다.

2 각 쿠키가 추적하는 데이터와 그 목적에 대해 정확하고 구체적인 정보를 제공해야 합니다. 그리고 사이트 사용자가 이해할 수 있는 언어로 제공해야 합니다. [그림 5-34]는 에어비앤비에서 제공하는 개인정보 처리 방침 중 쿠키 사용에 대한 내용의 일부입니다.

3 사용자로부터 받은 쿠키 동의 이력은 따로 저장해야 하고, 언제든지 쉽게 동의를 철회할 수 있어야 합니다.

4 사용자가 특정 쿠키 사용을 허용하지 않더라도 해당 쿠키가 필요하지 않은 서비스는 사용이 가능하도록 구현해야 합니다.

에어비앤비 쿠키 정책

에어비앤비는 에어비앤비 플랫폼을 제공, 보호 및 개선하기 위해 쿠키, 모바일 식별자, 추적 URL, 로그 데이터 및 이와 유사한 기술을 사용합니다. 본 쿠키 정책(이하 '**정책**')은 에어비앤비 개인정보 처리방침을 보완하며, 당사가 이러한 기술을 사용하는 방법과 이유 및 사용자의 옵션에 대해 설명합니다.

에어비앤비가 이러한 기술을 사용하는 이유

당사는 다음과 같은 여러 목적으로 이러한 기술을 사용합니다.

- 사용자가 에어비앤비 플랫폼 및 결제 서비스를 이용하고 액세스할 수 있도록 허용
- 에어비앤비 플랫폼의 기능과 사용자 액세스의 허용, 촉진 및 간소화
- 사용자가 에어비앤비 플랫폼을 통해 탐색하고 상호작용하는 방법을 이해하고 에어비앤비 플랫폼을 개선
- 사용자에게 맞춤형 광고 제공(예: 에어비앤비 플랫폼, 이메일 및 제3자 웹사이트에서)
- 사용자에게 더 관련성 높은 콘텐츠(예: 광고)를 표시
- 에어비앤비 플랫폼 및 에어비앤비 광고의 수행, 운영 및 효과를 모니터링 및 분석
- 에어비앤비 플랫폼 사용을 관장하는 법적 계약의 이행
- 사기 탐지 및 예방, 신뢰와 안전 그리고 조사
- 고객 지원, 분석, 연구, 제품 개발 및 규제 준수 목적

쿠키

당사는 에어비앤비 플랫폼을 방문하는 사용자의 기기에 쿠키를 설치할 수 있습니다. 쿠키는 웹사이트에서 사용자의 컴퓨터나 다른 인터넷 연결 기기로 전송되어 사용자의 브라우저를 고유하게 식별하거나 브라우저에 정보나 설정을 저장하는 작은 텍스트 파일입니다. 쿠키를 통해 당사는 에어비앤비 플랫폼에 재방문하는 사용자를 인식할 수 있습니다. 또한 쿠키를 이용해 사용자 맞춤 경험을 제공하고 특정 유형의 사기를 감지할 수 있습니다. 대부분의 경우, 쿠키와 기타 도구를 사용하여 당사가 수집하는 정보는 개인정보를 참조하지 않고 개인을 식별할 수 없는 방식으로 사용됩니다. 예컨대, 당사는 웹사이트 트래픽 패턴을 보다 잘 이해하고 웹사이트 경험을 최적화하기 위해 수집한 정보를 이용할 수 있습니다. 에어비앤비는 경우에 따라 쿠키와 기타 기술을 사용하여 수집한 정보를 사용자의 개인정보와 연결 짓습니다. 또한, 당사의 비즈니스 파트너가 당사를 대신해 사용자 행동 추적을 위해 에어비앤비 플랫폼에서 이러한 추적 기술을 사용하거나 타사에 의뢰할 수 있습니다.

에어비앤비 플랫폼에서는 (1) '세션 쿠키'와 (2) '영구 쿠키'라는 두 가지 유형의 쿠키를 사용합니다. 세션 쿠키는 일반적으로 브라우저를 닫을 때 만료되지만, 영구 쿠키는 브라우저를 닫은 후에도 기기에 남아 있으며, 다음에 사용자가 에어비앤비 플랫폼에 액세스할 때 다시 사용될 수 있습니다.

대부분의 경우, 사용자는 쿠키 환경 설정을 관리할 수 있고 쿠키 및 기타 데이터 수집 기술이 사용되지 않도록 브라우저의 설정을 조정할 수 있습니다. 브라우저마다 설정이 다르므로, 쿠키 설정 및 기타 사용 가능한 프라이버시 설정에 대해 알아보려면 브라우저의 '도움말' 섹션을 방문하시기 바랍니다. 쿠키를 삭제하거나 거부하거나 로컬에 저장된 사항을 삭제하는 경우, 이는 에어비앤비 플랫폼의 기능, 가용성 및 작동에 영향을 미칠 수 있습니다.

그림 5-34 에어비앤비 쿠키 정책

5.7 프로토타입 이해

5.7.1 프로토타입

프로그래밍 언어에서 상속의 개념은 매우 중요합니다. 상속이란 새로운 객체에서 기존 객체의 모든 메서드와 속성을 그대로 상속받아 사용할 수 있는 것을 의미합니다. 만약 프로그래밍 언어에 상속이라는 개념이 없다면 코드 재사용성이 현저히 낮아질 것입니다.

자바스크립트는 자바와 C++과 같은 클래스 기반 객체 지향 언어가 아니라 프로토타입prototype 기반 객체 지향 프로그래밍 언어입니다. 즉, 자바스크립트에서는 객체를 상속하기 위하여 프로토타입이라는 방식을 사용합니다. 모든 객체는 메서드와 속성을 상속받기 위한 템플릿으로서 프로토타입 객체를 가진다는 의미이기도 합니다.

자바스크립트의 모든 객체는 프로토타입이라는 부모 객체를 가지고 있고, 모든 객체는 그들의 프로토타입으로부터 메서드와 속성을 상속받습니다. 즉, 문자열은 String 프로토타입, 숫자는 Number 프로토타입, 배열은 Array 프로토타입에서 메서드와 속성을 상속받습니다. 그리고 자바스크립트의 모든 객체는 최상위 프로토타입 객체로 object를 상속받게 되어 있습니다.

다음은 new 연산자를 통해 String 인스턴스를 생성한 것입니다.

```
let str = new String("A");
console.log(str);
```

실제 이 코드를 브라우저에서 실행한 후 콘솔창을 보면 [그림 5-35]와 같습니다.

1 String 객체 인스턴스는 [[Prototype]]: String 객체로부터 메서드와 속성을 상속받습니다. 프로토타입 객체인 String에 문자열을 처리할 수 있는 다양한 내장 메서드와 속성이 있어서 이를 상속받고 사용할 수 있는 것입니다.

2 [[Prototype]]: String 객체는 [[Prototype]]: Object로부터 메서드와 속성을 상속받습니다.

3 [[Prototype]]: Object을 펼쳐보면 그 안에 __proto__ 속성이 있고, 이 속성은 다시 [[Prototype]]: String을 바라보고 있습니다.

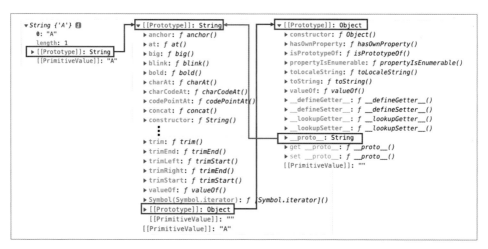

그림 5-35 String 객체의 프로토타입

5.7.2 프로토타입 체인

[그림 5-35]에서 살펴본 것처럼 프로토타입 객체도 다시 상위 프로토타입 객체로부터 메서드
와 속성을 상속받을 수 있고, 그 상위 프로토타입 객체 역시 마찬가지입니다. 이렇게 프로토타
입이 상속되는 연결고리를 프로토타입 체인prototype chain이라고 합니다. 정확히 말하면 상속되는
메서드와 속성은 각 객체가 아니라 [그림 5-36]과 같이 객체 생성자constructor의 prototype이라
는 속성에 정의되어 있습니다.

```
▼ String {'A'} ℹ
    0: "A"
    length: 1
  ▼ [[Prototype]]: String
    ▶ anchor: f anchor()
    ▶ at: f at()
    ▶ big: f big()
    ▶ blink: f blink()
    ▶ bold: f bold()
    ▶ charAt: f charAt()
    ▶ charCodeAt: f charCodeAt()
    ▶ codePointAt: f codePointAt()
    ▶ concat: f concat()
  ┌─────────────────────────────┐
  │ ▼ constructor: f String()   │
  └─────────────────────────────┘
      ▶ fromCharCode: f fromCharCode()
      ▶ fromCodePoint: f fromCodePoint()
        length: 1
        name: "String"
  ┌─────────────────────────────┐
  │ ▼ prototype: String         │
  │   ▶ anchor: f anchor()      │
  │   ▶ at: f at()              │
  │   ▶ big: f big()            │
  │   ▶ blink: f blink()        │
  │   ▶ bold: f bold()          │
  │   ▶ charAt: f charAt()      │
  │   ▶ charCodeAt: f charCodeAt() │
  │   ▶ codePointAt: f codePointAt() │
  │   ▶ concat: f concat()      │
  │   ▶ constructor: f String() │
  │   ▶ endsWith: f endsWith()  │
  │   ▶ fixed: f fixed()        │
  │   ▶ fontcolor: f fontcolor() │
  │   ▶ fontsize: f fontsize()  │
  │   ▶ includes: f includes()  │
  │   ▶ indexOf: f indexOf()    │
  │   ▶ italics: f italics()    │
  │   ▶ lastIndexOf: f lastIndexOf() │
  └─────────────────────────────┘
```

그림 5-36 객체 생성자의 prototype에 상속되는 메서드와 속성이 정의됨

다음 예제에서는 Person 생성자 함수를 정의하고 new 연산자로 person1 인스턴스를 생성했습니다.

```
function Person(name, age) {
  this.name = name;
  this.age = age;
}

// person1 인스턴스 생성
const person1 = new Person("John Doe", 20);
```

person1을 콘솔에 출력하면 [그림 5-37], [그림 5-38]과 같이 프로토타입 체인을 확인할 수 있습니다.

그림 5-37 콘솔에 person1 출력

그림 5-38 person1의 프로토타입 체인

person1에서 프로토타입 Object에 정의되어 있는 메서드 valueOf()를 호출했을 때 다음과 같은 일이 발생합니다.

1 브라우저는 person1 객체가 valueOf() 메서드를 가지고 있는지 체크합니다.

2 valueOf() 메서드가 person1 객체에 없기 때문에 프로토타입 객체인 Person 생성자(constructor)의 프로토타입에 valueOf() 메서드가 있는지 체크합니다.

3 여기에도 valueOf() 메서드가 없기 때문에 Person 생성자 프로토타입 객체의 프로토타입 객체인 Object 생성자 프로토타입에 valueOf() 메서드가 있는지 체크합니다. 여기에 valueOf() 메서드가 있기 때문에 호출됩니다.

실제로 상속받는 모든 멤버(메서드, 속성)는 prototype 속성에 정의되어 있습니다. proto type 속성에 정의되어 있지 않은 멤버는 실제로 상속되지 않습니다. 즉, Object.prototype. 으로 시작하는 멤버만 상속되고, Object.is(), Object.keys() 등 prototype에 정의되지 않은 멤버는 상속되지 않습니다.

5.7.3 프로토타입 구현하기

다음과 같이 Person 생성자 함수를 만들겠습니다. Person 생성자 함수에 사람에 대한 기본 정보를 담겠습니다.

```
// Person 생성자 함수
function Person(name, age) {
 this.name = name;
 this.age = age;
}

// Person의 프로토타입에 getName 메서드를 정의한다.
Person.prototype.getName = function () {
 return this.name;
};

// Person의 프로토타입에 getAge 메서드를 정의한다.
Person.prototype.getAge = function () {
 return this.age;
};
```

다음은 Student 생성자 함수를 만들겠습니다. Student 생성자 함수는 프로토타입에 Person의 인스턴스를 할당해서 Person의 프로토타입을 상속받겠습니다.

```
// Student 생성자 함수
function Student(name, age, grade) {
 Person.apply(this, arguments); // Person의 생성자를 호출한다.
 this.grade = grade;
}

// Student의 프로토타입에 Person의 인스턴스를 할당한다. Person의 프로토타입을 상속받
는다.
Student.prototype = new Person();

// Student의 프로토타입에 getGrade 메서드를 정의한다.
Student.prototype.getGrade = function () {
 return this.grade;
};

// Student의 프로토타입의 constructor를 Student로 다시 설정한다.
Student.prototype.constructor = Student;
```

이렇게 하면 Student는 Person이 가지고 있는 속성과 메서드를 상속받기 때문에 Student (학생)라는 고유 특성에 해당하는 속성만 정의하면 됩니다.

다음과 같이 Student 인스턴스를 생성해서 사용할 수 있습니다.

```javascript
// Student의 인스턴스를 생성한다.
const student1 = new Student("John", 20, 1);
console.log(student1.getName()); // John
console.log(student1.getAge()); // 20
console.log(student1.getGrade()); // 1

// Student의 인스턴스를 생성한다.
const student2 = new Student("Jane", 21, 2);
console.log(student2.getName()); // Jane
console.log(student2.getAge()); // 21
console.log(student2.getGrade()); // 2
```

5.8 Proxy 객체로 구현하는 최신 프런트엔드 프레임워크

자바스크립트에 Proxy 객체가 추가되면서 웹에서 굉장히 유연하고 고도화된 프로그래밍을 할 수 있게 되었습니다. 특히 Vue.js와 같은 프런트엔드 프레임워크에서 제공하는 양방향 데이터 바인딩은 내부적으로 Proxy 객체를 이용하여 구현되었습니다. 프런트엔드 프레임워크에서 양방향 데이터 바인딩을 제공하는 것만으로도 개발자의 수고가 엄청나게 줄었습니다. 자바스크립트와 DOM 객체 간의 값을 할당하고 값을 가져오기 위해 작성해야 하는 대부분의 코드를 더 이상 작성할 필요가 없게 된 것입니다.

이 절에서는 Proxy 객체를 이용해서 간단한 양방향 데이터 바인딩 처리를 구현해보며 Proxy 객체의 기능과 용도에 대해 알아보겠습니다.

5.8.1 Proxy 객체

Proxy는 '대리'라는 의미입니다. 인터넷 네트워크 측면에서는 일반적으로 클라이언트가 Proxy 를 통해서 다른 네트워크 서비스에 간접적으로 접속할 수 있게 해주는 응용 프로그램이나 컴퓨터 시스템을 의미합니다. 자바스크립트에서 Proxy 객체를 사용하면 객체에 대한 기본 작업을 가로채고 재정의해서 사용할 수 있습니다. Proxy 객체는 2개의 매개변수를 사용해서 생성합니다.

```
new Proxy(target, handler)
```

- **target** : 프록시할 대상이 되는 객체
- **handler** : 가로채는 작업과 해당 작업을 재정의하는 방법을 정의하는 객체

Proxy 객체의 **handler**에서 가로챌 수 있는 작업은 다음과 같습니다.

```
new Proxy(target, {
// target[key]를 읽을 때마다 실행
get(target, key) {...},

// target[key] = value를 할 때마다 실행
set(target, key, value) {...},

// delete target[key]를 할 때마다 실행
deleteProperty(target, key) {...},

// target(...args)를 실행할 때마다 실행
apply(target, thisArg, args) {...},

// new target(...args)를 실행할 때마다 실행
construct(target, args) {...},

// key in target을 실행할 때마다 실행
has(target, key) {...},

// Object.keys(target)를 실행할 때마다 실행
ownKeys(target) {...},

// Object.getOwnPropertyDescriptor(target, key)를 실행할 때마다 실행
getOwnPropertyDescriptor(target, key) {...},
```

```
  // Object.defineProperty(target, key, descriptor)를 실행할 때마다 실행
  defineProperty(target, key, descriptor) {...},

  // Object.getPrototypeOf(target)를 실행할 때마다 실행
  getPrototypeOf(target) {...},

  // Object.setPrototypeOf(target, prototype)를 실행할 때마다 실행
  setPrototypeOf(target, prototype) {...},

  // Object.preventExtensions(target)를 실행할 때마다 실행
  preventExtensions(target) {...},

  // Object.isExtensible(target)를 실행할 때마다 실행
  isExtensible(target) {...}
});
```

5.8.2 단방향 데이터 바인딩 구현하기

다음은 customer 객체가 있고, customer 객체의 address 값을 변경하는 코드입니다.

```
const customer = {
 name: "John",
 age: 30,
 address: "Seoul",
};

customer.address = "Jeju"; // customer 객체의 address 값이 변경되어도 프로그램에서
변경사항을 알아챌 수 없음
```

Proxy가 추가되기 전까지는 사용자 혹은 서버 통신에 의해서 customer의 특정 키 값이 바뀌더라도 프로그램 내에서 이를 알아챌 수 있는 방법이 없었습니다. 하지만 Proxy 객체의 set() 함수를 사용하면 객체의 특정 키 값이 변경되었을 때 이를 가로채고 개발자가 원하는 특정 작업을 수행하도록 프로그램을 작성할 수 있습니다.

```
const customer = {
 name: "John",
 age: 30,
 address: "Seoul",
```

```
};

new Proxy(customer, {
 // customer 객체의 특정 키 값에 변경이 있을 때마다 실행
 set(target, key, value) {
   target[key] = value;
   console.log("set", key, value); // 변경된 key와 value 출력
   return true;
 },
});

customer.address = "Jeju"; // address 값이 변경되면 Proxy 객체의 set 함수 실행
```

이 예제는 Proxy 객체의 target으로 customer 객체를 전달하면 customer 객체의 특정 키 값에 변경이 일어날 때마다 set 함수에서 기본 작업을 가로채고, 콘솔창에 변경이 일어난 키와 값을 출력하도록 했습니다. 이 원리를 이용하면 양방향 데이터 바인딩 기능을 구현할 수 있습니다.

우선 단방향 데이터 바인딩 기능부터 구현해보겠습니다. reactive와 render 함수는 객체를 Proxy 객체로 만들고 객체의 데이터에 변경이 있을 때 매칭되는 DOM 요소를 찾아서 반영하는 함수입니다.

```
// 객체를 Proxy 객체로 반환
const reactive = (data) => {
 return new Proxy(data, {
   set(target, key, value) {
     // 객체의 키에 해당하는 값 변경
     target[key] = value;
     // 객체 값을 변경하면 화면에 반영되도록 render 함수를 호출
     render(key, value);
     return true;
   },
 });
};

// 화면에 데이터를 반영하는 함수
const render = (key, value) => {
 // HTML 요소 중 v-text 속성 값이 key와 일치하는 요소를 찾아서 textContent로 데이터
를 반영
 let elements = document.querySelectorAll(`[v-text=${key}]`);
```

```
  elements.forEach((element) => {
    element.textContent = value;
  });
};
```

다음과 같이 customer의 name, age, address를 보여주는 HTML 태그를 작성하겠습니다.

```html
<div>
  <label for="name">이름</label>
  <p id="name" v-text="name"></p>
</div>
<div>
  <label for="age">나이</label>
  <p id="age" v-text="age"></p>
</div>
<div>
  <label for="address">주소</label>
  <p id="address" v-text="address"></p>
</div>
<button onclick="javascript:state.address='Jeju'">변경</button>
```

다음 코드는 페이지가 로딩된 후 customer 객체의 값을 화면에 보여줍니다.

```javascript
// customer 객체를 Proxy 객체로 만듦
const state = reactive(customer);

// state, 즉 customer의 모든 키와 값을 render() 함수에 전달해서 키와 일치하는 DOM
객체를 찾아서 데이터 반영
function renderState() {
  for (let key in state) {
    render(key, state[key]);
  }
}

// 페이지 로드 후 renderState() 함수 호출
window.addEventListener("load", () => {
  renderState();
});
```

전체 코드는 깃허브 폴더 [5.8]의 '5-8-3.proxy.html'을 참고하세요.

예제 코드를 실행하면 [그림 5-39]와 같이 customer 객체의 name, age, address가 화면에 출력되고, [변경] 버튼을 클릭하면 address 값이 Jeju로 바뀌고, Proxy 객체의 set 함수를 통해서 render() 함수가 실행되어서 화면에 출력된 address 값이 자동으로 바뀝니다.

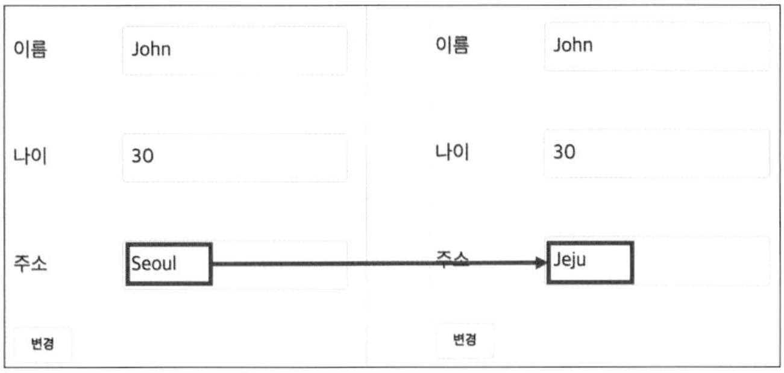

그림 5-39 단방향 데이터 바인딩 처리

5.8.3 양방향 데이터 바인딩 구현하기

이번에는 <input>, <select>와 같이 사용자로부터 데이터를 입력받을 수 있는 태그에 양방향 데이터 바인딩을 적용해서 자바스크립트에서 데이터가 변경되었을 때 화면에 바로 반영되고, 사용자가 데이터를 변경해도 반대로 자바스크립트 객체의 데이터가 자동으로 변경될 수 있도록 구현하겠습니다.

먼저, 사용자에게서 정보를 입력받을 수 있도록 다음과 같이 HTML 코드를 변경하겠습니다.

```
<div>
  <label for="name">이름</label>
  <input type="text" id="name" v-model="name" />
</div>
<div>
  <label for="age">나이</label>
  <p id="age" v-text="age"></p>
  <input type="text" id="age" v-model="age" />
</div>
<div>
  <label for="address">주소</label>
  <select id="address" v-model="address">
    <option value="Seoul">서울</option>
```

```
      <option value="Busan">부산</option>
      <option value="Jeju">제주</option>
    </select>
    <!-- <input type="text" id="address" v-model="address" /> -->
  </div>
  <button onclick="javascript:state.address='Jeju'">변경</button>
  <button onclick="javascript:console.log(state)">읽기</button>
```

사용자 입력 필드인 <input> 태그에는 변경사항을 감지하기 위해 input 이벤트 리스너를 추가하고 <select> 태그에는 change 이벤트 리스너를 추가하는 함수를 다음과 같이 작성했습니다.

```
const bindingEvent = () => {
  document.addEventListener("input", (e) => {
    if (
      e.target.hasAttribute("v-model") &&
      e.target.tagName === "INPUT"
    ) {
      const key = e.target.getAttribute("v-model");
      state[key] = e.target.value;
    }
  });

  document.addEventListener("change", (e) => {
    if (
      e.target.hasAttribute("v-model") &&
      e.target.tagName === "SELECT"
    ) {
      const key = e.target.getAttribute("v-model");
      state[key] = e.target.options[e.target.selectedIndex].value;
    }
  });
};
```

bindingEvent 함수는 다음과 같이 동작합니다.

1 HTML 요소 중 v-model 속성을 가지고 있고, tagName이 INPUT인 태그에 input 이벤트 리스너를 할당합니다.

2 input 이벤트(사용자가 정보를 입력)가 발생하면 value 값을 state 객체에서 해당 키로 찾아서 변경된 정보를 업데이트합니다.

3 HTML 요소 중 v-model 속성을 가지고 있고, tagName이 SELECT인 태그에 change 이벤트 리스너를 할
   당합니다.

4 change 이벤트(사용자가 select 박스의 선택 값을 변경)가 발생하면 value 값을 state 객체에서 해당 키
   로 찾아서 변경된 정보를 업데이트합니다.

화면에 데이터를 반영하는 render 함수에 v-model 속성에 대한 처리를 추가합니다.

```javascript
// 화면에 데이터를 반영하는 함수
const render = (key, value) => {
  // HTML 요소 중 v-text 속성 값이 key와 일치하는 요소를 찾아서 textContent로 데이터
  를 반영
  let elements = document.querySelectorAll(`[v-text=${key}]`);
  elements.forEach((element) => {
    element.textContent = value;
  });

  // HTML 요소 중 v-model 속성 값이 key와 일치하는 요소를 찾아서 value 속성에 데이터
  를 반영
  elements = document.querySelectorAll(`[v-model=${key}]`);
  elements.forEach((element) => {
    element.value = value;
  });
};
```

마지막으로 load 이벤트 리스너에서 bindingEvent() 함수를 호출합니다.

```javascript
window.addEventListener("load", () => {
  renderState(); // 초기 데이터를 화면에 반영
  bindingEvent(); // 이벤트 바인딩
});
```

전체 코드는 깃허브 폴더 [5.8]의 '5-8-3.proxy.html'을 참고하세요.

[그림 5-40]과 같이 브라우저에서 이름, 나이, 주소를 변경하고 [읽기] 버튼을 클릭하면 콘솔
창에서 customer에 대한 Proxy 객체 데이터가 이미 변경된 것을 확인할 수 있습니다.

그림 5-40 양방향 데이터 바인딩

지금까지 살펴본 원리를 이용하면 Proxy 객체를 사용해서 단방향 데이터 바인딩과 양방향 데이터 바인딩을 구현할 수 있습니다. 여러분도 인기 있는 웹 프런트엔드 프레임워크와 유사한 기능을 갖는 웹 애플리케이션을 더 유연하고 효율적으로 개발할 수 있습니다.

5.9 HTTP 응답 상태 코드

HTTP 응답 코드는 HTTP 요청 성공 여부에 대한 응답 상태 코드입니다. 웹 애플리케이션 개발 중 오류가 발생하면 서버로부터 응답받은 HTTP 상태 코드가 어떤 의미인지 정확히 알고 있어야 그 원인을 빠르게 해결할 수 있습니다. HTTP 응답 상태 코드는 다음 5가지로 구분되고, 특히 상태 코드 400 이상은 오류 상황이기 때문에 각 상태 코드가 무엇을 의미하는지 정확히 알고 있어야 즉시 조치를 취할 수 있습니다.

- **100 ~ 199**: 정보 응답
- **200 ~ 299**: 성공적인 응답
- **300 ~ 399**: 리다이렉션 메시지
- **400 ~ 499**: 클라이언트 오류 응답
- **500 ~ 599**: 서버 오류 응답

이 책에서는 WebDAV[4] 관련 응답 상태 코드와 실무에 거의 사용하지 않는 응답 상태 코드는 다루지 않습니다.

-----

4 WebDAV는 하이퍼텍스트 전송 프로토콜의 확장으로, 월드 와이드 웹서버에 저장된 문서와 파일을 편집하고 관리하는 사용자들이 손쉽게 협업할 수 있게 합니다.

5.9.1 정보 응답

상태 코드가 '1'로 시작하면 서버가 요청을 받았으며 서버에 연결된 클라이언트는 작업을 계속 진행하라는 의미의 정보 응답informational response 상태 코드입니다.

100 Continue	클라이언트가 계속 요청하거나 요청이 이미 완료된 경우 응답을 무시해야 함을 나타냅니다.
101 Switching Protocols	클라이언트의 업그레이드 요청 헤더에 대한 응답으로 전송되며 서버가 프로토콜을 변경할 것임을 나타냅니다.

5.9.2 성공적인 응답

다음은 HTTP 요청에 대한 성공적인 응답successful response 상태 코드입니다.

200 OK	요청이 성공적으로 처리되었음을 나타냅니다. 일반적으로 GET, PUT, DELETE 요청에 대한 응답 코드입니다.
201 Created	요청에 성공했고 그 결과로 새로운 리소스가 생성되었음을 나타냅니다. 일반적으로 POST 요청 또는 일부 PUT 요청에 성공했을 때의 응답 코드입니다.
202 Accepted	요청을 받았지만 아직 처리되지 않은 상태입니다. 배치 프로그램과 같이 비동기로 처리되는 요청의 경우, HTTP에는 요청에 대한 결과를 나중에 비동기 응답으로 보낼 수 있는 방법이 없습니다. 이 상태는 요청 처리를 위해 수락되었지만 요청 처리가 실제 수행될 때 허용되지 않을 수 있습니다. 결국 처리될 수도 있고 그렇지 않을 수도 있는 코드입니다.
203 Non-Authoritative Information	요청을 성공했지만 반환된 메타데이터가 원본 서버의 200(OK) 응답에서 변환 프록시에 의해 수정되었음을 나타냅니다.
204 No Content	요청을 성공했지만 클라이언트가 현재 페이지에서 이동할 필요가 없음을 나타냅니다. 예를 들어 위키 사이트의 '저장하고 계속 편집' 같은 기능을 구현할 때 PUT 요청을 통해 저장하면 서버가 204 No Content 응답을 전송하여 편집기가 다른 페이지로 이동해서는 안 된다는 것을 나타낼 수 있습니다.
205 Reset Content	클라이언트에게 문서 보기를 재설정하도록 지시하는 응답 코드입니다.
206 Partial Content	리소스의 일부만 요청하기 위해 클라이언트에서 Range 헤더를 보낼 때 사용됩니다. 요청을 성공했으며, 요청이 Range 헤더에 설명된 대로 본문에 요청된 데이터 범위가 포함되었음을 나타냅니다.

5.9.3 리다이렉션 메시지

요청한 리소스의 리다이렉션 메시지^{redirection message}에 대한 응답 코드입니다.

300 Multiple Choices	가능한 요청에 응답이 2개 이상 있고, 사용자 에이전트 또는 사용자는 그 중 하나를 선택해야 합니다. 응답 중 하나를 선택하는 표준화된 방법이 없기 때문에 이 응답 코드는 거의 사용되지 않습니다.
301 Moved Permanently	요청한 리소스의 URL이 영구적으로 변경되었음을 나타냅니다. 브라우저는 새 URL로 리다이렉션되고 검색 엔진은 리소스에 대한 링크를 업데이트합니다.
302 Found	요청한 리소스의 URI가 일시적으로 변경되었음을 나타냅니다. 브라우저는 이 페이지로 리다이렉션되지만 검색 엔진은 리소스에 대한 링크를 업데이트하지 않습니다.
303 See Other	서버는 클라이언트가 GET 요청을 사용해서 다른 URI에서 요청된 리소스를 가져오도록 지시하기 위해 이 응답 코드를 보냅니다.
304 Not Modified	이 응답 코드는 요청된 리소스를 재전송할 필요가 없음을 나타냅니다. 즉, 클라이언트에게 응답이 수정되지 않았음을 알리고, 클라이언트는 캐시된 동일한 버전을 계속 사용할 수 있습니다.
307 Temporary Redirect	클라이언트가 이전 요청에서 사용된 것과 동일한 방법으로 다른 URI에서 요청된 리소스를 가져오도록 지시합니다. 이미 앞서 사용된 메서드를 변경해서는 안 된다는 점을 제외하면 302 Found 응답 코드와 동일한 의미입니다. 즉, 첫 번째 요청에서 POST를 사용했다면, 두 번째 요청에서도 동일한 메서드인 POST를 사용해야 합니다.
308 Permanent Redirect	요청된 리소스가 Location 헤더에 의해 제공된 URL로 확실히 이동되었음을 나타냅니다. 브라우저가 이 페이지로 리다이렉션되고 검색 엔진이 리소스에 대한 링크를 업데이트합니다.

5.9.4 클라이언트 오류 응답

요청 구문이 잘못되었거나 요청을 처리할 수 없음을 나타내는 클라이언트 오류 응답^{client error response} 상태 코드입니다. 오류에 대한 응답 코드이기 때문에 개발자가 반드시 이해하고 있어야 합니다.

400 Bad Request	잘못된 요청 구문 또는 사기성 요청 라우팅 등 클라이언트 오류로 요청을 처리할 수 없거나 처리하지 않음을 나타냅니다.
401 Unauthorized	클라이언트는 요청된 응답을 얻기 위한 인증이 필요함을 나타냅니다. 요청된 리소스에 대한 유효한 인증 자격 증명이 부족하여 클라이언트 요청이 완료되지 않았음을 나타냅니다.

403 Forbidden	클라이언트가 요청한 리소스에 대한 권한이 없기 때문에 서버가 리소스를 제공하는 것을 거부함을 나타냅니다. 401 Unauthorized와 유사합니다. 하지만 401 응답 코드는 인증 자격 증명 후 리소스를 이용할 수 있지만, 403 응답 코드는 권한 자체가 없기 때문에 리소스에 접근할 수 없음을 나타냅니다.
404 Not Found	서버가 요청한 리소스를 찾을 수 없음을 나타냅니다. 브라우저에서는 URL이 인식되지 않음을 의미하고, API에서는 엔드포인트가 유효하지만 리소스 자체가 존재하지 않음을 의미할 수도 있습니다.
405 Method Not Allowed	서버가 요청 메서드를 알고 있지만 대상 리소스가 이 방법을 지원하지 않음을 나타냅니다. 예를 들어 API는 DELETE를 호출하여 리소스를 제거하는 것을 허용하지 않을 수 있습니다.
407 Proxy Authentication Required	401 응답 상태 코드와 유사하지만 프록시에서 인증을 수행해야 함을 나타냅니다. 브라우저와 요청된 리소스에 액세스할 수 있는 서버 사이의 프록시 서버에 대한 유효한 인증 자격 증명이 부족하기 때문에 요청이 적용되지 않았음을 나타냅니다.
408 Request Timeout	서버가 사용되지 않는 연결을 종료하려고 함을 의미합니다.
409 Conflict	요청이 서버의 현재 상태와 충돌할 때 전송됩니다. PUT 요청에 대한 응답으로 발생할 가능성이 가장 높습니다. 예를 들어 서버에 있는 기존 파일보다 더 오래된 파일을 업로드할 때 발생할 수 있습니다.
410 Gone	요청된 리소스가 서버에서 영구적으로 삭제되어 대상 리소스에 대한 액세스를 더 이상 사용할 수 없음을 나타냅니다.
411 Length Required	Content-Length 헤더 필드가 정의되어 있지 않은 상태로 서버에 요청이 일어났기 때문에 서버에서 요청을 거부함을 나타냅니다.
412 Precondition Failed	If-Unmodified-Since 또는 If-None-Match 헤더에 의해 정의된 조건이 충족되지 않을 때 GET 또는 HEAD 이외의 메서드에 대한 조건부 요청에서 발생합니다. 이 응답 코드는 대상 리소스에 대한 액세스가 거부되었음을 나타냅니다.
413 Payload Too Large	요청 엔티티가 서버에서 정의한 제한보다 크다는 것을 나타냅니다. 서버는 연결을 닫거나 Retry-After 헤더 필드를 반환할 수 있습니다.
414 URI Too Long	클라이언트가 요청한 URI가 서버에서 해석할 수 있는 것보다 길다는 것을 나타냅니다.
415 Unsupported Media Type	요청한 데이터의 미디어 형식이 서버에서 지원되지 않아 서버가 요청을 거부하고 있음을 나타냅니다. 주로 요청에 표시된 Content-Type 또는 Content-Encoding 때문이거나 데이터를 직접 검사한 결과일 수 있습니다.
416 Range Not Satisfiable	서버가 요청된 범위를 제공할 수 없음을 나타냅니다. 문서에 이러한 범위가 포함되어 있지 않거나 Range 헤더 값이 구문상 올바르지만 충족될 수 없을 때 발생합니다.
426 Upgrade Required	서버가 현재 프로토콜을 사용하여 요청을 수행하는 것을 거부하지만 클라이언트가 다른 프로토콜로 업그레이드한 후에 수행할 수 있음을 나타냅니다.

428 Precondition Required	서버가 조건부 요청을 요구함을 나타냅니다. 일반적으로 If—Match와 같은 필수 전제 조건 헤더가 누락되었을 때 발생합니다.
429 Too Many Requests	사용자가 주어진 시간 동안 너무 많은 요청을 보냈음을 나타냅니다. Retry—After 헤더에 새로운 요청을 하기 전에 얼마나 기다려야 하는지를 나타내는 응답이 포함될 수 있습니다.
431 Request Header Fields Too Large	헤더 필드가 너무 커서 서버가 요청을 처리하지 못함을 나타냅니다. 요청 헤더의 전체 크기가 너무 크거나 단일 헤더 필드가 너무 큰 경우 발생할 수 있습니다. 요청 헤더 필드의 크기를 줄인 후 요청을 다시 제출하면 됩니다.
451 Unavailable For Legal Reasons	법적 조치가 취해진 웹페이지의 경우 법적 이유로 사용할 수 없는 리소스를 요청했을 때 발생합니다.

5.9.5 서버 오류 응답

클라이언트의 유효한 요청에 대해 서버 오류 응답server error response에 실패했음을 나타내는 응답 상태 코드입니다.

500 Internal Server Error	서버가 예기치 않은 조건으로 요청을 이행하지 못할 때 발생합니다. 이 응답 코드는 더 구체적인 '5xx' 오류 코드를 찾을 수 없을 때 사용하는 포괄적 의미를 가집니다.
501 Not Implemented	서버가 요청 메서드를 인식하지 못하고 처리할 수 없음을 나타냅니다.
502 Bad Gateway	서버가 게이트웨이 또는 프록시 역할을 하는 동안 잘못된 응답을 수신했음을 나타냅니다.
503 Service Unavailable	서버가 요청을 처리할 준비가 되지 않았음을 나타냅니다. 일반적인 원인은 유지 관리를 위해 의도적으로 서버를 다운시킨 경우이거나 과부화된 서버입니다.
504 Gateway Timeout	서버가 게이트웨이 역할을 하고 제시간에 응답을 받을 수 없을 때 발생합니다.
505 HTTP Version Not Supported	요청에 사용된 HTTP 버전을 서버에서 지원하지 않음을 나타냅니다.
511 Network Authentication Required	클라이언트가 네트워크 액세스 권한을 얻기 위해 인증해야 함을 나타냅니다.

5.10 Node.js: 브라우저 밖의 자바스크립트

자바스크립트는 Node.js가 등장한 후 꽃을 피웠다고 생각합니다. 그만큼 Node.js는 자바스크립트 생태계를 형성하는 데 큰 역할을 하고 있습니다. 이 절에서는 Node.js 주요 특징과 Node.js가 자바스크립트 생태계에 어떻게 기여하고 있는지 소개하겠습니다.

5.10.1 Node.js는 무엇인가?

과거 자바스크립트는 웹브라우저에서만 동작했습니다. 브라우저는 자바스크립트 해석기를 탑재하고 있고, 브라우저만 유일하게 자바스크립트를 구동할 수 있는 환경이었습니다. 하지만 Node.js가 등장한 후 브라우저 이외의 환경에서도 자바스크립트를 구동할 수 있게 되었습니다. 자바스크립트는 더 이상 웹브라우저에 종속된 언어가 아닙니다. 웹 애플리케이션은 물론 데스크톱 애플리케이션, 모바일 앱, 키오스크, 게임 등 사용할 수 있는 분야가 점점 다양해지고 있습니다.

Node.js가 등장하기 전에는 웹 애플리케이션을 구축할 때 프런트엔드는 자바스크립트를 사용하고, 백엔드는 자바, 파이썬 같은 언어를 사용했습니다. 하지만 Node.js가 등장하면서 자바스크립트 하나로 프런트엔드부터 백엔드까지 전체 애플리케이션을 구현할 수 있게 되었습니다. 가장 인기 있는 프런트엔드 프레임워크인 리액트나 뷰도 Node.js가 없었다면 세상에 나오지 못했을 것입니다.

노드 공식 사이트[5]에서는 Node.js에 대해서 다음과 같이 정의합니다.

Node.js는 Chrome V8 JavaScript 엔진으로 빌드된 JavaScript 런타임입니다.

여기서 주목해야 할 단어는 'JavaScript 런타임'입니다. 런타임은 특정 언어로 개발된 프로그램을 해석하고 실행할 수 있는 환경, 즉 프로그래밍 언어가 구동되는 환경입니다. 그래서

---

5 https://nodejs.org

'JavaScript 런타임'이라고 하면 자바스크립트로 구현된 프로그램을 해석하고 실행할 수 있는 환경을 뜻합니다. 즉, Node.js는 자바스크립트를 해석하고 실행할 수 있는 런타임 환경이지, 프로그래밍 언어가 아닙니다.

Node.js가 자바스크립트를 어떻게 실행하는지는 'Chrome V8 JavaScript 엔진'이라는 단어로 알 수 있습니다. 가장 인기 있는 구글의 크롬 브라우저가 'V8' 엔진을 사용하고 있고, 노드는 구글 크롬 브라우저에 사용된 V8 엔진을 이용해서 브라우저 밖에서도 자바스크립트를 실행할 수 있도록 개발되었습니다. 그래서 Node.js는 'Chrome V8 JavaScript 엔진으로 빌드된 JavaScript 런타임'이라고 간결하게 정의할 수 있습니다.

Node.js는 크게 다음 3가지 특징이 있습니다. 이 특징은 결국 자바스크립트가 단일 스레드 언어로서 가진 단점을 극복하기 위한 방안입니다.

1 **논블로킹(non-blocking) I/O**: 자바는 여러 개의 작업을 동시에 처리할 수 있는 대표적인 언어입니다. 자바스크립트는 기본적으로 한 번에 하나의 작업만 처리할 수 있습니다. 이처럼 프로그래밍 언어별로 여러 개의 작업을 동시에 처리할 수 있는 언어가 있고, 한 번에 하나의 작업만 처리할 수 있는 언어가 있습니다. 자바스크립트는 한 번에 하나의 작업만 처리할 수 있는 언어이지만 파일 읽기, 쓰기 같은 파일 시스템 처리와 네트워크를 통한 요청 같은 I/O, 즉 입력(input)과 출력(output) 작업을 처리할 때 노드를 논블로킹 방법으로 사용할 수 있습니다. 여기서 블로킹은 해당 작업이 완료될 때까지 다른 작업을 동시에 진행하지 못하는 것을 뜻하며, 논블로킹(non-blocking)은 해당 작업이 다른 작업 수행을 막지 않는 것을 의미합니다.

2 **단일 스레드(single thread)**: 노드는 단일 스레드를 사용합니다. 스레드가 하나라는 말은 동시에 하나의 작업만 처리할 수 있다는 뜻입니다. 기본적으로 자바스크립트 같은 단일 스레드 방식의 언어는 작성된 프로그램을 순차적으로 실행하며, 동시에 여러 작업은 할 수 없습니다. Node.js는 단일 스레드를 사용하지만, 단일 스레드의 약점을 극복하기 위해서 논블로킹을 사용하여 파일 쓰기, 네트워크를 통한 데이터베이스 처리 등의 작업을 하는 동안 컴퓨터가 쉬지 않고 다른 작업을 동시에 실행할 수 있게 하여 적은 자원으로도 큰 효율을 낼 수 있습니다. Node.js는 정확히 자바스크립트를 실행하는 부분에 대해서만 단일 스레드로 구성되고, 논블로킹 I/O와 이벤트 루프(event loop)를 통해서 동시에 여러 작업을 할 수 있습니다.

3 **이벤트 루프(event loop)**: Node.js는 크롬 V8 자바스크립트 엔진과 libuv, llhttp, c-ares, OpenSSL, zlib라는 라이브러리로 구성되어 있습니다. 이 중 libuv 라이브러리는 이벤트 루프를 통해서 자바스크립트가 가지고 있던 단일 스레드의 약점을 극복하고 효율적으로 작업을 처리할 수 있도록 고안되었습니다. Node.js는 논블로킹 I/O를 지원하기 위해서 libuv라는 라이브러리에 이벤트 루프가 구현되었습니다. 노드에서 자바스크립트 엔진은 비동기 처리를 위해서 Node.js의 API를 호출하며, 이때 넘겨진 콜백은 libuv의 이벤트 루프를 통해서 스케줄되고 실행됩니다.

5.10.2 NPM은 무엇인가?

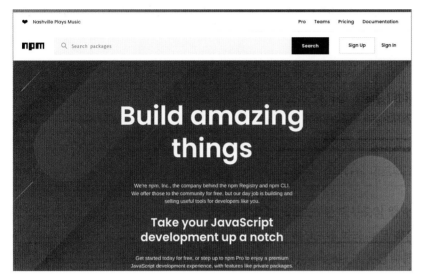

그림 5-41 NPM 공식 사이트[6]

NPM$^{node\ package\ manager}$은 노드에서 사용할 수 있는 모듈을 패키지화하여 저장하고 있는 공유 창고입니다. 누구나 자바스크립트 모듈을 패키지화하여 개발해서 등록할 수 있고, 등록된 패키지가 'public'으로 오픈되어 있다면 사용할 수 있습니다.

NPM에는 약 100만 개 이상의 패키지가 등록되어 있습니다. 애플리케이션을 개발할 때 필요한 대부분의 기능이 구현되어 있고 쉽게 사용할 수 있습니다. 필요한 패키지를 찾고 설치하는 것 모두 매우 간단합니다.

NPM이 없었을 때는 필요한 자바스크립트 오픈소스 라이브러리를 찾는 것도 쉽지 않았고, 내 애플리케이션에 추가한 라이브러리가 기존에 작성된 코드 혹은 다른 오픈소스 라이브러리와의 버전 차이로 충돌할 때 이를 해결하는 데에도 많은 수고가 필요했습니다.

NPM으로 개발자가 설치하는 모든 패키지 간 종속성 및 버전 관리를 손쉽게 할 수 있습니다. 따라서 어느 날 갑자기 설치한 패키지에 문제가 발생하여 내가 개발한 애플리케이션이 동작하지 않는 상황을 미연에 방지할 수 있습니다. 이렇게 NPM은 자바스크립트가 오늘날 전 세계 개발자에게 가장 사랑받는 언어가 되도록 하는 결정적인 역할을 하고 있습니다.

---

6 https://npmjs.com

자바스크립트로 구현된 라이브러리를 노드에서 '패키지'라는 용어로 사용하는 이유는 첫째로 설치가 가능하고, 둘째로 관리할 수 있는 버전의 형태를 노드에서 정의한 패키지의 형태로 구현하기 때문입니다. 즉, 그동안 사용했던 다양한 자바스크립트 모듈이 NPM을 통해서 설치 및 관리할 수 있는 형태로 만들어진 것을 패키지라고 합니다.

이렇게 만들어진 패키지를 설치하면 node_modules이라는 폴더를 확인할 수 있습니다. 실제로 개발자는 패키지에서 제공하는 모듈을 사용할 수 있습니다.

노드에는 내장 모듈과 NPM을 통해 설치한 후 사용하는 외장 모듈이 있습니다.

5.10.3 Node.js 시작하기

Node.js 설치는 9.2장을 참고하세요. 자바스크립트 코드가 작성된 'js' 파일을 노드를 통해서 실행하겠습니다. foo.js라는 파일을 생성하고 다음과 같이 코드를 작성했습니다.

```
function foo() {
 console.log("Hello, world");
}

foo();
```

노드 환경에서는 HTML 파일 없이도 바로 자바스크립트 파일을 실행할 수 있습니다. 노드에서 자바스크립트 파일을 실행하는 명령어는 node [자바스크립트 파일명]입니다. 자바스크립트 파일 확장자 .js는 생략할 수 있습니다. 다음과 같이 터미널에서 명령어를 실행합니다.

```
$ node foo.js
```

실행 결과는 [그림 5-42]와 같이 출력됩니다.

```
PROBLEMS    OUTPUT    DEBUG CONSOLE    TERMINAL    GITLENS

● seungwongo@Seungwonui-MacBookPro better-web % node foo
  Hello, world!                                        _
```

그림 5-42 node에서 자바스크립트 실행

웹 초창기에는 자바스크립트의 역할이 그리 크지 않았기 때문에 파일 하나에 모든 기능을 담더라도 크게 문제되지 않았습니다. 하지만 웹 접근성이 높아지고 웹 서비스가 증가하면서 웹 애플리케이션은 점점 커지고 복잡해졌습니다. 이렇게 되면서 자바스크립트 역시 하나 혹은 몇 개의 파일만으로 구성하기에는 비효율적인 면이 드러났습니다. 그리고 자바스크립트로 구현하는 함수를 기능별로 나누고 필요한 곳에서 호출해서 사용할 수 있도록 물리적으로 자바스크립트 파일을 분리할 방법이 필요했습니다. 이러한 필요성으로 '모듈'이 나왔습니다. 모듈은 분리된 각각의 자바스크립트 파일이고, 각 파일은 특정 목적을 가진 여러 개의 함수와 변수의 집합이라고 이해하면 됩니다.

모듈을 이해하기 위해서 taxCalculator.js 파일을 생성하고 다음 코드를 살펴봅시다.

```
const TAX_RATE = 0.1;

function calculateTax(income) {
 return income * TAX_RATE;
}

module.exports = { calculateTax };
```

module.js라는 이름으로 파일을 생성하고, 다음과 같은 코드를 작성합니다.

```
const { calculateTax } = require("./taxCalculator.js");

let income = 50000;
let tax = calculateTax(income);
console.log(`Tax on ${income} is ${tax}`);
// Tax on 50000 is 5000
```

모듈로 만들어진 자바스크립트 파일은 require 함수를 통해 가져올 수 있습니다. require 함수에 불러올 모듈의 경로를 인수로 전달합니다. 파일 경로에서 자바스크립트 확장자인 .js는 생략할 수 있습니다.

터미널에서 다음 명령어를 통해서 module.js 파일을 실행하면 [그림 5-43]과 같은 50000에 대한 부가세 5000이 출력되는 것을 확인할 수 있습니다.

```
$ node module
```

PROBLEMS   OUTPUT   DEBUG CONSOLE   **TERMINAL**   GITLENS

● seungwongo@Seungwonui-MacBookPro better-web % node module
  Tax on 50000 is 5000

그림 5-43 module.js 실행 결과

모듈로 만들어서 사용하는 가장 큰 이유는 관련 기능끼리 모아 관리할 수 있고, 재사용할 수 있기 때문입니다. 그리고 모듈에 정의된 함수와 변수는 require 함수를 통해 내가 사용할 함수와 변수만 가져올 수 있기 때문에 사용하지 않는 코드 전부를 가져오면서 생기는 낭비를 막을 수 있습니다.

5.10.4 외부 모듈 사용하기

노드는 NPM을 통해서 필요한 패키지를 빠르게 설치해서 기능을 구현할 수 있습니다. 이 책에서는 'Express'라는 패키지를 설치해서 코드 몇 줄로 웹서버를 구현해보겠습니다. 물론 실제 웹 애플리케이션을 구동하기 위한 전체 기능은 아니지만, Express 사용을 통해 노드에서 모듈이 어떻게 설치되고 사용되는지 경험할 수 있습니다. Express는 노드에서 웹 애플리케이션 혹은 API 서버를 구축하는 데 가장 많이 사용되는 대표적인 프레임워크입니다.

package.json 파일 생성하기

노드 기반으로 애플리케이션을 개발하면 개발자가 직접 코드를 작성하지 않고 이미 개발된 여러 패키지를 사용할 수 있습니다. 만약 대규모 애플리케이션을 개발한다면 설치된 패키지 목록이 무엇이고, 어떤 버전이며, 패키지 간의 의존성은 어떤지 손쉽게 관리할 수 있어야 합니다. 노드에서는 package.json이라는 파일로 이러한 부분을 관리할 수 있습니다. package.json에는 설치된 패키지 정보 외에도 현재 개발 중인 프로젝트의 정보를 담고 있습니다. 그래서 node.js 기반으로 애플리케이션을 개발할 때 가장 먼저 해야 할 작업은 package.json 파일을 만드는 것입니다.

먼저 프로젝트를 진행할 디렉터리를 생성합니다. 이 책에서는 node-sample라는 이름으로 디렉터리를 만들었습니다. 비주얼 스튜디오 코드에서 node-sample 폴더를 엽니다. 터미널

(Terminal → New Terminal)에서 다음 명령어를 실행하면 package.json 파일을 자동으로 생성할 수 있습니다.

```
$ npm init
```

명령어를 실행하면 터미널에 다음과 같이 package.json 파일의 속성 정보를 순차적으로 입력받습니다.

```
PROBLEMS    OUTPUT    DEBUG CONSOLE    TERMINAL    GITLENS

● seungwongo@Seungwonui-MacBookPro node-sample % npm init
  This utility will walk you through creating a package.json file.
  It only covers the most common items, and tries to guess sensible defaults.

  See `npm help init` for definitive documentation on these fields
  and exactly what they do.

  Use `npm install <pkg>` afterwards to install a package and
  save it as a dependency in the package.json file.

  Press ^C at any time to quit.
  package name: (sample)
  version: (1.0.0)
  description: Node Test Project
  entry point: (index.js)
  test command:
  git repository:
  keywords:
  author: Seungwon Go
  license: (ISC)
  About to write to /Users/seungwongo/Documents/GitHub/better-web/node-sample/package.json:

  {
    "name": "sample",
    "version": "1.0.0",
    "description": "Node Test Project",
    "main": "index.js",
    "scripts": {
      "test": "echo \"Error: no test specified\" && exit 1"
    },
    "author": "Seungwon Go",
    "license": "ISC"
  }

  Is this OK? (yes)
```

그림 5-44 package.json 생성

package.json 파일을 생성하기 위해서 입력하는 정보는 다음과 같습니다.

- **package name**: 패키지 이름입니다.
- **version**: 패키지 버전입니다.
- **description**: 패키지에 대한 설명입니다.

- **entry point**: 프로젝트에서 제일 먼저 실행되는 main 자바스크립트 파일입니다.
- **test command**: 스크립트 명령어를 정의해서 사용할 수 있습니다. 터미널에서 `npm run test`라는 명령어를 실행했을 때 수행할 스크립트 명령을 정의할 수 있습니다.
- **git repository**: 코드를 저장해둔 깃(Git) 저장소의 주소입니다. 깃을 사용하지 않는다면 입력하지 않아도 됩니다. 현재 패키지를 사용하는 개발자에게 깃 저장소의 주소를 제공해서 코드가 어디서 관리되는지 확인할 수 있습니다.
- **keywords**: 개발된 패키지가 NPM에 등록된다면 이 키워드를 통해 패키지를 검색할 수 있습니다.
- **license**: 패키지의 라이센스 정보입니다.

모든 입력이 끝나면 입력한 정보에 맞게 `package.json` 파일이 다음과 같이 생성됩니다. 이렇게 생성된 정보는 `package.json`에서 관리할 수 있는 가장 기본적인 내용입니다.

```json
{
  "name": "sample",
  "version": "1.0.0",
  "description": "Node Test Project",
  "main": "index.js",
  "scripts": {
    "test": "echo \"Error: no test specified\" && exit 1"
  },
  "author": "Seungwon Go",
  "license": "ISC"
}
```

Express 설치하기

이제 Express를 설치하겠습니다. NPM 공식 사이트에서 'express'를 검색하면 [그림 5-45]와 같이 Express를 설치할 수 있는 페이지를 찾을 수 있습니다.

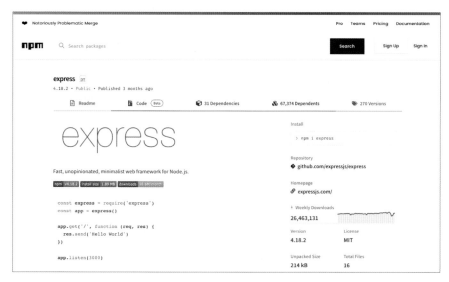

그림 5-45 NPM express 설치 관련 페이지

우측 상단에는 설치^{install} 관련 명령어를 제공합니다. Express를 설치하기 위해서는 `npm i express` 명령어를 사용합니다. 노드에서 npm에 등록된 패키지는 터미널에서 다음 명령어를 실행하여 설치합니다.

- npm install 패키지명

모든 명령어의 시작은 npm이고, `i`는 'install'의 약자로 `i`를 사용해도 되고 `install`을 사용해도 됩니다. 그 다음 설치할 패키지명을 입력합니다. 터미널에서 다음 명령어를 실행하여 Express 를 설치하겠습니다.

```
$ npm i express
```

Express 패키지가 설치되면 프로젝트 디렉터리 `node_modules`가 자동으로 생성됩니다. `node_modules` 디렉터리를 열어보면 굉장히 많은 폴더와 파일이 생성된 것을 확인할 수 있습니다. Express라는 패키지도 다수의 다른 노드 패키지를 통해 개발되었기 때문입니다. 노드에서는 이렇게 패키지를 하나 설치하면 해당 패키지에서 참조하고 있는 모든 패키지를 읽고 필요한 모든 패키지를 설치합니다.

app.js 생성하기

프로젝트 디렉터리에 **app.js** 이름으로 파일을 생성한 후 다음과 같은 코드를 작성해보겠습니다.

```javascript
const express = require("express"); // express 모듈을 가져옵니다.
const app = express(); // express 함수를 실행해서 app 객체를 생성합니다.
const port = 3000; // 서버 실행 포트 번호

// 클라이언트에서 HTTP 요청 메소드 중 GET를 이용해서 'http://localhost:3000'로 요청
을 보내면 실행되는 라우트입니다.
app.get("/", (req, res) => {
 res.send("Hello, World!"); // 클라이언트에게 'Hello World!'라는 문자열을 보냅니다.
});

// 클라이언트에서 HTTP 요청 메소드 중 GET를 이용해서 'http://localhost:3000/custom-
ers'로 요청을 보내면 실행되는 라우트입니다.
app.get("/customers", (req, res) => {
 const customers = [
   { name: "홍길동", age: 20 },
   { name: "김철수", age: 30 },
 ];
 res.send(customers); // 클라이언트에게 customers 객체를 보냅니다.
});

// app.listen 함수를 사용해서 지정된 포트로 서버를 실행합니다.
app.listen(port, () => { // 서버가 실행되면 콜백 함수가 실행됩니다.
 console.log(`서버가 http://localhost:${port} 로 실행되었습니다.`);
});
```

app.js를 실행하기 위해 다음 명령을 입력합니다.

```
$ node app.js
```

서버가 실행되고 터미널 콘솔에 다음과 같은 메시지가 출력됩니다.

```
PROBLEMS    OUTPUT    DEBUG CONSOLE    TERMINAL    GITLENS

○ seungwongo@Seungwonui-MacBookPro node-sample % node app.js
  서버가 http://localhost:3000 로 실행되었습니다.
```

그림 5-46 익스프레스 실행

웹브라우저 주소창에 'http:///localhost:3000'을 입력하고 실행하면 [그림 5-47]과 같이 브라우저 창에 'Hello World!'가 출력되는 것을 확인할 수 있습니다.

그림 5-47 익스프레스 실행 결과 1

주소창에 'http:///localhost:3000/customers'를 입력하고 실행하면 [그림 5-48]과 같이 브라우저 창에 배열 값이 출력되는 것을 확인할 수 있습니다.

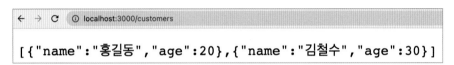

그림 5-48 익스프레스 실행 결과 2

실제 웹서버로서 역할을 하기 위해서는 데이터베이스 연결, API 개발 등에 필요한 기능을 구현해야 합니다. 이렇게 몇 줄 안 되는 코드만으로도 웹서버가 구동된다는 것은 놀라운 일입니다. 이처럼 노드에서는 필요한 기능에 맞는 패키지를 적절하게 설치해서 사용하면 원하는 기능을 제공하는 애플리케이션을 빠르게 구현할 수 있습니다.

주로 많이 사용되는 대표적인 노드 패키지는 다음과 같습니다.

- **express**: 웹서버 구축
- **multer**: 클라이언트에서 업로드한 파일 처리
- **mysql**: MySQL, MariaDB 연결
- **mongoose**: 몽고DB 연결
- **nodemailer**: 이메일 발송
- **node-cron**: 작업 스케줄러
- **xlsx**: 엑셀 파일 생성 및 읽기
- **socket-io**: 웹소켓
- **winston**: 로그 관리

나쁜 코드인 이유를 찾는 것은 쉽다.
반면 좋은 코드를 짜기 위한 이유를 찾는 것은 어렵다.

로버트 C. 마틴(Robert C. Martin)

6장

타입스크립트:
자바스크립트에 타입을 더하다

타입스크립트^{TypeScript} 공식 사이트[1]에서는 타입스크립트를 다음과 같이 정의합니다.

TypeScript is JavaScript with syntax for types.
타입스크립트는 타입 구문을 가지고 있는 자바스크립트이다.

타입스크립트는 타입을 사용하지 않는 자바스크립트를 보완하기 위한 자바스크립트의 상위집합^{superset} 오픈소스 프로그래밍 언어입니다. 마이크로소프트가 개발했으며 엄격한 문법을 지원합니다.

자바스크립트는 타입이 없고 변수에는 문자열^{string}, 숫자형^{number}, 불리언^{boolean}, 배열^{array} 등 모든 타입을 할당할 수 있습니다. 자바스크립트로 개발할 때는 비교적 유연하지만 런타임 환경에서 발생하는 에러를 사전에 막지 못한다는 단점이 있습니다.

자바는 강력한 타입 시스템을 제공합니다. 변수를 선언하는 시점에 할당할 타입의 데이터를 미리 지정해야 하므로, 지정된 타입에 맞지 않는 데이터가 할당되면 코딩하는 시점 혹은 컴파일 시점에 이를 알 수 있기 때문에 런타임 환경으로 가기 전에 많은 오류를 잡아낼 수 있습니다. 타입스크립트는 자바와 같은 언어의 장점을 자바스크립트에서도 구현하도록 자바스크립트를 그대로 포용하고 확장해서 강력한 타입 시스템을 사용할 수 있게 합니다. 그리고 코딩하는 동안 오류 대부분을 잡아냅니다.

크롬, 인터넷 익스플로러, 파이어폭스, 사파리 같은 웹브라우저에서 자바스크립트는 실행할 수 있지만 타입스크립트는 실행할 수 없습니다. 그래서 타입스크립트는 타입스크립트 컴파일러를 통해 타입스크립트 코드를 자바스크립트 코드로 변환합니다. 결국 타입스크립트는 실행 시점에 반드시 자바스크립트로 컴파일되어서 자바스크립트로 실행됩니다.

현재 많은 개발팀에서 타입스크립트를 적극적으로 도입하고 있습니다. 이 장에서는 타입스크립트를 사용할 때 얻을 수 있는 이점을 알아보고 타입스크립트의 기본 타입을 사용해보며, 타입스크립트를 사용해야 하는 이유를 알아보겠습니다.

---

1 https://www.typescriptlang.org

6.1 타입스크립트를 사용해야 하는 이유

6.1.1 오류 사전 방지

타입스크립트는 변수를 선언할 때 혹은 함수를 호출하면서 파라미터를 전달할 때 어떤 타입을 담을지 이미 결정되어 있기 때문에 맞지 않은 타입을 담으려고 하면 코딩 시점에 발생하는 오류를 미리 발견할 수 있습니다.

다음은 2개의 숫자를 입력받고 그 합을 계산해주는 HTML과 자바스크립트 코드입니다.

```html
<input type="number" id="num1" />+
<input type="number" id="num2" />=
<input type="number" id="sum" />
<button onclick="calculate();">계산하기</button>
<script>
   function add(n1, n2) {
       return n1 + n2;
   }

   function calculate() {
       const num1 = document.querySelector("#num1").value;
       const num2 = document.querySelector("#num2").value;
       document.querySelector("#sum").value = add(num1, num2);
   }
</script>
```

이 코드를 브라우저에서 실행하고 [그림 6-1]과 같이 2개의 숫자에 각각 10과 5를 입력한 후 [계산하기] 버튼을 클릭하면 add( ) 함수를 호출해서 두 숫자의 합을 구합니다. 2개의 값은 10과 5임에도 불구하고 결과는 15가 아니라 105로 나옵니다.

그림 6-1 실행 오류 예제

HTML의 <input type="text">, <input type="number"> 같은 요소는 사용자가 입력한 값이 value라는 속성에 들어가고, 자바스크립트에서 value 속성 값을 가져오면 무조건 문자열^{string}로 받습니다. 사용자가 아무리 숫자 값을 입력하더라도 결과는 문자열로 받아오는 것입니다. 그래서 add() 함수에는 숫자^{number}가 아닌 문자열^{string}이 전달되고, 2개의 문자열 값을 더하면 2개의 문자열을 연결(concat)합니다. 결국 숫자 10과 5가 아닌 문자열 10과 5가 전달되기 때문에 두 문자열을 연결하면 '105'가 나오는 것입니다.

두 수에 대한 합을 구하는 add() 함수를 다시 살펴보겠습니다.

```
function add(n1, n2) {
 return n1 + n2;
}

console.log(add("10", "15")); // 1015
```

프로그램적으로 전혀 문제 없고, 개발할 때는 물론 브라우저에서 실행할 때도 아무런 에러가 발생하지 않는 정상적인 코드입니다. 그럼에도 불구하고 add() 함수에 숫자가 아닌 문자가 전달된다면 개발자가 의도하지 않은 결과를 만들어냅니다.

동일한 함수를 타입스크립트를 구현하면 다음과 같습니다.

```
function add(n1: number, n2: number) {
 return n1 + n2;
}
```

자바스크립트 코드와 매우 유사한데, 함수의 파라미터를 정의하는 부분에 파라미터명과 파라미터로 전달받은 데이터 타입이 정의되어 있습니다(n1: number, n2: number).

타입스크립트로 구현된 add() 함수의 숫자 값을 문자로 전달하는 코드를 작성하면 [그림 6-2]와 같이 개발자가 구현하는 시점에 add() 함수로 전달되는 첫 번째 파라미터인 '10'에 빨간색 밑줄로 에러임을 알려주고, 어떤 에러(Argument of type 'string' is not assignable to parameter of type 'number'. − '문자열' 타입 인수는 '숫자' 타입의 매개변수에 할당할 수 없습니다.)가 발생했는지 바로 알려줍니다.

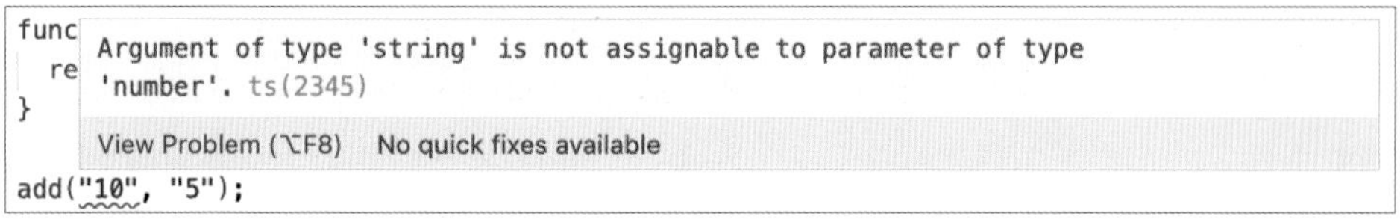

```
func    Argument of type 'string' is not assignable to parameter of type
   re   'number'. ts(2345)
}
        View Problem (⌥F8)    No quick fixes available

add("10", "5");
```

그림 6-2 타입스크립트에서는 에러 발생

이처럼 타입스크립트는 브라우저에서 실행되는 런타임 환경 전, 코딩하는 시점에 미리 에러를 발견하고 방지할 수 있습니다.

6.1.2 코드 가이드 및 자동 완성

이 책에서는 개발 IDE 도구로 비주얼 스튜디오 코드^{Visual Studio Code}를 사용합니다. 비주얼 스튜디오 코드 같은 개발 IDE 도구의 대표적인 장점은 코드 가이드 및 자동 완성 기능입니다.

자바스크립트는 객체로 이루어져 있고, 각 객체는 수많은 내장 함수를 가지고 있습니다. 비주얼 스튜디오 코드에서 코딩할 때는 각 객체가 가지는 내장 함수에 대한 코딩 가이드를 사용할 수 있습니다. 하지만 자바스크립트는 타입이 없기 때문에 비주얼 스튜디오 같은 개발 도구가 제공해주는 코드 가이드를 제대로 활용할 수 없을 때가 많습니다.

다음 자바스크립트 예제 코드를 살펴보겠습니다.

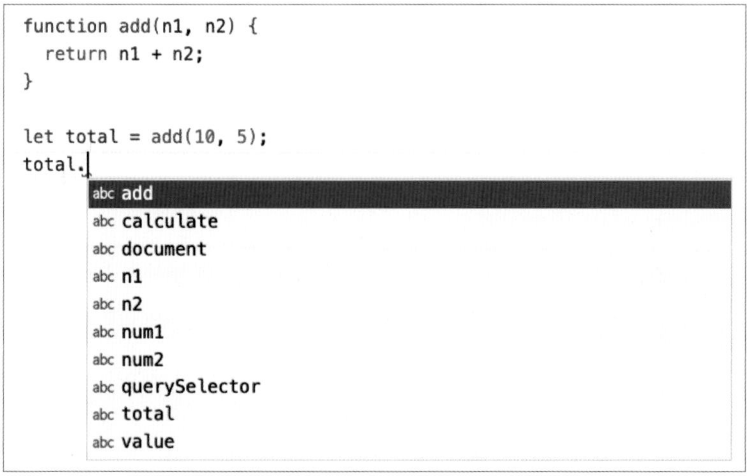

```
function add(n1, n2) {
  return n1 + n2;
}

let total = add(10, 5);
total.
        abc add
        abc calculate
        abc document
        abc n1
        abc n2
        abc num1
        abc num2
        abc querySelector
        abc total
        abc value
```

그림 6-3 자바스크립트에서는 코드 가이드가 나타나지 않음

변수 total에 add(10, 5) 함수의 반환 값을 할당했습니다. 이렇게 되면 변수 total에는 숫자 타입인 15가 할당됩니다. total에는 숫자 타입이 할당되어 있지만, 자바스크립트 Number 객체가 가지고 있는 내장 함수에 대한 코드 가이드가 나타나지 않습니다. 개발자는 어쩔 수 없이 Number 객체의 내장 함수를 직접 입력해야 하고, 이 과정에서 타이핑하는 시간도 소요되고 오타가 생길 수도 있습니다.

다음은 동일한 코드를 타입스크립트로 구현한 예제입니다.

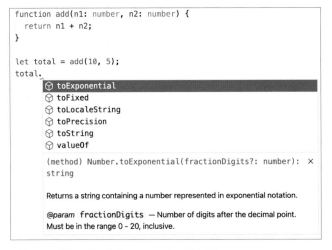

그림 6-4 타입스크립트에서는 코드 가이드가 나타남

타입스크립트로 구현하면 내장 함수에 대한 코드 가이드가 제공되기 때문에 함수명을 직접 입력하면서 발생할 수 있는 에러를 사전에 막을 수 있고, 설사 잘못 입력해도 빨간색 밑줄로 에러를 표시해주기 때문에 코딩 시점에 이런 유형의 에러를 모두 막을 수 있습니다. 또한 함수명을 직접 입력하지 않고도 자동 완성되기 때문에 개발 생산성이 높아집니다.

6.1.3 개발자 간 협업

프로젝트를 진행할 때, 프로젝트팀 내 개발 리더 혹은 경험이 많은 개발자가 공통 라이브러리를 개발해서 팀원에게 제공하는 경우가 많습니다. 이외에도 수많은 외부 라이브러리를 사용합니다. 이때 프로젝트 라이브러리에 상세한 주석이 없으면 라이브러리의 함수를 사용할 때 어떤 파라미터 타입을 전달해야 하는지 혹은 함수를 호출해서 return 값이 어떤 타입인지 명확하지 않아서 혼란스러울 때가 많고, 이는 예기치 못한 오류를 만듭니다. 심지어 주석이 상세하게 달려 있어도 대다수의 개발자는 주석을 제대로 읽고 이해하는 것에 굉장히 게으릅니다.

타입스크립트는 협업으로 개발할 때 굉장한 장점이 있습니다. input, output에 대한 타입이 명확하게 정의되어 있기 때문에 다른 개발자가 개발한 함수를 사용하는 시점에 대부분의 에러를 잡을 수 있습니다. 보통 협업 개발 시 다른 개발자가 개발한 함수를 잘못 사용해서 많은 에러가 발생하는데, 타입스크립트는 이런 종류의 에러를 사전에 방지하므로 높은 개발 품질을 유지해줍니다.

6.2 타입스크립트 사용하기

비주얼 스튜디오 코드는 타입스크립트를 기본으로 지원하므로 별도의 설정 없이도 타입스크립트로 개발할 수 있습니다. 하지만 타입스크립트 파일을 자바스크립트로 변환하는 컴파일러는 설치되어 있지 않기 때문에 직접 설치해야 합니다.

이 책에서는 'tsc-project'라는 이름으로 프로젝트 폴더를 생성했습니다. 비주얼 스튜디오 코드에서 tsc-project 폴더를 오픈합니다. 비주얼 스튜디오 코드의 터미널을 열고 다음 명령어를 사용해서 타입스크립트 컴파일러를 설치합니다(mac 환경에서는 -g 옵션을 이용하려면 명령어를 sudo npm install -g typescript로 사용해야 합니다).

```
npm install -g typescript
```

정상적으로 설치되었는지 확인하기 위해 다음 명령어를 실행합니다.

```
tsc --version
```

[그림 6-5]와 같이 설치된 컴파일러 버전이 콘솔창에 출력됩니다.

```
PROBLEMS    OUTPUT    DEBUG CONSOLE    TERMINAL

● seungwongo@Seungwonui-MacBookPro tsc-project % tsc --version
  Version 4.9.4
```

그림 6-5 타입스크립트 컴파일러 버전 확인

타입스크립트는 파일 확장자로 .ts를 사용합니다. test.ts 파일을 생성하고 다음 코드를 작성합니다.

```
function add(n1: number, n2: number): number {
 return n1 + n2;
}

var total = add(10, 10);
console.log(total);
```

Node.js 환경에서 타입스크립트 파일을 실행하려면 ts-node 모듈을 설치해야 합니다.

```
npm install -g ts-node
```

ts-node를 설치했다면 터미널에서 다음 명령어로 작성된 타입스크립트를 실행하겠습니다.

```
ts-node test.ts
```

그럼 다음 그림과 같이 콘솔창에 타입스크립트 실행 결과가 출력됩니다.

```
PROBLEMS    OUTPUT    DEBUG CONSOLE    TERMINAL

● seungwongo@Seungwonui-MacBookPro tsc-project % ts-node test.ts
  20
```

그림 6-6 test.ts 실행

작성된 test.ts 파일이 실제 자바스크립트 코드로 어떻게 만들어지는지 확인하기 위해 test.ts 파일을 컴파일하겠습니다. 컴파일하면 타입스크립트 파일과 1대 1로 대응하는 자바스크립트 파일이 생성됩니다. 다음 명령어를 실행합니다.

```
tsc test.ts
```

타입스크립트 파일을 컴파일하면 다음과 같이 파일 확장자만 .js이고 동일한 파일명의 자바스크립트 파일이 생성됩니다.

```
JS test.js > ...
1    function add(n1, n2) {
2        return n1 + n2;
3    }
4    var total = add(10, 10);
5    console.log(total);
```

그림 6-7 타입스크립트 컴파일을 통해 생성된 자바스크립트 파일

타입스크립트 컴파일러는 작성된 코드의 타입 오류를 체크하고 최신 타입스크립트, 자바스크립트로 작성된 코드가 구버전 브라우저에서도 작동할 수 있도록 구버전의 자바스크립트 코드로 트랜스파일transpile합니다. 이때 주의해야 할 점은 자바 같은 컴파일 언어는 대부분 코드에 오류가 있을 때 컴파일 실행을 멈추지만, 타입스크립트 컴파일러는 타입 체크와 완전히 독립적으로 작동하기 때문에 작성된 코드에 타입 오류가 있더라도 컴파일이 가능합니다.

6.3 타입스크립트의 타입

자바스크립트는 변수에 어떤 타입이든 할당할 수 있지만, 타입스크립트는 타입을 정의해서 사용해야 합니다. 타입을 정의할 수 있다는 것이 우리가 타입스크립트를 사용하는 이유입니다. 타입스크립트에서 사용하는 주요 타입은 다음과 같습니다.

- string
- number
- boolean
- Array
- object
- tuple

- enum
- any
- void
- null
- undefined
- never

6.3.1 string

문자열을 변수에 할당해야 한다면 다음과 같이 **string**이라는 타입을 사용합니다.

```
let red: string = "Red";
let yellow: string = "Yellow";
let color: string = "Green";
color = "Blue";
```

이때 변수명 다음에 콜론(:)을 이용해서 타입을 표기하고 문자열은 **string**으로 정의해서 사용합니다. 이렇게 **let 변수명 + 콜론(:) + 타입**을 정의하는 것을 타입 어노테이션^{annotation}이라고 합니다.

6.3.2 number

자바스크립트와 동일하게 타입스크립트의 모든 숫자는 부동소수 값입니다. 부동소수를 변수에 할당해야 한다면 다음과 같이 **number**라는 타입을 사용합니다.

```
let num1: number = 10;
let num2: number = 12;
```

6.3.3 boolean

참/거짓을 변수에 할당해야 한다면 다음과 같이 **boolean**이라는 타입을 사용합니다.

```
let isMember: boolean = true;
let isDone: boolean = false;
```

6.3.4 Array

타입스크립트에서 배열을 정의하는 방법은 2가지가 있습니다. 이 중 어떤 방법을 사용해도 괜찮습니다.

첫 번째 방법은 배열의 요소를 나타내는 타입 뒤에 배열을 의미하는 [ ]을 사용하는 것입니다.

```
let fruits: string[] = ["Apple", "Banana"];
let grades: number[] = [85, 92, 90];
```

두 번째 방법은 제네릭 배열 타입을 사용하는 것입니다.

```
let fruits: Array<string> = ["Apple", "Banana"];
let grades: Array<number> = [85, 92, 90];
```

6.3.5 tuple

tuple 타입은 배열 개수와 배열에 담을 요소 타입을 지정해서 고정된 배열을 선언할 수 있게 합니다. 다음 예제는 튜플로 선언되었고 배열에 반드시 2개의 요소가 저장되어야 하며 첫 번째 요소에는 문자열^{string}, 두 번째 요소에는 숫자형^{number}이 담겨야 합니다.

```
let tuple: [string, number];
tuple = ["tuple", 1]; // 성공
tuple = [1, "tuple"]; // 오류
```

6.3.6 enum

enum 타입은 열거형 문자열 상수를 숫자로 자동 인코딩한 후 저장하기 때문에 데이터 용량이 작습니다. 또한 문자열 상수를 사용해서 직관적인 코딩이 가능하게 합니다.

다음 예제에서는 Week를 enum 타입으로 선언했고 Week에 요소 값으로 Sun, Mon, Tue~Sat 까지 할당했습니다. enum 타입에 할당된 첫 번째 요소는 첫 번째 요소에 대한 숫자 값을 지정하지 않으면 자동으로 0이 할당되고, 나머지 요소는 0부터 1씩 순서대로 증가한 값을 가집니다.

```
enum Week {
  Sun,
```

```
  Mon,
  Tue,
  Wed,
  Thu,
  Fri,
  Sat,
}
```

enum 타입으로 선언된 값에 접근할 때는 다음과 같이 enum 변수에 담긴 문자열을 이용합니다.

```
console.log(Week.Sun); // 0
console.log(Week.Mon); // 1
console.log(Week.Tue); // 2
console.log(Week.Wed); // 3
console.log(Week.Thu); // 4
console.log(Week.Fri); // 5
console.log(Week.Sat); // 6
```

반대로 값에 대한 문자열을 확인하고 싶다면 다음과 같이 처리합니다.

```
console.log(Week[0]); // Sun
console.log(Week[1]); // Mon
console.log(Week[2]); // Tue
console.log(Week[3]); // Wed
console.log(Week[4]); // Thu
console.log(Week[5]); // Fri
console.log(Week[6]); // Sat
```

enum으로 선언된 변수는 실제 자바스크립트로는 어떻게 표현되는지 확인하기 위해 타입스크립트 파일을 컴파일하겠습니다. 책에서는 enum.ts로 파일을 생성했습니다.

```
ts-node enum.ts
```

컴파일을 통해 생성된 자바스크립트 코드는 다음과 같습니다.

```
var Week;
(function (Week) {
    Week[Week["Sun"] = 0] = "Sun";
```

```
    Week[Week["Mon"] = 1] = "Mon";
    Week[Week["Tue"] = 2] = "Tue";
    Week[Week["Wed"] = 3] = "Wed";
    Week[Week["Thu"] = 4] = "Thu";
    Week[Week["Fri"] = 5] = "Fri";
    Week[Week["Sat"] = 6] = "Sat";
})(Week || (Week = {}));
```

생성된 자바스크립트를 보면 결론적으로 **Week**라는 객체에 다음과 같이 총 14개의 키를 만들어서 값을 저장한 것과 똑같습니다.

```
Week["Sun"] = 0;
Week[0] = "Sun";
Week["Mon"] = 1;
Week[1] = "Mon";
Week["Tue"] = 2;
Week[2] = "Tue";
Week["Wed"] = 3;
Week[3] = "Wed";
Week["Thu"] = 4;
Week[4] = "Thu";
Week["Fri"] = 5;
Week[5] = "Fri";
Week["Sat"] = 6;
Week[6] = "Sat";
```

이렇게 enum 타입이 생성되었기 때문에 **Week.Sun** 혹은 **Week[0]**로 각각의 문자열에 대한 숫자 값과 숫자 값에 대한 문자열을 가져올 수 있는 것입니다. 타입스크립트에서 enum 타입으로 선언하면 모두 이와 같은 형태의 자바스크립트 코드를 생성한다고 생각하면 됩니다.

enum의 첫 번째 시작 숫자에 0이 아닌 특정 숫자 값을 지정하고 싶다면 다음과 같이 원하는 값을 할당합니다.

```
enum Week {
  Sun = 3,
  Mon,
  Tue,
  Wed,
  Thu,
```

```
  Fri,
  Sat,
}

console.log(Week.Mon); // 4
console.log(Week.Tue); // 5
console.log(Week.Wed); // 6
console.log(Week.Thu); // 7
console.log(Week.Fri); // 8
console.log(Week.Sat); // 9
```

다음과 같이 enum의 중간 요소 값을 지정할 수도 있습니다. 이렇게 하면 첫 요소 값은 0부터 시작하고, 값이 지정된 중간 요소 이후부터는 지정된 값부터 1씩 증가합니다.

```
enum Week {
  Sun,
  Mon,
  Tue,
  Wed = 13,
  Thu,
  Fri,
  Sat,
}

console.log(Week.Sun); // 0
console.log(Week.Mon); // 1
console.log(Week.Tue); // 2
console.log(Week.Wed); // 13
console.log(Week.Thu); // 14
console.log(Week.Fri); // 15
console.log(Week.Sat); // 16
```

6.3.7 any

any 타입은 어떤 값도 할당할 수 있는 타입입니다. 자바스크립트에서 변수에 어떤 데이터 타입이든 할당할 수 있는 것과 동일하다고 생각하면 됩니다. 타입스크립트 개발 시점에 어떤 타입을 할당해야 할지 모르는 경우가 있는데, 이런 경우 사용할 수 있는 것이 any입니다.

```
let notSure: any = 4; // number 값 할당
notSure = "maybe a string instead"; // string 값 할당
notSure = false; // boolean 값 할당
```

6.3.8 void

void 타입은 함수에 반환return 값이 없을 때와 null 혹은 undefined를 할당할 때 사용할 수 있습니다. 다음 함수처럼 반환 값이 없는 경우 타입을 void로 선언함으로써, 코드를 보지 않더라도 해당 함수에 반환 값이 없다는 것을 직관적으로 알 수 있습니다.

```
function log(msg: string): void {
  console.log(msg);
}
```

다음과 같이 null 혹은 undefined를 값으로 할당할 수 있지만 타입스크립트에 null 타입과 undefined 타입이 별도로 있기 때문에 권장하지는 않습니다.

```
let none: void = undefined;
none = null; // void 타입에 null을 할당하는 것은 컴파일 옵션에 strictNullChecks:
false일 경우에만 가능함.
```

6.3.9 null and undefined

타입스크립트에는 null과 undefined를 할당할 수 있는 전용 타입이 있습니다.

```
let n: null = null;
let u: undefined = undefined;
```

컴파일 옵션에서 strictNullChecks: false이면, null과 undefined는 number 타입이나 string 타입에도 할당해서 사용할 수 있습니다. 하지만 strictNullChecks: true이면, null과 undefined는 any 타입 혹은 각 null 타입과 undefined 타입에만 할당할 수 있습니다.

6.3.10 never

never 타입은 일반적으로 함수의 반환 타입으로 사용되고 값을 절대로 반환하지 않습니다.
never 타입은 의도적으로 항상 오류를 출력하거나 무한 루프를 실행합니다.

```
function error(message: string): never {
    throw new Error(message);
}
```

6.3.11 union

유니언 타입은 정확히 어떤 타입인지 모르지만 2개 이상의 타입 중 하나라는 것을 알고 있는
경우 사용할 수 있습니다. | 연산자를 사용해서 가능한 타입을 정의합니다.

다음 someValue는 string 또는 number 타입을 받을 수 있습니다.

```
let someValue: string | number; // string 또는 number
someValue = "this is a string"; // 할당된 값이 string이므로 string 타입으로 추론
someValue = 42; // 할당된 값이 number이므로 number 타입으로 추론
```

6.4 인터페이스

인터페이스는 실무에서 많이 사용합니다. 자바스크립트 서버에서 데이터베이스의 데이터를 조
회해서 클라이언트로 보내거나 반대로 클라이언트에서 서버로 데이터를 전송하는 경우를 생각
해보면 대부분의 데이터는 객체에 키-값 쌍으로 저장합니다. 데이터 전송[post]과 가져오기[get]의
경우 이렇게 객체 또는 객체를 요소로 가지고 있는 배열을 사용하는 것이 일반적입니다.

인터페이스는 타입스크립트에서 자바스크립트의 객체에 해당하는 구조를 담을 수 있습니다.
이 책에서 타입스크립트의 기본 타입 외에 인터페이스만을 별도로 다루는 이유가 여기에 있습

니다.

다음 코드에 고객 정보를 담기 위한 인터페이스를 정의하였습니다.

```
interface Customer {
  firstName: string;
  lastName: string;
  phone: string;
  email: string;
  gender: "M" | "F"; // 유니언 타입 "M" 또는 "F"
  company?: string; // 선택적 속성
  address?: string; // 선택적 속성
  city?: string; // 선택적 속성
  state?: string; // 선택적 속성
  zip?: string; // 선택적 속성
}
```

책에서 별도로 다루지 않았지만, Customer 인터페이스에 정의된 속성 중 company, address, city, state, zip에 붙어 있는 ?(물음표)는 선택적 속성을 의미하고 Customer를 정의할 때 반드시 있지 않아도 되는 속성을 의미합니다.

이렇게 인터페이스가 정의되면 객체를 선언할 때 인터페이스를 타입으로 할당할 수 있습니다. Customer 인터페이스를 타입으로 사용하는 객체에는 firstName, lastName, phone, email, gender 속성이 반드시 있어야 하며 나머지 속성은 선택적 속성이기 때문에 있어도 되고 없어도 됩니다.

```
// myCustomer 객체는 Customer 인터페이스를 준수
let myCustomer: Customer = {
  firstName: "John",
  lastName: "Doe",
  phone: "555-555-5555",
  email: "john@gmail.com",
  gender: "M",
  company: "ABC Company",
  address: "123 Main St",
  city: "Anytown",
  zip: "12345",
};
```

자바스크립트에서는 객체를 선언할 때 필수 속성과 선택적 속성을 정의할 방법이 없기 때문에 필수 속성을 정의하지 않더라도 오류가 발생하지 않습니다. 타입스크립트는 이렇게 애플리케이션을 개발할 때 가장 많이 사용하는 객체에 대한 스펙을 정의함으로써 오류를 사전에 방지하고 누가 개발하더라도 어떻게 정의해야 하는지 정확하게 가이드할 수 있습니다.

우리는 흔히 데이터베이스 또는 외부 서비스와 데이터를 주고받기 위해 인터페이스를 정의한다고 말합니다. 즉, 인터페이스는 데이터 송수신을 위한 정확한 스펙을 정의하여 프로그램 오류를 줄이고 명확한 개발을 하기 위해 사용합니다. 타입스크립트에서도 동일한 이유로 인터페이스를 사용하는 것입니다.

책에서 다룬 내용 외에도 인터페이스를 정의하는 방법이 몇 가지 더 있습니다. 인터페이스는 실무에서 가장 많이 사용하는 타입스크립트 구문이므로 반드시 숙지할 것을 권장합니다.

6.5 컴파일 설정

타입스크립트 컴파일 명령어를 입력할 때마다 컴파일 옵션을 정의하는 것은 매우 귀찮은 일입니다. 이때 컴파일 설정 파일인 tsconfig.json 파일을 프로젝트 root 디렉터리에 생성하면 편리합니다.

tsconfig.json 파일이 있으면 타입스크립트는 컴파일 시 자동으로 tsconfig.json에 정의된 옵션을 기준으로 컴파일을 진행합니다. tsconfig.json 파일은 터미널에서 다음 명령어로 생성할 수 있습니다.

```
$ tsc -- init
```

다음과 같이 tsconfig.json 파일이 생성됩니다. 필요한 모든 옵션이 자동으로 추가되어 있습니다. 몇 가지를 제외하고는 대부분의 옵션은 주석 처리되어 있고 주석을 해제하고 사용할 수도 있습니다.

```json
{
  "compilerOptions": {
    /* Visit https://aka.ms/tsconfig to read more about this file */

    /* 프로젝트 관련 옵션 */
    // "incremental": true,
    /* 프로젝트를 증분 컴파일할 수 있도록 .tsbuildinfo 파일을 저장합니다. */
    // "composite": true,
    /* 타입스크립트 프로젝트를 프로젝트 참조와 함께 사용할 수 있도록 하는 제약 조건 활
성화. */
    // "tsBuildInfoFile": "./.tsbuildinfo",
    /* .tsbuildinfo 증분 컴파일 파일의 경로를 지정합니다. */
    // "disableSourceOfProjectReferenceRedirect": true,
    /* 복합 프로젝트를 참조할 때 선언 파일 대신 소스 파일 선호 비활성화. */
    // "disableSolutionSearching": true,
    /* 편집할 때 다중 프로젝트 참조 확인에서 프로젝트를 선택 해제합니다. */
    // "disableReferencedProjectLoad": true,
    /* 타입스크립트에 의해 자동으로 로드되는 프로젝트 수를 줄입니다. */

    /* 언어와 환경 관련 옵션 */
    "target": "es2016" /* 내보낼 JavaScript에 대한 버전을 설정하고 호환되는 라이브러
리 선언을 포함합니다. */,
    // "lib": [],
    /* 대상 런타임 환경을 설명하는 번들 라이브러리 선언 파일 세트 지정합니다. */
    // "jsx": "preserve",
    /* 생성되는 JSX 코드를 지정합니다. */
    // "experimentalDecorators": true,
    /* TC39 2단계 초안 데코레이터에 대한 실험적 지원을 활성화합니다. */
    // "emitDecoratorMetadata": true,
    /* 소스 파일의 데코레이트된 선언에 대한 디자인 타입 메타데이터 내보내기를 활성화합
니다. */
    // "jsxFactory": "",
    /* React JSX 내보내기를 대상으로 할 때 사용되는 JSX 팩토리 함수를 지정합니다. */
    // "jsxFragmentFactory": "",
    /* React JSX 내보내기를 대상으로 할 때 프래그먼트에 사용되는 JSX 프래그먼트 참조를
지정합니다. */
    // "jsxImportSource": "",
    /* 'jsx: react-jsx*'를 사용할 때 JSX 팩터리 함수를 가져오는 데 사용되는 모듈 지정
자를 지정합니다. */
    // "reactNamespace": "",
    /* 'createElement'에 대해 호출된 객체를 지정합니다. 이것은 'react' JSX 방출을 대
상으로 할 때만 적용됩니다. */
    // "noLib": true,
```

```
    /* 기본 lib.d.ts를 포함하여 라이브러리 파일 포함을 비활성화합니다. */
    // "useDefineForClassFields": true,
    /* ECMAScript 표준 준수 클래스 필드를 내보냅니다. */
    // "moduleDetection": "auto",
    /* 모듈 형식 JS 파일을 감지하는 데 사용되는 방법을 제어합니다. */

    /* 모듈 관련 옵션 */
    "module": "commonjs" /* 생성되는 모듈 코드를 지정합니다. */,
    // "rootDir": "./",
    /* 소스 파일 내에서 루트 폴더를 지정합니다. */
    // "moduleResolution": "node",
    /* 타입스크립트가 주어진 모듈 지정자에서 파일을 찾는 방법을 지정합니다. */
    // "baseUrl": "./",
    /* 상대적이지 않은 모듈 이름을 확인하기 위한 기본 디렉터리를 지정합니다. */
    // "paths": {},
    /* 추가적인 검색 위치로 가져오기를 다시 매핑하는 항목 집합을 지정합니다. */
    // "rootDirs": [],
    /* 모듈을 해석할 때 여러 폴더를 하나로 취급하도록 허용합니다. */
    // "typeRoots": [],
    /* './node_modules/@types'처럼 작동하는 여러 폴더를 지정합니다. */
    // "types": [],
    /* 소스 파일에서 참조하지 않고 포함할 타입 패키지 이름을 지정합니다. */
    // "allowUmdGlobalAccess": true,
    /* 모듈에서 UMD 전역 액세스를 허용합니다. */
    // "moduleSuffixes": [],
    /* 모듈을 해석할 때 검색할 파일 이름 접미사 목록입니다. */
    // "resolveJsonModule": true,
    /* .json 파일 가져오기를 활성화합니다. */
    // "noResolve": true,
    /* 타입스크립트가 프로젝트에 추가해야 하는 파일 수를 확장하는 'import', 'require'
또는 '<reference>'를 허용하지 않습니다. */

    /* 자바스크립트 지원 옵션 */
    // "allowJs": true,
    /* 자바스크립트 파일이 타입스크립트 프로그램의 일부가 되도록 허용합니다. 자바스크립
트 파일에서 오류를 가져오려면 'checkJS' 옵션을 활성화합니다. */
    // "checkJs": true,
    /* 타입 검사기가 자바스크립트 파일에서 오류 보고를 활성화합니다. */
    // "maxNodeModuleJsDepth": 1,
    /* 'node_modules'에서 자바스크립트 파일을 확인하는 데 사용되는 최대 폴더 깊이를
지정합니다. 'allowJs'에만 적용 가능합니다. */

    /* 내보내기 관련 옵션 */
    // "declaration": true,
```

```
      /* 프로젝트의 타입스크립트 및 자바스크립트 파일에서 .d.ts 파일을 생성합니다. */
      // "declarationMap": true,
      /* d.ts 파일에 대한 소스 맵을 만듭니다. */
      // "emitDeclarationOnly": true,
      /* 자바스크립트 파일이 아닌 d.ts 파일만 출력합니다. */
      // "sourceMap": true,
      /* 내보낸 자바스크립트 파일에 대한 소스 맵 파일을 만듭니다. */
      // "outFile": "./",
      /* 모든 출력을 하나의 자바스크립트 파일로 묶는 파일을 지정합니다. 'declaration'이
true이면 모든 .d.ts 출력을 묶는 파일도 지정합니다. */
      // "outDir": "./",
      /* 내보낸 모든 파일의 출력 폴더를 지정합니다. */
      // "removeComments": true,
      /* 주석 내보내기를 비활성화합니다. */
      // "noEmit": true,
      /* 컴파일시 파일 내보내기를 비활성화합니다. */
      // "importHelpers": true,
      /* 파일별로 포함하는 대신 프로젝트당 한 번 tslib에서 helper 함수를 가져올 수 있습
니다. */
      // "importsNotUsedAsValues": "remove",
      /* 타입에만 사용되는 가져오기에 대한 내보내기/검사 동작을 지정합니다. */
      // "downlevelIteration": true,
      /* 반복을 위해 더 많은 규정을 준수하지만 상세하고 성능이 떨어지는 자바스크립트를 내
보냅니다. */
      // "sourceRoot": "",
      /* 참조 소스 코드를 찾기 위한 디버거의 루트 경로를 지정합니다. */
      // "mapRoot": "",
      /* 디버거가 생성된 위치 대신 맵 파일을 찾아야 하는 위치를 지정합니다. */
      // "inlineSourceMap": true,
      /* 내보낸 자바스크립트 내에 소스 맵 파일을 포함합니다. */
      // "inlineSources": true,
      /* 내보낸 자바스크립트 내부의 소스 맵에 소스 코드를 포함합니다. */
      // "emitBOM": true,
      /* 출력 파일의 시작 부분에 UTF-8 BOM(Byte Order Mark)을 내보냅니다. */
      // "newLine": "crlf",
      /* 내보내는 파일을 위한 새로운 행 문자를 설정합니다. */
      // "stripInternal": true,
      /* JSDoc 주석에 '@internal'이 있는 내보내기 선언을 비활성화합니다. */
      // "noEmitHelpers": true,
      /* 컴파일된 출력에서 '__extends'와 같은 사용자 지정 helper 함수 생성을 비활성화합
니다. */
      // "noEmitOnError": true,
      /* 타입 검사 오류가 보고되면 파일 내보내기를 비활성화합니다. */
      // "preserveConstEnums": true,
```

```
  /* 생성된 코드에서 'const enum' 선언 지우기를 비활성화합니다. */
  // "declarationDir": "./",
  /* 생성된 선언 파일의 출력 디렉터리를 지정합니다. */
  // "preserveValueImports": true,
  /* 자바스크립트 출력에서 사용하지 않은 가져온 값을 유지합니다. */


  /* 상호 운용성 제약 옵션 */
  // "isolatedModules": true,
  /* 다른 가져오기에 의존하지 않고 각 파일을 안전하게 변환할 수 있는지 확인합니다. */
  // "allowSyntheticDefaultImports": true,
  /* 모듈에 기본 내보내기가 없는 경우 'import x from y'를 허용합니다.  */
  "esModuleInterop": true /* CommonJS 모듈 가져오기 지원을 쉽게 하기 위해 추가적인
자바스크립트를 내보냅니다. 이렇게 하면 형식 호환성을 위해 'allowSyntheticDefaultIm-
ports'가 활성화됩니다. */,
  // "preserveSymlinks": true,
  /* 실제 경로에 대한 symlink 확인을 비활성화합니다. 이것은 노드의 동일한 플래그와
관련이 있습니다. */
  "forceConsistentCasingInFileNames": true /* 가져오기에서 대소문자가 올바른지 확
인합니다. */,


  /* 타입 검사 관련 옵션 */
  "strict": true /* 모든 엄격한 타입 검사 옵션을 활성화합니다. */,
  // "noImplicitAny": true,
  /* 암시된 'any' 타입이 있는 식 및 선언에 대한 오류 보고를 활성화합니다. */
  // "strictNullChecks": true,
  /* 타입 검사 시 'null' 및 'undefined'를 확인합니다. */
  // "strictFunctionTypes": true,
  /* 함수를 할당할 때 매개변수와 반환 값이 하위 타입과 호환되는지 확인합니다. */
  // "strictBindCallApply": true,
  /* 'bind', 'call' 및 'apply' 메서드의 인수가 원래 함수와 일치하는지 확인합니다. */
  // "strictPropertyInitialization": true,
  /* 선언되었지만 생성자에서 설정되지 않은 클래스 속성을 확인합니다. */
  // "noImplicitThis": true,
  /* 'this'에 'any' 유형이 지정되면 오류 보고를 사용합니다. */
  // "useUnknownInCatchVariables": true,
  /* catch 구문의 기본 변수는 'any' 대신 'unknown'을 사용합니다. */
  // "alwaysStrict": true,
  /* 'use strict'가 항상 사용합니다. */
  // "noUnusedLocals": true,
  /* 로컬변수를 읽지 않을 때 오류 보고를 활성화합니다. */
  // "noUnusedParameters": true,
  /* 함수 매개변수를 읽지 않으면 오류를 발생시킵니다. */
  // "exactOptionalPropertyTypes": true,
  /* 선택적 속성 타입을 'undefined'을 추가하는 대신 작성된 대로 해석합니다. */
```

```
    // "noImplicitReturns": true,
    /* 함수에서 명시적으로 반환하지 않는 코드 경로에 대한 오류 보고를 활성화합니다. */
    // "noFallthroughCasesInSwitch": true,
    /* switch 문에서 fallthrough 사례에 대한 오류 보고를 활성화합니다. */
    // "noUncheckedIndexedAccess": true,
    /* 인덱스를 사용하여 액세스할 때 타입에 'undefined'을 추가합니다. */
    // "noImplicitOverride": true,
    /* 파생 클래스의 재정의 멤버가 재정의 한정자로 표시되었는지 확인합니다. */
    // "noPropertyAccessFromIndexSignature": true,
    /* 인덱싱된 타입을 사용하여 선언된 키에 대해 인덱싱된 접근자를 사용하도록 합니다. */
    // "allowUnusedLabels": true,
    /* 사용하지 않는 레이블에 대한 오류 보고를 비활성화합니다. */
    // "allowUnreachableCode": true,
    /* 도달할 수 없는 코드에 대한 오류 보고를 비활성화합니다. */

    /* Completeness */
    // "skipDefaultLibCheck": true,
    /* 타입스크립트에 포함된 .d.ts 파일의 타입 검사를 건너뜁니다. */
    "skipLibCheck": true /* 모든 .d.ts 파일의 타입 검사를 건너뜁니다. */
  }
}
```

코드를 설명하지 못하면,

아마도 그것은 좋은 아이디어가 아니다.

리누스 토르발스(Linus Torvalds)

7장

사용자 기기에 따른 고려사항

7.1 데스크톱에서의 웹

이 책에서는 PC와 노트북을 데스크톱 환경으로 가정하겠습니다.

7.1.1 데스크톱에서 웹을 사용하는 방식

데스크톱 환경에서는 사용자가 컴퓨터와 상호작용하기 위해 키보드와 마우스를 쉴 새 없이 오갑니다. 다음은 웹에서 키보드와 마우스를 사용하는 일반적인 예입니다.

키보드	마우스
• 로그인을 위한 아이디, 비밀번호 입력 • 회원가입을 위한 이름, 전화번호, 이메일 등의 사용자 정보 입력 • 정보를 찾기 위한 검색 키워드 입력 • 주문 수량 입력 • 배송 정보 입력	• 로그인, 검색 등의 버튼 클릭 • 메뉴, 기사, 페이지 등의 링크 클릭 • 상품 카테고리, 상품 등의 링크 클릭 • 주문 수량 숫자 증가/감소 버튼 클릭

불필요하고 잦은 이동은 결국 좋지 못한 경험으로 남습니다. 그래서 웹 개발자는 키보드와 마우스를 최소한으로 오가면서 웹을 이용할 수 있는 방안을 고려해서 개발해야 합니다.

7.1.2 데스크톱 사용자 고려하기

데스크톱 사용자는 키보드 위에 양 손을 올리고 자판을 입력하기도 하고, 한 손을 옮겨서 마우스를 잡았다가 다시 키보드를 입력하기도 합니다. 큰 화면에서 보는 웹에는 많은 콘텐츠가 있고, 콘텐츠와 콘텐츠 사이의 간격이 멀기 때문에 원하는 콘텐츠를 찾고 이동하는 데 더 많은 시간이 소요됩니다.

콘텐츠를 선택하기까지의 이동 시간 단축

1954년 폴 피츠Paul Fitts가 발표한 피츠의 법칙은 시작점에서 목표 지점까지 이동하는 데 필요한 시간을 예측하는 인간 행동 모델입니다. 목표 영역 크기가 작고 목표 지점까지의 거리가 멀수록 이동 시간은 증가합니다. 즉, 타깃으로 하는 대상이 크거나 움직이는 거리가 짧으면 대상을 선택하기까지의 시간이 줄어듭니다. 피츠의 법칙은 버튼과 링크와 같이 클릭 가능한 HTML 요소를 디자인하고 배치할 때 특히 중요합니다.

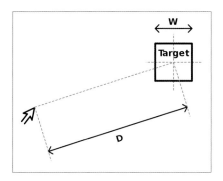

그림 7-1 피츠의 법칙

키보드로 요소 이동 지원

입력해야 할 필드가 많으면 사용자는 키보드와 마우스를 끊임없이 오가야 합니다. 이런 요소가 많아지면 단지 사용하는 시간이 늘어날 뿐 아니라 좋지 못한 사용자 경험을 하게 되기 때문에 사용자에게서 외면받는 웹이 될 수 있습니다.

HTML 요소의 tabindex 속성을 사용하면 마우스를 사용하지 않고 키보드만으로 필드를 이동할 수 있습니다. tabindex는 [Tab] 키를 눌렀을 때 마우스 포커스의 이동 순서를 지정할 수 있는 속성입니다. 예를 들어 HTML의 어떤 요소를 tabindex="1"로 지정하면, 사용자가 웹 화면에서 제일 처음 [Tab] 키를 눌렀을 때 해당 tabindex="1"로 지정된 HTML 요소로 이동하는 것입니다. 그 다음 [Tab] 키를 누르면 tabindex="2"로 지정된 HTML 요소로 포커스가 이동합니다. tabindex 값은 1부터 1씩 증가하도록 지정합니다.

다음 예제에는 tabindex 속성 값이 이름 → 이메일 → 전화번호 → 전송 버튼 순으로 정의되어 있습니다.

```
<form>
 <label for="name">이름</label>
 <input type="text" id="name" tabindex="1" autofocus />
 <label for="email">이메일</label>
 <input type="email" id="email" tabindex="2" />
```

```
<label for="tel">전화번호</label>
<input type="tel" id="tel" tabindex="3" />
<button type="submit" tabindex="4">전송</button>
</form>
```

이 화면에 대한 사용자 플로우는 다음 순서로 진행될 것입니다.

1 화면을 열면 마우스 포커스가 이름을 입력하는 input 필드에 있습니다.

2 이름을 입력합니다.

3 Tab 키를 누르면 이메일을 입력하는 input 필드로 마우스 포커스가 이동합니다.

4 이메일을 입력합니다.

5 Tab 키를 누르면 전화번호를 입력하는 input 필드로 마우스 포커스가 이동합니다.

6 전화번호를 입력합니다.

7 Tab 키를 누르면 전송 버튼으로 마우스 포커스가 이동합니다.

8 Enter 키를 입력하면 폼이 전송됩니다.

이와 같이 tabindex를 적절하게 사용하면 마우스를 단 한 번도 이용하지 않고도 폼 입력을 마치고 입력된 내용을 전송할 수 있습니다. tabindex는 웹페이지가 작성된 구조의 순서와 상관없이 Tab 키에 대한 순서를 지정할 때 사용합니다.

<input>, <select>, <a>, <button>은 마우스 커서를 위치시킬 수 있는 HTML 요소입니다. tabindex 속성을 사용하지 않아도 Tab 키를 누르면 웹페이지가 작성된 구조의 순서에 따라 마우스 포커스가 이동합니다. 반면 <span>이나 <div>와 같이 마우스 포커스가 안 되는 HTML 요소도 있습니다. Tab 키를 이용해 이런 HTML 요소로 이동하고 싶다면 tabindex="0"을 사용하면 됩니다. 예를 들어 버튼 기능이 있는 요소를 <button> 태그가 아닌 <span> 태그로 만들었다면, Tab 키를 통해 버튼 역할을 수행하는 <span> 태그로 이동할 수 없습니다. 이때 버튼 역할을 하는 <span> 태그에 tabindex="0"을 사용하면 Tab 키를 눌렀을 때 마우스 포커스를 이동시킬 수 있고 Enter 키로 버튼을 실행할 수 있습니다.

```
<span class="button" role="button" tabindex="0">저장</span>
```

tabindex="-1"으로 설정된 HTML 요소는 [Tab] 키로 마우스 포커스를 이동시킬 수 없습니다. HTML 요소에 최초 정의할 때부터 tabindex="-1"을 설정할 수도 있지만, 자바스크립트를 사용해서 특정 요소에 잠시 동안 tabindex="-1"을 지정할 수 있습니다.

앞서 살펴봤던 예제를 다시 보겠습니다.

```html
<form>
  <label for="name">이름</label>
  <input type="text" id="name" tabindex="1" autofocus />
  <label for="email">이메일</label>
  <input type="email" id="email" tabindex="2" />
  <label for="tel">전화번호</label>
  <input type="tel" id="tel" tabindex="3" />
  <button type="submit" tabindex="4">전송</button>
</form>
```

사용자가 이름 → 이메일 → 전화번호 순으로 정보를 입력했는데, 이메일 주소를 올바르지 못한 형식으로 입력했습니다. 이때 다시 [Tab] 키를 누르면 이름 → 이메일 → 전화번호 순서대로 마우스 포커스가 이동할 것입니다. 만약 사용자가 전송 버튼을 클릭했을 때 잘못 입력된 필드를 제외하고 올바르게 입력된 나머지 필드의 tabindex 속성 값을 모두 '-1'로 바꿔준다면, [Tab] 키를 눌렀을 때 바로 잘못 입력한 이메일 필드로 마우스 포커스를 이동시킬 수 있습니다. 이메일 필드를 올바르게 입력한 후 다시 [Tab] 키를 누르면 그 다음 입력 필드인 전화번호가 아니라 바로 전송 버튼으로 이동할 수 있습니다. tabindex="-1" 속성 값은 이런 경우 매우 유용합니다.

tabindex는 스크린 리더 같은 보조 기기를 사용하는 사용자에게 매우 유용합니다. 시각장애인은 원하는 요소를 정확하게 클릭하는 것이 어렵기 때문에 tabindex를 적재적소에 사용하면 큰 도움이 됩니다. 하지만 tabindex를 잘못 사용하면 오히려 웹페이지 구성에 혼란을 줄 수 있습니다. 적절한 HTML 요소를 사용해서 사용자의 행동 순서에 맞게 이미 잘 구성했다면 tabindex를 사용하지 않아도 됩니다.

7.2 모바일에서의 웹

7.2.1 모바일에서 웹을 사용하는 방식

모바일 기기는 데스크톱보다 화면이 작고 키보드나 마우스 같은 보조 도구 없이 손가락으로 이용합니다. 스마트폰 해상도가 높아짐에 따라 작은 화면에 많은 콘텐츠를 담을 수 있게 되었지만, 화면 크기가 데스크톱만큼 커진 것도 아니고 사용자의 손가락이 얇아진 것도 아닙니다. 그래서 스마트폰으로 웹을 이용하는 사용자는 여전히 많은 불편을 겪고 있고 특히 정보를 입력할 때 많은 오류를 경험합니다.

이전에는 웹을 이용하는 주 사용 기기가 데스크톱이었기 때문에 데스크톱용 웹을 먼저 디자인한 후 이를 바탕으로 모바일용 웹을 작업했습니다. 그러나 스마트폰 사용량이 데스크톱 사용량을 넘어선 이후 모바일용 웹을 데스크톱용보다 먼저 설계하는 것이 대세가 되었고 이를 모바일 퍼스트mobile first[1]라고 합니다.

7.2.2 모바일 사용자 고려하기

중요하지 않은 콘텐츠 생략

화면 공간이 제한적인 모바일 기기의 경우, UI가 복잡하거나 너무 많은 정보를 담고 있으면 사용자에게 혼란을 줄 수 있습니다. 최소한의 기능으로 복잡성을 줄이고 간결한 화면을 제공하는 것이 좋습니다.

모바일과 데스크톱에서 제공하는 콘텐츠는 항상 동일하지 않습니다. 기기 사이즈별로 콘텐츠의 배치가 달라지는 경우가 많은데, 상황에 따라 데스크톱에서 제공하는 콘텐츠를 모바일에서는 다른 콘텐츠로 대체한다거나 아예 감춰야 할 수도 있습니다. 특히 기업 업무 시스템은 데스크톱과 모바일 기기에서 제공하는 콘텐츠가 다른 경우가 많습니다. 보안이 중요한 콘텐츠는 기업 외부에서 이용하지 못하도록 막는 것입니다. 또한 한 페이지 내에 제공하는 콘텐츠 양이 많

---

1 사용자 경험(UX)을 디자인할 때 모바일인 경우를 최우선으로 초점을 맞춰 디자인하는 것입니다. 루크 로블르스키(Luke Wroblewski)가 최초로 주장한 전략이며 반응형 웹 디자인을 기반으로 한 개념입니다.

으면 모바일 기기에선 중요도나 가독성이 떨어지는 콘텐츠는 감추고 반드시 필요한 콘텐츠만 제공하는 것이 좋습니다. 그래서 반응형 웹페이지를 구현할 때 반드시 모바일 기기에서 생략할 콘텐츠를 고려해야 합니다.

다음 예제는 화면의 넓이가 768px 이하일 때만 클래스 **display-m-none**이 적용된 HTML 요소를 숨길 수 있도록 했습니다.

```
<style>
 @media screen and (max-width: 768px) {
   .display-m-none {
     display: none;
   }
 }
</style>

<body>
 <div>중요 콘텐츠</div>
 <div class="display-m-none">작은 화면에서는 보기 힘든 콘텐츠</div>
 <div class="display-m-none">상대적으로 덜 중요한 콘텐츠</div>
 <div>중요 콘텐츠</div>
</body>
```

직관적인 네비게이션 제공

너무 많은 메뉴는 오히려 혼란을 줍니다. 반응형 모바일 웹이더라도 데스크톱 웹과 동일한 메뉴를 제공하는 것은 피해야 합니다. 작은 화면과 어디서든 접근 가능하다는 모바일 기기의 특성에 맞는 메뉴를 선별해서 직관적인 네비게이션을 제공해야 합니다. 사용자가 자주 이용하는 메뉴는 화면 하단에 고정하고 사용 빈도가 적은 메뉴는 풀스크린 메뉴 또는 햄버거 버튼 메뉴에 넣는 것이 좋습니다.

그림 7-2 에어비앤비 화면 하단 고정 메뉴 제공

가독성 높은 폰트 사용

모바일 기기에서 타이포그래피와 텍스트로 나타내는 콘텐츠는 가독성이 특히 중요합니다. 단순히 서체 크기를 키우고 두껍게 하는 것뿐만 아니라 가독성이 좋은 서체를 사용해야 사용성을 높일 수 있습니다. 일반적으로 모바일 기기 브라우저의 기본 서체를 사용하는 것이 좋고, 모든 텍스트는 화면을 확대하지 않아도 읽을 수 있는 크기여야 합니다.

그림 7-3 가독성이 좋은 텍스트 크기[2]

텍스트에 배경과 대비되는 색상 사용

텍스트 색상과 배경 색상의 대비가 적으면 텍스트가 배경에 묻혀서 식별하기 어렵습니다. 텍스트와 배경 색상의 명도 대비는 4.5:1 이상이어야 가독성이 좋습니다.[3]

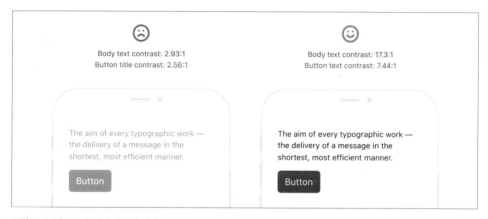

그림 7-4 텍스트와 배경 색상의 대비

터치를 위한 충분한 공간 확보

모바일 웹 화면의 버튼은 크기가 작아서 잘못 누르는 경우가 많습니다. 그래서 모바일 웹의 인터페이스를 디자인할 때는 손가락으로 충분히 누를 수 있는 크기의 버튼을 고려해야 합니다.

---

2 https://uxdesign.cc/guide-for-designing-better-mobile-apps-typography-5796495ef86f
3 https://www.tpgi.com/color-contrast-checker에서 명도 대비를 알 수 있는 툴을 다운받을 수 있습니다.

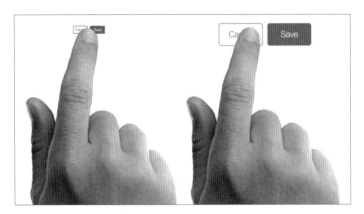

그림 7-5 버튼 크기 최적화[4]

이때 단순히 버튼 크기만 키우는 게 중요한 것이 아니라 페이지 내 다른 요소 대비 버튼의 크기를 같이 고려해야 합니다. 다른 요소에 비해 특정 버튼이 너무 크다면 사용자가 집중해야 할 콘텐츠보다 버튼에 시선을 뺏길 수 있습니다. MIT Touch Lab 연구에 의하면 버튼 크기는 최소 10mm * 10mm가 되어야 한다고 합니다. 또한 버튼과 버튼 사이 간격을 적절히 확보해서 의도치 않은 버튼을 클릭하는 것을 막아야 합니다.

사용자가 직접 입력하는 정보 최소화

모바일 기기에서는 크기가 작은 자판을 사용하기 때문에 내용 입력 시 오류가 자주 발생합니다. 따라서 사용자가 직접 입력하는 항목을 최소화해야 합니다. 예를 들어 입력 필드 대신 선택할 수 있도록 미리 정의된 옵션(라디오 버튼, 체크 박스 등)을 제공하는 것이 좋습니다. 기본 값을 제공하는 입력 필드의 경우 `placeholder`를 사용한 입력 예시가 아니라 실제 입력 값에 기본 값을 제공해서 사용자가 값을 입력하는 시간을 단축할 수 있습니다.

모바일에서는 텍스트를 입력하는 것만큼 지우는 것 또한 어렵습니다. 사용자가 입력한 전체 정보를 한 번에 지울 수 있는 초기화 버튼을 기본으로 제공해야 합니다.

입력 용도에 맞는 입력 필드 사용

모바일 기기에서는 입력 필드(`input type`), 즉 `<input>` 태그의 어떤 `type` 속성 값을 사용하느냐에 따라 키패드가 달라집니다. 주민등록번호, 인증번호와 같이 숫자를 입력해야 하는 경우

---

4 https://url.kr/zuyv4i

숫자 키패드를 나타내야 합니다. `<input type="number">`를 사용하면 [그림 7-6]의 우측 그림과 같이 숫자 키패드가 나타납니다.

그림 7-6 모바일에서 `<input type="number">` 사용(좌: iOS, 우: 안드로이드)

[그림 7-6]을 보면 우측 안드로이드 기기에는 숫자 키패드가 나타나는데, 좌측 iOS 기기에는 숫자 키패드가 나타나지 않습니다. iOS에서도 숫자 키패드가 나타나게 하기 위해서는 다음과 같은 코드를 작성해야 합니다.

```
<input type="number" pattern="\d*" placeholder="number">
```

전화번호를 입력받을 때는 `<input type="tel">`을 사용해야 합니다. [그림 7-7]과 같이 국가 코드를 입력할 수 있는 +, 숫자 키가 제공됩니다.

그림 7-7 모바일에서 `<input type="tel">` 사용(좌: iOS, 우: 안드로이드)

이메일 주소를 입력받을 때는 `<Input type="email">`을 사용해야 합니다. [그림 7-8]과 같이 `@.com` 같은 키가 제공됩니다.

그림 7-8 모바일에서 `<input type="email">` 사용(좌: iOS, 우: 안드로이드)

URL을 입력받을 때는 `<input type="url">`을 사용해야 합니다. [그림 7-9]와 같이 **/** **.com** **www** 같은 키가 제공됩니다.

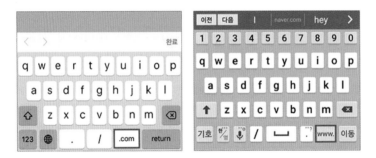

그림 7-9 모바일에서 `<input type="url">` 사용(좌: iOS, 우: 안드로이드)

검색 키워드를 입력받을 때는 `<input type="search">`을 사용해야 합니다. [그림 7-10]과 같이 키패드가 Enter 키 대신 검색, 돋보기 키를 제공합니다.

그림 7-10 모바일에서 `<input type="search">` 사용(좌: iOS, 우: 안드로이드)

날짜를 입력받을 때는 <input type="date">을 사용해야 합니다. [그림 7-11]과 같이 날짜를 쉽게 선택할 수 있는 룰렛 형태의 키패드를 제공합니다.

그림 7-11 모바일에서 <input type="date"> 사용(좌: iOS, 우: 안드로이드)

연도와 월을 입력받을 때는 <input type="month">을 사용해야 합니다. [그림 7-12]와 같이 쉽게 선택할 수 있는 룰렛 형태의 키패드를 제공합니다.

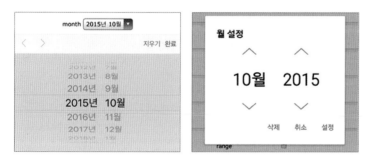

그림 7-12 모바일에서 <input type="month"> 사용(좌: iOS, 우: 안드로이드)

시간을 입력받을 때는 <input type="time">을 사용해야 합니다. [그림 7-13]과 같이 시간을 쉽게 선택할 수 있는 룰렛 형태의 키패드를 제공합니다.

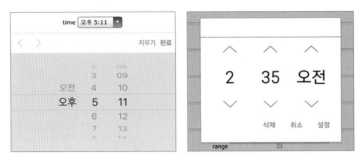

그림 7-13 모바일에서 `<input type="time">` 사용(좌: iOS, 우: 안드로이드)

때로는 데스크톱에서는 `<input type="text">`를 유지하고, 모바일 환경에서만 입력 유형에 맞는 키패드를 제공해야 하는 경우가 있습니다. 이때 `<input>` 태그의 **type** 속성을 text로 그대로 유지하면서 inputmode 속성으로 모바일에 맞는 입력 키패드를 보여줄 수 있습니다. 단, numeric, tel, decimal, email, url, search, none만 제공됩니다. none을 사용하면 입력을 위한 키패드를 직접 구현할 때 모바일에서 제공하는 기본 가상 키패드가 나타나는 것을 막을 수 있습니다. inputmode="numeric"을 사용하면 [그림 7-14]와 같이 숫자를 입력할 수 있는 키패드를 제공합니다.

```
<input type="text" inputmode="numeric" />
```

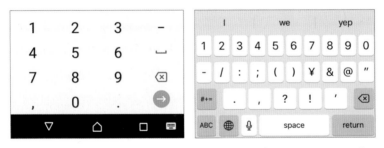

그림 7-14 모바일에서 `<input inputmode="numeric">` 사용(좌: 안드로이드, 우: iOS)

inputmode="tel"을 사용하면 [그림 7-15]와 같이 전화번호를 입력할 수 있는 키패드를 제공합니다.

```
<input type="text" inputmode="tel" />
```

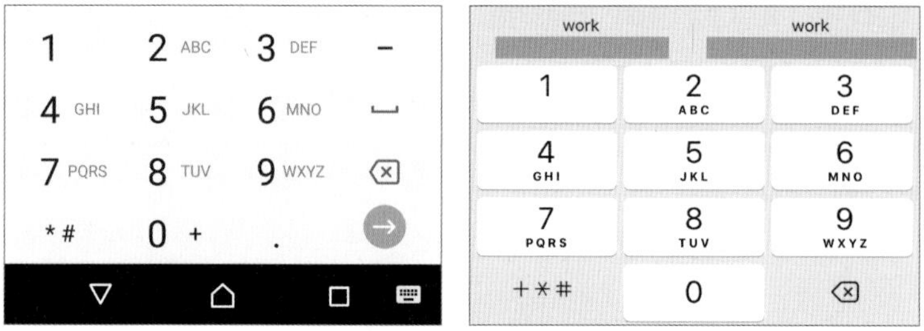

그림 7-15 모바일에서 `<input inputmode="tel">` 사용(좌: 안드로이드, 우: iOS)

`inputmode="decimal"`을 사용하면 [그림 7-16]과 같이 실수형^float 숫자를 입력할 수 있는 키패드를 제공합니다.

```
<input type="text" inputmode="decimal" />
```

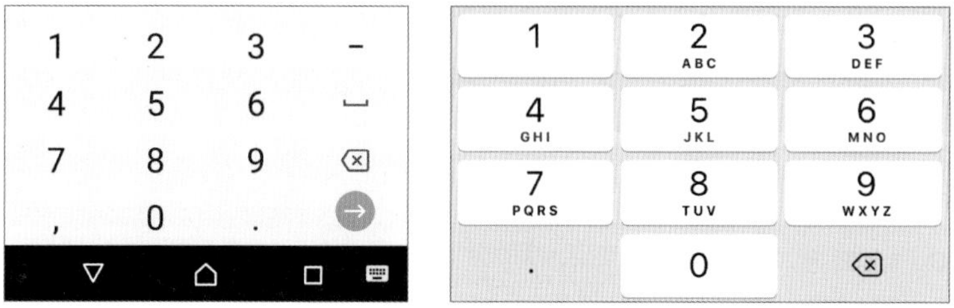

그림 7-16 모바일에서 `<input inputmode="decimal">` 사용(좌: 안드로이드, 우: iOS)

`inputmode="email"`을 사용하면 [그림 7-17]과 같이 이메일을 입력할 수 있는 키패드를 제공합니다.

```
<input type="text" inputmode="email" />
```

그림 7-17 모바일에서 `<input inputmode="email">` 사용(좌: 안드로이드, 우: iOS)

inputmode="url"을 사용하면 [그림 7-18]과 같이 URL 주소를 입력할 수 있는 키패드를 제공합니다.

```
<input type="text" inputmode="url" />
```

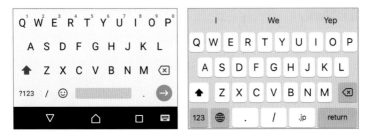

그림 7-18 모바일에서 `<input inputmode="tel">` 사용(좌: 안드로이드, 우: iOS)

inputmode="search"을 사용하면 [그림 7-19]와 같이 검색을 위한 키패드를 제공합니다.

```
<input type="text" inputmode="search" />
```

그림 7-19 모바일에서 `<input inputmode="search">` 사용(좌: 안드로이드, 우: iOS)

[그림 7-20]과 같이 1회성 인증번호를 SMS로 받고 이를 입력해야 하는 경우가 있습니다. 이때 다음과 같이 autocomplete 속성 값으로 one-time-code를 사용하면 키패드에 인증번호가 나타나서 자동 입력이 가능합니다.

```
<input autocomplete="one-time-code" />
```

그림 7-20 1회성 인증번호 자동 입력

데스크톱과 모바일 환경에서 동일한 `<input>` 태그를 사용하더라도 입력 UI는 다릅니다. 데스크톱에서는 대부분 키보드를 사용해서 입력하지만, 모바일 환경에서는 사용자 편의를 위해 각각의 입력 정보에 적합한 키패드가 제공됩니다. 웹 개발자의 기본적인 개발 환경은 데스크톱 브라우저이고, 모바일 환경 테스트는 개발 완료 이후 단계에서 진행하므로 개발 시 이러한 부분을 간과하지 않도록 주의해야 합니다.

엄지 영역 고려

대부분의 모바일 사용자는 스마트폰을 한 손으로 들고 엄지 손가락으로 터치합니다. 이 때문에 사용자 인터랙션이 필요한 디자인이라면 엄지 손가락이 확실히 닿을 수 있는 엄지 영역thumb zone을 고려해야 합니다.

일반적으로 닫기(X) 버튼을 데스크톱에서는 모달창 우측 상단에 제공하지만, 모바일에서는 엄지 손가락으로 터치하기 쉽도록 모달창 하단에 제공하는 것이 좋습니다.

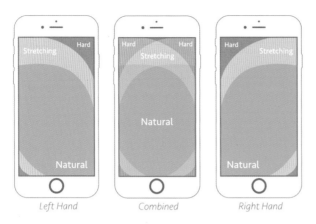

그림 7-21 왼손 사용자와 오른손 사용자의 엄지 사용 교차 영역에 해당하는 'Combined'가 최적의 영역

스와이프 제스처 고려

스마트폰에서 한 손으로 좌우 스와이프를 할 때 정확히 직선 모양이 되진 않습니다. [그림 7-22]와 같이 화면 중심을 향해서 떨어지는 곡선 형태의 제스처가 나타납니다. 모바일 웹에서 사용자의 스와이프 이벤트 리스너를 구현할 때는 이러한 곡선 움직임을 고려해야 합니다.

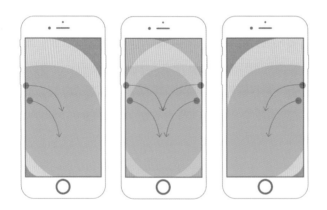

그림 7-22 모바일에서의 스와이프는 화면 중심을 향해 떨어지는 곡선 형태

마우스 오버를 통한 콘텐츠 대체

데스크톱에서 웹을 사용할 때는 마우스를 이용합니다. 웹의 특정 요소에 마우스를 가져가면 mouseover 이벤트를 인식할 수 있어서 마우스 오버 속성을 이용하여 특정 용어에 대한 설명이

나 사용 방법 가이드를 제공하기도 합니다. 모바일 기기에서는 이런 마우스 오버 기능은 사용할 수 없기 때문에 클릭 이벤트를 통해 부가적인 정보를 이용할 수 있도록 해야 합니다.

7.3 키오스크에서의 웹

언택트 서비스의 대표 사례로 키오스크가 있습니다. 키오스크는 주문을 위한 화면과 결제를 위한 카드 리더기가 결합된 무인 단말기입니다. 점원과 대면하지 않고 빠르고 간편하게 주문할 수 있다는 장점이 있지만, 복잡한 UI/UX 때문에 인해 특히 고령자가 사용에 많은 어려움을 겪고 있습니다. 키오스크의 UI/UX는 직관적이고 사용하기 쉬워야 합니다.

그림 7-23 맥도날드 키오스크

최근에는 카페, 식당 등에서 키오스크 사용률이 증가하고 있는데 키오스크 도입이 항상 반가운 것은 아닙니다. 카페에서 커피 한 잔을 주문하는 경우 이전에는 점원에게 마시고 싶은 커피를 얘기하고 카드를 건네주는 것으로 고객이 해야 하는 일은 끝이었습니다. 하지만 키오스크가 도입된 카페에서는 커피 한 잔을 사기 위해 거쳐야 하는 단계가 너무 복잡합니다. 심지어 키오스크마다 사용 방식이 달라서 새로운 매장에 가면 사용법을 새로 익혀야 합니다.

데스크톱이나 스마트폰은 사용자 혼자 사용하는 기기인 반면, 키오스크는 오픈된 공간에서 여러 사용자가 함께 사용하고 내 주문이 늦어지면 다음 사용자는 내가 주문하는 모습을 지켜보며 기다리게 됩니다. 키오스크 사용이 미숙한 사용자일수록 이러한 점이 부담을 갖게 하는 요인이 되고 부담감이 실수를 유발하기도 합니다. 그렇기 때문에 키오스크 사용 시간과 사용자 실수를 최대한 줄일 수 있는 방법을 고려해야 합니다.

키오스크는 대부분 웹으로 개발됐다는 사실을 아시나요? 키오스크는 윈도우 같은 운영체제를 탑재합니다. 물론 주문 시스템이 웹브라우저를 통해 실행되는 것은 아닙니다. 주문 시스템에서는 웹을 키오스크에서 사용할 수 있도록 설치형 웹 애플리케이션으로 변환합니다. 이 웹 애플리케이션은 웹브라우저와 마찬가지로 HTML, CSS, 자바스크립트를 통해 프런트엔드를 개발할 수 있습니다. 이렇게 웹을 키오스크에 설치해서 사용할 수 있는 애플리케이션 형태로 변경해주는 대표적인 프레임워크가 일렉트론[Electron]입니다. 일렉트론은 chromium과 Node.js을 기반으로 HTML, CSS, 자바스크립트를 이용해서 웹 애플리케이션을 제작하듯 데스크톱용 앱을 제작할 수 있게 해주는 오픈소스 프레임워크입니다. 청자오[Cheng Zhao]에 의해 아톰 셸[Atom Shell]이라는 이름으로 개발되었고 현재는 일렉트론이라는 이름으로 개발 및 유지되고 있습니다.

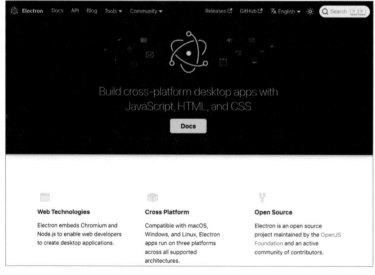

그림 7-24 일렉트론[5]

5 https://www.electronjs.org

일렉트론은 윈도우나 mac에 설치형 앱을 만들 수 있게 해주기 때문에 일렉트론을 통해 개발된 앱을 키오스크에 설치할 수 있습니다. 일렉트론으로 애플리케이션 프런트엔드를 개발할 때는 HTML, CSS, 자바스크립트를 그대로 사용할 수 있습니다. 즉, 웹 개발자가 개발한 프런트엔드 웹페이지를 동일하게 사용할 수 있습니다. 이 책에서는 일렉트론과 관련된 내용은 다루지 않으니 자세한 내용은 관련 서적을 참고하기 바랍니다.

7.3.1 키오스크에서 웹을 사용하는 방식

급격한 최저 임금 인상에 따라 카페, 식당 같은 서비스업 분야에서 키오스크의 도입이 빠르게 증가하고 있습니다. 키오스크에서는 웹을 실행하기 위해 전용 웹브라우저를 사용하는 경우가 많습니다. 일반적으로 전용 웹브라우저는 키오스크 환경에 최적화되어 있으며, 사용자가 특정 웹사이트나 애플리케이션에만 접근할 수 있도록 제한됩니다. 대부분의 키오스크는 터치스크린 디스플레이를 사용합니다. 따라서 웹 애플리케이션은 터치스크린 인터페이스에 최적화되어야 하며, 사용자가 손가락을 이용해 쉽게 조작할 수 있는 UI를 제공해야 합니다. 또한 키오스크는 인터넷 연결이 불안정한 경우에도 작동하도록 필요한 데이터를 로컬에 저장하거나 캐싱하는 기능을 제공해야 합니다.

7.3.2 키오스크 사용자 고려하기

텍스트 선택 비활성화

키오스크의 텍스트를 터치 혹은 드래그했을 때, 모든 텍스트가 선택되지 않도록 비활성화하는 것이 좋습니다(모바일도 동일합니다). CSS의 user-select 속성은 텍스트 선택 가능 여부를 지정합니다. user-select 속성 값으로 none을 사용하면, user-select:none;이 지정된 태그 안의 모든 텍스트를 선택하지 못하도록 막을 수 있습니다.

```
.unselectable {
  -webkit-user-select: none; /* Safari */
  -ms-user-select: none; /* IE 10 and IE 11 */
  user-select: none; /* Standard syntax */
}
```

CSS, 자바스크립트 같은 정적자원 강력 새로고침

HTML 페이지에서 사용하고 있는 외부 CSS, 자바스크립트 파일이 변경되더라도 웹은 이미 캐시에 저장되어 있는 기존 CSS, 자바스크립트 파일을 사용하기 때문에 에러가 발생합니다. 그래서 데스크톱의 경우 ⌨Ctrl + ⌨F5 키를 누르거나 브라우저의 강력 새로고침[6] 기능을 통해 캐시에 저장된 기존 파일을 삭제한 후에야 정상적으로 변경 내용이 반영됩니다.

하지만 키오스크는 강력 새로고침 기능을 사용할 수 없기 때문에 HTML 페이지 내에서 사용하고 있는 .css, .js 파일이 변경되었을 때 다음과 같이 파일의 경로에 임의의 쿼리스트링^{query} ^{string}을 추가해야 합니다.

```
<link rel="stylesheet" href="style.css?v=20220307001">
<script src="common.js?v=20220307001"></script>
```

쿼리스트링명 혹은 그 값만 변경되어도 브라우저는 이를 다른 파일로 인식하기 때문에 캐시에 저장된 기존 파일이 아니라 변경된 파일을 바로 인식할 수 있습니다.

필자는 위 예제와 같이 쿼리스트링명은 버전^{version}을 뜻하는 v, 그 값으로는 년+월+일+순번(001)을 주로 사용합니다. 이렇게 하면 파일의 경로만 보더라도 언제 변경되었는지 알 수 있습니다.

7.4 모빌리티 서비스에서의 웹

모빌리티^{mobility} 서비스는 말 그대로 이동을 지원하는 서비스입니다. 택시, 버스, 기차, 비행기, 자전거, 킥보드 등 이동을 편리하게 하는 수단에서 사용하는 서비스가 이에 포함됩니다.

---

6 브라우저에서 캐시된 데이터를 무시하고 서버로부터 새로운 데이터를 가져와 화면을 갱신하는 것을 말합니다.

7.4.1 모빌리티 서비스에서 웹을 사용하는 방식

모빌리티 서비스의 가장 대표적인 특징은 끊임없이 이동한다는 것입니다. 따라서 운전자는 양 손이 자유롭지 않고 스크린에 집중할 수 있는 시간이 적습니다. 그렇기 때문에 모빌리티 서비스의 웹은 사용자 입력을 최소로 하고 터치, 다이얼, 음성 인식과 같은 기능에 주력합니다.

향후 자율 주행 기술이 더욱 발달할수록 자동차나 이동 수단 내에서 소비되는 콘텐츠 양 또한 증가할 것입니다. 한편 모빌리티 서비스의 대시보드 스크린은 그 크기가 커지는 추세이고 자전거나 킥보드에도 스크린이 탑재되고 있습니다.

7.4.2 모빌리티 서비스 사용자 고려하기

음성 인식 서비스

모빌리티 서비스에 정보를 직접 입력하기에는 여러 제약이 있기 때문에 음성 인식 서비스를 필수로 탑재해야 합니다. 웹에서는 Web Speech API를 사용해서 음성 정보를 텍스트로 변환해서 사용할 수 있습니다. 현재 Web Speech API는 파이어폭스 브라우저를 제외한 나머지 모든 브라우저에서 제공합니다.

다음 `initSpeechRecognition()` 함수는 Web Speech API를 사용하기 위한 기본 설정을 하는 함수입니다. 음성 인식을 하기 위해 `SpeechRecognition` 객체를, 음성으로 인식할 주요 단어를 등록하기 위해 `SpeechGrammarList` 객체를 생성합니다. 그리고 사용한 언어 코드와 주요 옵션을 설정합니다.

```
let recognition = null;
const words = ["음악","영화","검색","지도","날씨","뉴스","전화","이메일"];
// 음성으로 인식할 수 있는 단어 목록

function initSpeechRecognition() {
 var SpeechRecognition = SpeechRecognition || webkitSpeechRecognition;
// SpeechRecognition 객체
 var SpeechGrammarList = SpeechGrammarList || window.webkitSpeechGrammarList;
// SpeechGrammarList 객체

 recognition = new SpeechRecognition(); // 음성 인식 객체 생성

 if (!recognition) {
```

```
    alert("Web Speech API를 지원하지 않는 브라우저입니다.");
  }

  if (SpeechGrammarList) {
    const speechRecognitionList = new SpeechGrammarList();
// 음성으로 인식할 수 있는 단어 목록 객체 생성
    const grammar =
      "#JSGF V1.0; grammar colors; public <color> = " +
      words.join(" ¦ ") +
      " ;";
    speechRecognitionList.addFromString(grammar, 1);
// 음성으로 인식할 수 있는 단어 목록 추가
    recognition.grammars = speechRecognitionList;
// 음성으로 인식할 수 있는 단어 목록
  }
  recognition.continuous = false; // 음성 인식을 계속할지 여부
  recognition.lang = "ko-KR"; // 언어 설정
  recognition.interimResults = false; // 음성 인식 결과를 중간에 보여줄지 여부
  recognition.maxAlternatives = 1; // 음성 인식 결과 후보 개수
}

window.addEventListener("load", checkCompatibility);
```

startSpeechRecognition() 함수는 음성 인식을 시작하는 함수입니다. 예를 들어 마이크 버튼을 클릭했을 때 이 함수를 호출하면 사용자로부터 음성을 입력받고 음성을 텍스트로 변환합니다. 음성 시작, 음성 결과 인식, 음성 종료, 에러에 대한 이벤트 리스너를 등록합니다.

```
function startSpeechRecognition() {
  recognition.onspeechend = function (event) {
    recognition.stop(); // 음성 인식 종료
  };

  recognition.onerror = function (event) {
    document.querySelector(".output").textContent = "에러: " + event.error;
// 에러 메시지
  };

  recognition.onnomatch = function (event) {
    document.querySelector(".output").textContent =
      "인식할 수 있는 명령이 아닙니다."; // 인식할 수 없는 명령
  };
```

```
recognition.onresult = function (event) {
  var word = event.results[0][0].transcript; // 음성 인식 결과
  document.querySelector(".output").textContent = "음성 실행 명령: " + word;
};

recognition.start(); //음성 인식 시작
}
```

전체 코드는 깃허브 폴더 [7.4]의 '7-4-2-1.webspeech.html'을 참고하세요.

지리적 위치 정보 서비스

모빌리티 서비스는 멈춰 있지 않고 계속 이동하는 환경에서 사용됩니다. 즉, 브라우저를 사용 중인 사용자의 위치 정보가 끊임없이 바뀌고 실시간 위치 정보를 획득할 수 있으면 해당 정보를 기반으로 다양한 콘텐츠를 제공할 수 있습니다. 웹에서는 Geolocation API를 사용해서 웹 브라우저에 접속한 사용자의 지리적 위치 정보(위도, 경도 값)를 확인할 수 있습니다.

geolocation 객체가 존재하는 경우 Geolocation API를 사용할 수 있습니다.

```
if('geolocation' in navigator) {
 /* 위치 정보 사용 가능 */
} else {
 /* 위치 정보 사용 불가능 */
}
```

getCurrentPosition 함수를 호출해서 다음과 같이 브라우저에 접속한 사용자의 위치 정보를 가져올 수 있습니다.

```
if('geolocation' in navigator) {
 /* 위치 정보 사용 가능 */
 navigator.geolocation.getCurrentPosition((position) => {
   const latitude = position.coords.latitude;  // 위도
   const longitude = position.coords.longitude; // 경도
 });
} else {
 /* 위치 정보 사용 불가능 */
}
```

사용자의 현재 위치를 감시하는 콜백 함수인 watchPosition을 사용하면 실시간으로 이동하는 사용자의 최신 위치 정보를 갱신할 수 있습니다.

```javascript
const watchID = navigator.geolocation.watchPosition((position) => {
  const latitude = position.coords.latitude;  // 위도
  const longitude = position.coords.longitude; // 경도
});
```

watchPosition 함수를 더 이상 사용하지 않을 때는 반드시 사용자 위치를 감지하는 함수를 종료해야 합니다.

```javascript
navigator.geolocation.clearWatch(watchID);
```

모빌리티 서비스 사용자는 자신의 위치를 직접 입력(선택)하지 않아도 실시간 위치를 이용하여 맛집, 숙박업소, 관광지, 날씨 등의 정보를 지도 기반으로 제공받을 수 있습니다.

8장

더 나은
웹 개발자 되기

8.1 노코드와 로우코드가 개발자를 대체할까?

8.1.1 노코드와 로우코드

미국 정보 기술 연구 및 자문 회사인 가트너^{Gartner}는 2022년 핵심 기술 트렌드로 노코드$^{no-code}$와 로우코드$^{low-code}$를 선정했습니다. 가트너는 2025년까지 기업에서 새로 만드는 애플리케이션의 약 70%가 노코드, 로우코드로 개발될 것으로 예상했습니다. 현재 필자가 프로그래밍 중인 코드 역시 전체의 약 40%가 로우코드 솔루션이 제안한 내용이고, 이 책의 일부 예제도 로우코드 솔루션 코드를 그대로 사용했습니다.

노코드는 말 그대로 직접적인 코딩 없이 그래픽 유저 인터페이스^{GUI}에서 드래그-앤-드롭 방식으로 애플리케이션을 디자인하고 자동으로 코드까지 완성해주는 솔루션입니다. 코딩을 전혀 할 줄 모르는 사람도 노코드 플랫폼 내 템플릿을 결합해서 스스로 필요한 애플리케이션을 구현할 수 있습니다.

다음은 대표적인 노코드 솔루션입니다.

- **Carrd(https://carrd.co)**: 랜딩 페이지를 쉽고 빠르게 만들 수 있고, 한 개의 페이지로 구성된 one-page 사이트를 쉽게 구축할 수 있습니다.
- **Retool(https://retool.com)**: 회사 내부에서 사용하는 백오피스 시스템을 개발하는 데 최적화된 솔루션입니다. 회사 내의 데이터베이스 연동뿐만 아니라 외부 API를 쉽게 연결할 수 있습니다.
- **Webflow(https://webflow.com)**: 웹사이트의 모든 요소를 커스터마이징할 수 있는 웹사이트 빌더 계의 포토샵입니다.
- **Bubble(https://bubble.io)**: 일반적인 웹사이트보다 복잡한 웹 애플리케이션을 만들 때 유용합니다. Bubble의 템플릿을 판매하는 Zeroqode(https://zeroqode.com)에서 필요한 템플릿을 구매하여 빠르게 개발할 수 있고 이런 마켓 플레이스가 구축되어 있다는 것이 최고의 장점입니다. 또한 빌더 내 플러그인 탭을 이용해 개발하고자 하는 웹 애플리케이션의 고급 기능을 쉽게 추가할 수 있습니다.

로우코드는 개발자가 직접 작성하는 코드를 최소화하는 것입니다. 대표적인 로우코드로 깃허브 코파일럿^{Copilot}이 있습니다. 로우코드는 코딩을 최소화하는 것이지, 코딩을 전혀 하지 않는 것은 아닙니다. 따라서 코딩을 전혀 모르는 비전문가를 위한 도구라기보다는 개발자가 더욱 빠르게 애플리케이션을 완성할 수 있도록 생산성을 높이고 검증된 코드를 적용하기 위한 솔루션입니다.

8.1.2 깃허브 Copilot AI

필자는 최근 몇 개월간 Copilot AI를 적극 사용해보면서 Copilot AI와 같은 로우코드 솔루션이 개발자가 작성해야 하는 코드를 얼마나 빠르게 구현할 수 있는지 직접 경험하고 있습니다. 방대한 양의 오픈소스 코드 교육을 받은 Copilot은 개발자가 작성하는 코드를 모니터링하고, 보조자 역할을 하며, 개발자가 입력한 코드의 다음 줄을 제안합니다.

비주얼 스튜디오 코드에서 [그림 8-1]과 같이 주석을 만들고 구현하고자 하는 기능을 입력합니다. Execute GET on jsonplaceholder using Fetch API라고 입력한 후 Enter 키를 누르면 바로 다음줄에 회색으로 새로운 코드를 제안한 것을 확인할 수 있습니다.

```
// Execute GET on jsonplaceholder using Fetch API
fetch('https://jsonplaceholder.typicode.com/todos/1')
    .then(response => response.json())
    .then(json => console.log(json))
```

그림 8-1 Copilot이 주석에 대한 코드 제안

Copilot이 제안한 코드를 수용하려면 Tab 키를 누릅니다. 그러면 [그림 8-2]와 같이 코드가 완성됩니다. 이처럼 Copilot은 개발자가 작성한 주석을 기반으로 코드를 제안합니다. 그리고 주석이 없더라도 현재까지 개발자가 작성한 코드를 이해해서 다음 코드를 실시간으로 제안합니다.

```
// Execute GET on jsonplaceholder using Fetch API
fetch('https://jsonplaceholder.typicode.com/todos/1')
    .then(response => response.json())
    .then(json => console.log(json))
```

그림 8-2 Copilot이 제안한 코드 선택

[그림 8-3]은 GET, POST를 제안받은 후, Copilot이 PUT에 대한 Fetch API 코드가 필요할 것으로 먼저 인지하고 주석 작성 자체를 제안한 것입니다. 여기서 해당 주석을 Tab 키로 선택하면 바로 다음줄에 PUT에 대한 코드를 제안합니다. 이처럼 Copilot을 사용하면 실제 개발하는 코드의 상당 수를 실시간으로 제안받고 완성할 수 있습니다.

```
// Execute GET on jsonplaceholder using Fetch API
fetch('https://jsonplaceholder.typicode.com/todos/1')
    .then(response => response.json())
    .then(json => console.log(json))

// Execute POST on jsonplaceholder using Fetch API
fetch('https://jsonplaceholder.typicode.com/posts', {
    method: 'POST',
    body: JSON.stringify({
        title: 'foo',
        body: 'bar',
        userId: 1,
    }),
    headers: {
        'Content-type': 'application/json; charset=UTF-8',
    },
})
    .then(response => response.json())
    .then(json => console.log(json))

// Execute PUT on jsonplaceholder using Fetch API
```

그림 8-3 작성되고 있는 코드를 이해하고 그 다음에 필요한 코드 관련 주석 제안

2023년 2월 기준, 깃허브 Copilot은 모든 프로그래밍 언어에서 전체 코드의 46%를 평균적으로 지원하며, Java에서는 61%를 지원하고 있습니다.[1] 다시 말해 Copilot AI를 사용하면 코드 100줄 중 46줄이 AI에 의해 작성되어 그만큼 개발 시간이 단축됩니다. 이처럼 Copilot AI를 사용하면 개발자가 할 일을 절반 이상 줄일 수 있습니다.

깃허브 CEO인 토마스 돔케^{Thomas Dohmke}는 "소프트웨어 개발자는 이미 세상에 존재하는 코드를 다시 작성하는 것보다 더 많은 고부가가치 작업을 수행합니다. 또한 더 높은 가치의 작업은 이미 수행된 작업을 반복해서 작성하는 평범한 작업을 제거하는 것입니다"라고 말했습니다.

실제로 많은 개발자가 기존에 개발한 경험이 없는 코드를 작성할 때 다른 개발자가 구현한 코드를 찾느라 많은 시간을 소비합니다. 코드를 작성하다가 브라우저에서 다른 개발자의 코드를 검색하고 다시 자신의 코드로 돌아와서 코딩하는 반복적인 과정은 집중력을 저하시키고 흐름을 끊기게 합니다. 심지어 개발한 경험이 있는 코드를 작성할 때조차도 자신의 리포지토리^{repository}에서 작성했던 코드를 찾느라 집중력이 흐려지게 됩니다. 그래서 Copilot AI의 목표는

---

1 https://github.blog/2023-02-14-github-copilot-now-has-a-better-ai-model-and-new-capabilities

개발자가 코딩할 때 '개발의 흐름을 유지'하도록 돕는 것입니다.

현재 Copilot AI는 무섭게 발전하고 있습니다. 하지만 개발자를 100% 대체할 수는 없습니다. 개발자는 Copilot에 어떤 코드를 작성해야 하는지에 대한 정보를 제공해야 하며, Copilot AI가 제안한 코드를 선택하고 제안된 코드 중 디테일한 부분은 직접 완성해야 합니다. 또 Copilot AI가 제안한 코드가 원하는 코드가 맞는지 판단하려면 개발자의 역량을 길러야 합니다.

Copilot AI와 같은 인공지능 로우코드 솔루션을 개발자라는 직업을 대체할 경쟁자로 여겨서는 안 됩니다. 인공지능 로우코드 솔루션은 개발자가 코드를 입력하는 시간을 줄여주고 더 좋은 프로세스를 고민하고 더 나은 코드를 작성할 수 있도록 돕는 기술이자, 더 나은 개발자로 성장하는 데 조력자 역할을 하는 보조 기술이므로 이를 적극적으로 활용해야 합니다.

8.1.3 OpenAI의 챗GPT

챗GPT는 OpenAI사가 개발한 대화형 인공지능 챗봇입니다. 챗GPT의 핵심 기술인 GPT는 생성적 사전학습generative pre-training을 기반으로 하는 채팅 서비스입니다. Copilot이 코딩을 위한 인공지능 도구라면, 챗GPT는 코딩을 포함한 세상의 모든 정보에 대해 각 분야의 전문가와 대화하는 것 같은 방식으로 구현된 도구입니다.

[그림 8-4]는 애플리케이션별 사용자 1억 명을 확보하기까지 걸린 시간을 나타내는 그림입니다. 챗GPT는 두 달만에 사용자 1억 명을 확보했습니다.

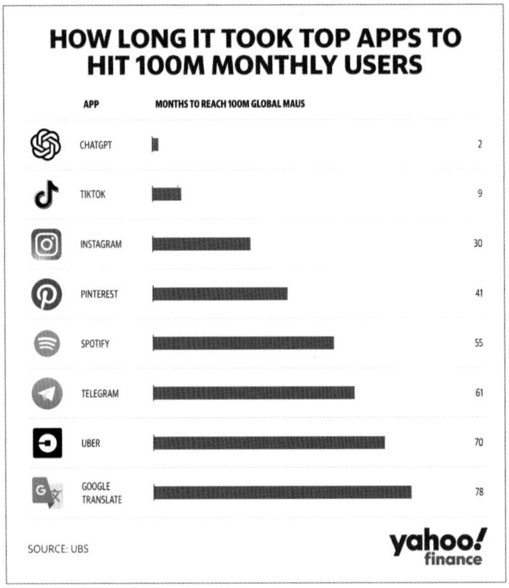

HOW LONG IT TOOK TOP APPS TO HIT 100M MONTHLY USERS

APP	MONTHS TO REACH 100M GLOBAL MAUS
CHATGPT	2
TIKTOK	9
INSTAGRAM	30
PINTEREST	41
SPOTIFY	55
TELEGRAM	61
UBER	70
GOOGLE TRANSLATE	78

SOURCE: UBS

yahoo! finance

그림 8-4 애플리케이션별 사용자 1억 명 확보까지 걸린 시간[2]

필자도 개발을 할 때 챗GPT를 적극적으로 사용하고 있습니다. 구글링을 통해 필요한 정보를 얻기 위해서는 키워드를 검색하면 나오는 수많은 페이지에 하나씩 들어가서 내용을 읽고 해당 내용이 내가 찾는 그 결과가 맞는지 하나씩 확인해야 합니다. 그런데 챗GPT는 앞서 언급한 구글링의 과정을 생략하고, 필요한 정보를 한 번에 알려줍니다. 구글에서 원하는 정보를 찾기 위해 검색하고, 검색한 내용을 하나씩 확인하고, 최종적으로 원하는 결과를 결정하는 과정에서 검색과 확인의 절차가 사라졌습니다. 이제 필요한 정보를 얻는 것이 훨씬 쉬워졌습니다.

챗GPT는 https://chat.openai.com에서 사용할 수 있습니다.

---

2 https://finance.yahoo.com/news/chatgpt-on-track-to-surpass-100-million-users-faster-than-tiktok-or-instagram-ubs-214423357.html

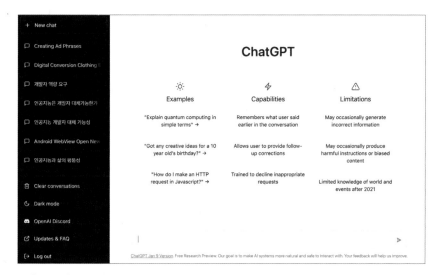

그림 8-5 챗GPT

[그림 8–6]은 '자바스크립트 Fetch API 사용법 예제를 알려줘.'라는 질문에 대한 챗GPT의 대답입니다. 자바스크립트 책에 그대로 삽입해도 무방할 정도로 정확하게 답변합니다.

그림 8-6 챗GPT가 대답한 자바스크립트 Fetch API 사용법

[그림 8-7]은 '자바스크립트 화살표 함수^Arrow functions에 대한 예제를 보여줘.'라는 질문에 대한 챗GPT의 대답입니다. 화살표 함수에 관한 내용을 완벽하게 설명합니다. 예제로 제공되는 자바스크립트 코드는 코드 박스 우측 상단의 [Copy code] 버튼으로 쉽게 복사할 수 있습니다.

그림 8-7 챗GPT가 알려준 Arrow functions 사용법

이렇게 챗GPT를 사용하면 자바스크립트뿐만 아니라 모든 프로그래밍 언어를 쉽게 학습할 수 있고 필요한 기능을 구현하기 위한 코드도 쉽게 얻을 수 있습니다. 물론 챗GPT를 통해 얻은 대답이 내가 필요한 답이 맞는지 판단해야 하기 때문에 이에 대한 개발자의 역량이 필요합니다.

[그림 8-8]은 '좋은 개발자가 갖춰야 할 역량'에 대한 챗GPT의 대답입니다.

좋은 개발자가 갖춰야 할 역량은 무엇일까?

 좋은 개발자는 아래와 같은 역량을 갖추어야 합니다:

1. 프로그래밍 언어와 프레임워크에 대한 지식
2. 알고리즘과 데이터 구조에 대한 이해
3. 소프트웨어 설계와 구조에 대한 이해
4. 버그 해결 및 디버깅 능력
5. 코드 관리 및 버전 관리
6. 협업 및 커뮤니케이션 능력
7. 기술 트렌드와 최신 기술에 대한 이해

그림 8-8 챗GPT가 알려준 좋은 개발자가 갖춰야 할 역량

이번에는 인스타그램 홍보 문구를 요청해봤습니다. [그림 8-9]와 같이 홍보 문구도 잘 제안해 줍니다.

 아이가 그린 그림을 디지털로 전환하고 옷을 제작하는 사업을 홍보하고 싶은데 인스타그램 광고를 위한 좋은 홍보 문구 작성해줘

 그러한 사업에 적합한 홍보 문구를 작성해보겠습니다.

1. "그림을 그린 아이의 창작력을 옷으로 재탄생시키는 새로운 서비스! 아이가 그린 그림을 옷으로 제작해보세요."
2. "아이의 창작력과 예술적 재능을 소개할 수 있는 새로운 방법, 아이가 그린 그림을 제작한 옷으로 추억을 새기세요!"
3. "가족과 함께 즐길 수 있는 새로운 아이디어, 아이가 그린 그림을 디지털로 전환하여 옷으로 제작해보세요."
4. "아이의 창작력을 상징하는 새로운 제품, 아이가 그린 그림을 제작한 옷. 이 제품을 소개합니다."
5. "아이의 창작력을 자랑스럽게 소개할 수 있는 새로운 방법, 아이가 그린 그림을 제작한 옷. 이 제품을 구매해보세요!"

그림 8-9 챗GPT가 알려준 홍보 문구

같은 질문을 받더라도 경험이 쌓이면 대답이 발전하듯이, 챗GPT 역시 계속 학습하는 인공지능이기 때문에 같은 질문에도 다양한 답변을 합니다. 챗GPT는 인간처럼 지속적으로 학습하고 더 좋은 대답을 하도록 빠른 속도로 발전하고 있습니다. 구글이 이미 누군가 만들어놓은 결과물 중 검색 키워드에 맞는 최적의 결과물을 찾아준다면, 챗GPT는 이미 만들어놓은 결과물이 아닌 지식을 바탕으로 새로운 결과물을 창조해서 보여줍니다. 인공지능은 우리 삶에 빠르게 파

고들고 있고, 이제는 인공지능을 잘 사용하는 사람과 그렇지 못하는 사람의 격차가 더욱 커질 것입니다.

8.2 인공지능 시대 개발자에게 필요한 역량

8.2.1 애플리케이션 개발을 위한 라이프 사이클을 이해하라

'라떼는 말이야~ 코딩을 직접 했어'라고 말하는 날이 가까운 미래에 올지도 모르겠습니다. 그만큼 인공지능 기반의 노코드, 로우코드 솔루션은 빠르게 확장되고 있습니다. 이런 날이 오면 개발자라는 직업은 사라질까요?

'개발자라는 직업은 절대 사라지지 않는다'고 말씀드리고 싶습니다. 현재 개발자가 활동하고 있는 산업 분야에만 한정한다면 개발자 수가 줄어들 수는 있습니다. 하지만 인공지능을 비롯한 ICT 기술이 발전하면서 기존에는 소프트웨어 기술을 사용하지 않았던 다양한 산업에서 기술을 사용하고 있고 이에 따라 지금보다 더 많은 분야에서 개발자를 필요로 할 것입니다. 그렇기 때문에 절대적인 개발자 수는 오히려 증가할 것으로 예상합니다.

이제는 개발자가 갖춰야 할 역량이 달라져야 합니다. 지금까지 개발자의 핵심 역량은 주어진 문제를 코딩으로 해결하는 것이었습니다. 즉, '코딩을 잘하는 것'이 개발자의 핵심 역량이었습니다. 하지만 인공지능이 발전한 현재는 기존에 없던 새로운 코드를 작성하는 것 외에 대부분의 코딩은 '자동화'될 것입니다.

이제 단순히 프로그래밍 언어만을 학습하는 개발자는 살아남을 수 없습니다. 8.1절에서 소개한 깃허브의 Copilot, OpenAI의 챗GPT는 웬만한 실력의 개발자보다 더 훌륭한 코드를 눈 깜짝할 사이에 만들 수 있고, 그 품질과 속도 역시 더 빨라질 것입니다.

인공지능 시대의 기획자는 개발자 없이도 애플리케이션을 만들 수 있습니다. 그렇기 때문에 개발자 역시 기획자 없이 스스로 애플리케이션을 만들 수 있는 역량을 가져야 합니다. 즉, 애플리케이션을 개발하기 위한 비즈니스 분석, 사용자 분석, 애플리케이션 설계와 같은 역량을 가져야 합니다. 서비스라는 관점에서 사용자를 이해하고 비즈니스 전반에 걸쳐서 필요한 기술의 핵심을 파악할 수 있어야 합니다. 그리고 마치 레고 블록을 조립하는 것처럼 기술을 적재적소에 활용할 수 있는 역량도 필요합니다. 이 책에서 애플리케이션 개발을 위한 라이프 사이클, 즉 개발 이전과 개발 중 그리고 개발 이후를 설명한 이유가 바로 여기에 있습니다.

8.2.2 데이터를 이해하고 활용하는 역량을 높여라

노코드와 로우코드 솔루션으로 개발을 전혀 모르는 사람도 애플리케이션을 만들 수는 있지만, 데이터베이스 구조를 이해하고 데이터를 활용하지 못하는 사람은 제대로 된 애플리케이션을 개발하기 어렵습니다.

의미 있는 데이터를 활용하는 역량을 높이기 위해 넷플릭스, 에어비앤비, 당근마켓 같은 친숙한 애플리케이션의 데이터를 추출해보는 것을 추천합니다. 먼저 애플리케이션의 각 화면에서 눈으로 바로 확인 가능한 데이터 종류를 나열해봅니다. 그 다음은 눈에 보이지는 않는 데이터를 찾아냅니다. 성공한 서비스는 서비스 이용 시 발생하는 사용자의 다양한 행동 데이터를 수집합니다. 이렇게 눈에 보이지는 않지만 서비스를 성공시키기 위해 반드시 수집해야 하는 데이터를 추출해보면, 어떤 데이터를 수집해야 하고 어떻게 활용하면 되는지에 대한 인사이트를 얻을 수 있습니다.

[그림 8-10]은 넷플릭스 앱 화면을 보면서 넷플릭스에서 사용할 것으로 추측되는 데이터를 구글 시트에 작성한 것입니다.

넷플릭스-서비스 분석을 통한 데이터베이스 이해 ☆

파일 수정 보기 삽입 서식 데이터 도구 확장 프로그램 도움말   몇 초 전에 마지막으로 수정했습니다.

100% ▾ ₩ % .0 .00 123▾ 기본값 (Arial) ▾ 10 ▾ B I S A ▦ ⊞

H28 | fx

	A	B	C	D	E	F
1	영상 테이블	영상 제공(오픈) 국가 테이블	영상 제목 다국어 테이블	영상 상세 테이블	영상 상세 제목 다국어 테이블	
2	영상 아이디(PK)	영상 오픈 국가 아이디(PK)	영상 제목 다국어 아이디(PK)	영상 상세 아이디(PK)	영상 상세 제목 다국어 아이디(PK)	
3	영상 제목	영상 아이디	영상 아이디	영상 아이디	영상 상세 아이디	
4	제작년도	국가 코드	언어 코드	시즌	언어 코드	
5	관람 등급	오픈일	영상 제목	영상 제목	영상 제목	
6	영상 줄거리(내용)		영상 줄거리	영상 줄거리	영상 줄거리	
7	감독			상영시간		
8	제작 국가					
9	카테고리					
10	카테고리 아이디					
11	영상 장르 아이디					
12						
13	배우 테이블	배우명 다국어 테이블	배우 출연 테이블	관람 등급 테이블	카테고리 테이블	영상 장르 테이블
14	배우 아이디(PK)	배우명 다국어 아이디(PK)	배우 출연 아이디(PK)	관람 등급 아이디(PK)	카테고리 아이디(PK)	영상 장르 아이디(PK)
15	국가	배우 아이디	배우 아이디	국가 코드	카테고리	
16		언어 코드	영상 아이디	관람 연령		
17		배우명	역할	관람 등급명		
18						
19						
20	영상 찜 테이블	사용자 테이블	사용자 닉네임 테이블	사용자 가입 테이블		
21	영상 찜 아이디(PK)	사용자 아이디(PK)	사용자 닉네임 아이디(PK)	사용자 가입 아이디(PK)		
22	영상 아이디	이메일	사용자 아이디	사용자 아이디		
23	사용자 닉네임 아이디	연락처	사용자 닉네임	상태(가입/해지)		
24	사용자 닉네임	사용 여부	생성일	날짜/시분초		
25	찜한 날짜/시분초					
26	찜 해제 여부					
27						
28	영상 시청 테이블	검색 테이블	영상 상세 조회 테이블	영상 예고편 시청 테이블		
29	영상 시청 아이디(PK)	검색 아이디(PK)	사용자 닉네임 아이디	영상 예고편 시청 아이디(PK)		
30	영상 상세 아이디	사용자 닉네임 아이디	영상 상세 아이디	영상 상세 아이디		
31	사용자 닉네임 아이디	키워드	조회 시작 날짜/시분초	사용자 닉네임 아이디		
32	영상 시청 시간	검색 날짜/시분초	조회 종료 날짜/시분초	시청 시간		
33	실제 영상 시청 시간	검색 결과 클릭 영상 아이디		시청 시작 날짜/시분초		
34	시청 시작 날짜/시분초					
35	시청 종료 날짜/시분초					
36	영상 시청 지역					

그림 8-10 넷플릭스 데이터 나열

이렇게 내가 자주 이용하는 애플리케이션의 데이터를 나열하고 이 데이터를 데이터베이스 테이블로 옮기는 연습을 합니다. 이때 [그림 8-11]과 같이 데이터베이스 테이블로 옮긴 데이터의 전체 상관 관계entity relationship diagram(ERD)를 확인하면서 데이터와 데이터가 서로 어떻게 연결되어 사용되는지를 파악하는 것이 중요합니다.

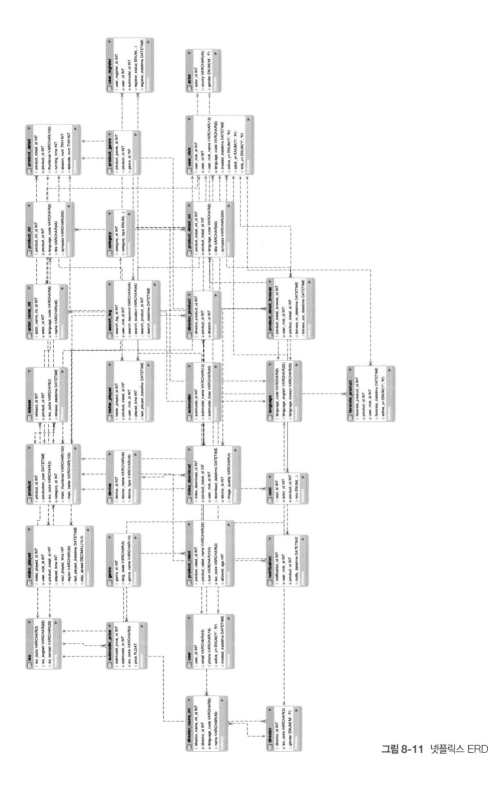

그림 8-11 넷플릭스 ERD

이렇게 완성된 데이터베이스는 당연히 완벽할 수 없습니다. 하지만 이런 연습을 반복하면 의도하지 않고도 내가 개발하는 애플리케이션에 어떤 데이터가 필요한지, 서비스 전반에 걸쳐서 데이터가 어떤 흐름으로 어떻게 사용되는지 직관적으로 알고 설계하는 역량을 키울 수 있습니다. 즉, 이 과정을 통해 애플리케이션에 관한 데이터 인사이트를 얻을 수 있습니다.

8.2.3 경험을 빠르게 쌓아라

이전에는 구글링으로 필요한 정보를 빠르게 찾아내는 것이 좋은 개발자의 역량이었지만, 인공지능을 활용하는 현재는 개발자마다 정보를 획득하는 데 걸리는 시간이 크게 다르지 않습니다. 정보를 획득하기 위해 중요한 것은 '정확한 질문을 할 수 있는 역량'입니다. 정확한 질문을 해야 정확한 대답을 얻을 수 있습니다. 이 말은 정확하지 않은 질문을 하면 부정확하고 오류가 있는 대답을 얻게 될 수도 있다는 뜻입니다.

몇몇 개발자는 Copilot이나 챗GPT를 사용해도 원하는 결과를 얻지 못하거나, 원하는 결과를 얻기까지 많은 시간이 걸리기도 합니다. 또한 인공지능으로 얻은 결과물이 정확한지, 어떻게 적용해야 하는지 모르는 경우도 있습니다. 이렇게 인공지능 도구를 적극적으로 사용하면서 그 효과를 제대로 누리는 개발자가 아직까지는 그리 많지 않습니다.

이 시대 개발자에게 필요한 역량을 정리하면 다음과 같습니다.

- 무엇이 필요한지에 대해 정확하게 정의해야 합니다.
- 정보를 획득하기 위해 올바르게 질문해야 합니다.
- 획득한 정보가 나에게 맞는 정보인지 판단해야 합니다.
- 빠르게 적용하고 사용하는 방법을 알아야 합니다.

모든 것을 종합해보면 결국 경험이 많을수록 인공지능 도구를 효과적으로 사용할 수 있다는 결론을 얻을 수 있습니다. 경험이 많아야 정확하게 무엇이 필요한지 정의할 수 있고, 정보를 획득하기 위한 올바른 질문을 할 수 있고, 이렇게 해서 얻은 정보가 올바른지 판단하여 내 애플리케이션에 빠르게 적용할 수 있습니다.

경험이 많지 않은 개발자와 경험이 많은 개발자와의 격차는 점차 벌어질 것입니다. 그래서 경험을 빠르게 쌓기를 권장합니다. 프로그래밍 언어에 대한 기본기를 쌓고 나면 두려워하지 말고 다양한 애플리케이션을 지속적으로 만들어보세요. 모든 것을 직접 개발한다는 생각은 버리고 잘 만들어진 기술을 최대한 활용해서 다양한 애플리케이션을 빠르게 개발해보세요.

배우고 나서 만들지 말고, 만들면서 배우는 전략을 세우길 바랍니다.

프로그램이 처음부터 완벽할 필요는 없다.
중요한 것은 그 프로그램이 완벽해질 수 있느냐이다.

도널드 커누스 (Donald Knuth)

9장

개발 환경 구성

9.1 비주얼 스튜디오 코드 설치

비주얼 스튜디오 코드는 마이크로소프트에서 제공하는 통합 개발 환경integrated development environment (IDE)입니다. 먼저 비주얼 스튜디오 코드 공식 사이트[1]에 접속합니다. 윈도우를 사용하고 있다면 윈도우 버전, mac을 사용하고 있다면 mac 버전이 보입니다. 자신의 운영체제에 맞는 비주얼 스튜디오 코드 설치 파일을 다운로드하세요.

9.1.1 mac에서 비주얼 스튜디오 코드 설치하기

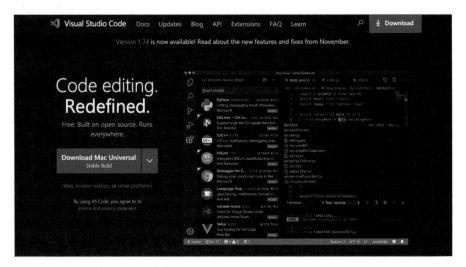

그림 9-1 비주얼 스튜디오 코드 다운로드 사이트

[Download Mac Universal] 버튼을 클릭하면 'VS Code-darwin-universal.zip' 파일이 다운로드됩니다. 압축을 해제하면 'Visual Studio Code'라는 실행 파일이 바로 생성됩니다. mac은 별도 설치 과정이 필요 없고 파일을 더블 클릭해서 바로 실행할 수 있습니다.

---

1 https://code.visualstudio.com

9.1.2 윈도우에서 비주얼 스튜디오 코드 설치하기

윈도우용 비주얼 스튜디오 코드 설치 파일을 내려받고 설치합니다. 사용권 계약 내용을 확인하고 [동의합니다]를 선택한 후 [다음] 버튼을 클릭합니다.

그림 9-2 사용권 계약 동의

비주얼 스튜디오 코드를 설치할 위치를 지정합니다. 여기서는 변경 없이 [다음] 버튼을 클릭합니다.

그림 9-3 설치 위치 선택

시작 메뉴 폴더를 선택하는 화면입니다. 변경 없이 [다음] 버튼을 클릭합니다.

그림 9-4 시작 메뉴 폴더 선택

선택된 기본 옵션을 그대로 유지하고 [다음] 버
튼을 클릭합니다.

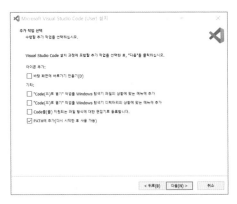

그림 9-5 추가 작업 선택

[설치] 버튼을 클릭합니다.

그림 9-6 설치 준비 완료

설치 완료 후 [종료] 버튼을 클릭해서 비주얼
스튜디오 코드를 실행합니다.

그림 9-7 설치 완료

9.2 Node.js 설치

Node.js의 공식 사이트[2]에 접속해서 Node.js을 다운로드합니다.

9.2.1 mac에서 Node.js 설치하기

다운로드 페이지에 2개의 버튼이 있습니다. 왼쪽 버튼은 LTS 버전으로 가장 안정화된 버전을 뜻하고, 오른쪽 다운로드 버튼은 현재 최신 버전입니다. 어떤 것을 설치해도 실습하는 사항에는 문제가 되지 않습니다. 책에서는 [18.13.0 LTS] 버전을 설치합니다.

참고로 Node.js는 버전 업그레이드 속도가 빠르기 때문에 책에서 안내하는 버전과 다를 수도 있습니다. 이와 상관없이 LTS를 설치하면 됩니다.

그림 9-8 Node.js 다운로드 사이트

[계속] 버튼을 클릭해서 다음 단계로 넘어갑니다.

그림 9-9 Node.js 소개

---

2 https://nodejs.org

소프트웨어 사용권 계약을 확인하고 [계속]
버튼을 클릭합니다.

그림 9-10 사용권 계약

설치할 폴더를 선택하고 [계속] 버튼을 클릭
합니다.

그림 9-11 대상 디스크 선택

표준 설치 방법으로 [계속] 버튼을 클릭해서
다음 단계로 이동합니다.

그림 9-12 설치 유형

설치가 완료되면 요약 정보를 확인할 수 있습니다.

그림 9-13 요약

9.2.2 윈도우에서 Node.js 설치하기

다운로드 페이지에 2개의 버튼이 있습니다. 왼쪽 버튼은 LTS 버전으로 가장 안정화된 버전을 뜻하고, 오른쪽 다운로드 버튼은 현재 최신 버전입니다. 어떤 것을 설치해도 실습하는 사항에는 문제가 되지 않습니다. 책에서는 [18.13.0 LTS] 버전을 설치합니다.

그림 9-14 Node.js 다운로드 사이트

다운받은 파일을 더블 클릭하면 Node.js를 설치하기 위한 'Setup Wizard'가 나타납니다. [Next] 버튼을 선택합니다.

그림 9-15 Node.js 설치(Wizard)

라이선스 동의 화면에서 체크 박스를 선택하고 [Next] 버튼을 선택합니다.

그림 9-16 라이선스 동의 화면

Node.js를 설치할 경로를 선택할 수 있는 화면입니다. 책에서는 기본 경로 그대로 진행합니다. [Next] 버튼을 선택합니다.

그림 9-17 경로 설정

설치할 프로그램을 선택할 수 있습니다. Node.js 런타임, Node.js 패키지 매니저, 온라인 문서 바로가기, 노드 명령어를 사용하기 위한 시스템 환경 변수, 이렇게 4가지를 선택할 수 있습니다. 기본적으로 4가지 모두 설치됩니다. [Next] 버튼을 선택합니다.

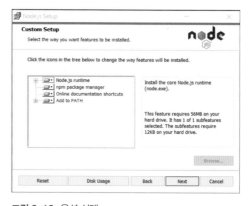

그림 9-18 옵션 선택

Native 모듈을 설치할 때 필요한 툴의 설치 여부를 선택하는 단계입니다. 체크 박스를 선택한 후 [Next] 버튼을 선택합니다.

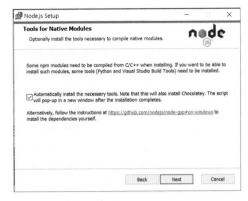

그림 9-19 추가 툴 선택

[Install] 버튼을 선택해서 Node.js 설치를 시작합니다.

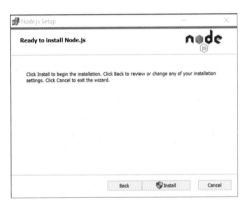

그림 9-20 설치 시작

사용자 계정 컨트롤 창이 나오면 [예] 버튼을 선택합니다.

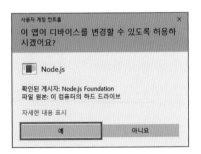

그림 9-21 사용자 계정 컨트롤

[Finish] 버튼을 선택해서 설치를 완료합
니다.

그림 9-22 Node.js 설치 완료

설치가 완료되면 추가 도구 설치 화면이 나
타납니다. 아무 키나 눌러서 설치를 진행합
니다.

그림 9-23 추가 툴 설치

설치하는 중간에 Windows PowerShell에 대한 사용
자 계정 컨트롤 창이 나타나면 [예] 버튼을 선택합니다.
여기서 [예]를 선택하지 않으면 나중에 비주얼 스튜디
오 코드의 터미널에서 노드 관련 명령어가 실행되지 않
기 때문에 반드시 [예]를 선택해야 합니다.

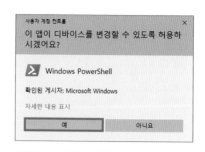

그림 9-24 사용자 계정 컨트롤

설치가 모두 완료되면 (Enter) 키를 입력해서 종료합니다.

```
관리자: Windows PowerShell                                                    —    □    ×
[5980:002a] [2021-08-16T18:41:23] Shutting down the application with exit code 0
[5980:0001] [2021-08-16T18:41:23] Releasing singleton lock.
[5980:0001] [2021-08-16T18:41:23] Releasing singleton lock succeed.
[5980:0001] [2021-08-16T18:41:23] Releasing singleton lock.
[5980:0001] [2021-08-16T18:41:23] Singleton lock does not exist. Releasing singleton lock skipped.
[5980:0001] [2021-08-16T18:41:23] Closing the installer with exit code 0
[5980:0001] [2021-08-16T18:41:23] Exit Code: 0
[5980:0001] [2021-08-16T18:41:23] Cleared previous session ID.
visualstudio2019-workload-vctools has been installed.
 visualstudio2019-workload-vctools may be able to be automatically uninstalled.
The upgrade of visualstudio2019-workload-vctools was successful.
 Software install location not explicitly set, could be in package or
 default install location if installer

Chocolatey upgraded 17/17 packages.
 See the log for details (C:\ProgramData\chocolatey\logs\chocolatey.log).

Upgraded:
 - chocolatey-dotnetfx.extension v1.0.1
 - kb3033929 v1.0.5
 - visualstudio2019buildtools v16.10.4.0
 - python3 v3.9.6
 - chocolatey-windowsupdate.extension v1.0.4
 - vcredist140 v14.29.30133
 - kb2999226 v1.0.20181019
 - visualstudio-installer v2.0.1
 - kb2919355 v1.0.20160915
 - chocolatey-core.extension v1.3.5.1
 - kb2919442 v1.0.20160915
 - chocolatey-visualstudio.extension v1.9.0
 - vcredist2015 v14.0.24215.20170201
 - dotnetfx v4.8.0.20190930
 - visualstudio2019-workload-vctools v1.0.1
 - kb3035131 v1.0.3
 - python v3.9.6
Type ENTER to exit: _
```

그림 9-25 추가 툴 설치 완료

Node.js 설치가 끝나면 앞서 설치한 비주얼 스튜디오 코드를 실행합니다. 터미널 창을 열기 위해 메뉴에서 [View] 〉 [Terminal] 또는 [Terminal] 〉 [New Terminal]을 선택합니다.

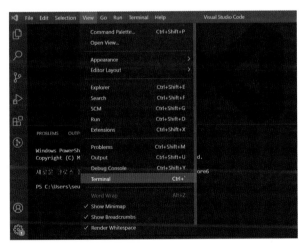

그림 9-26 터미널 열기

윈도우는 터미널 기본 모드가 PowerShell로 되어 있습니다. 터미널에서 다음 명령어를 입력하여 노드의 버전이 출력되는지 확인합니다.

```
node -v
```

우리는 npm을 이용하여 다양한 패키지를 설치할 것이기 때문에 npm이 정상적으로 설치되었는지도 확인하겠습니다. npm은 노드가 설치될 때 자동으로 함께 설치됩니다.

```
npm -v
```

Node.js가 올바르게 설치되었다면 다음 그림처럼 노드 버전과 npm 버전이 출력됩니다.

그림 9-27 Node.js 버전 확인

PowerShell에서 사용자 컴퓨터의 설정에 따라 명령어가 실행되지 않는 경우가 간혹 있습니다. 만약 비주얼 스튜디오 코드의 터미널에서 스크립트 오류가 발생한다면 다음과 같이 권한설정을 바꿔야 합니다.

Windows PowerShell을 관리자 권한으로 실행합니다.

그림 9-28 PowerShell 관리자로 실행

'get-ExecutionPolicy' 명령어를 실행합니다.

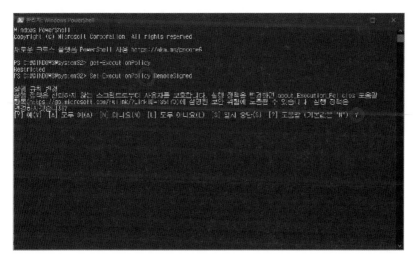

그림 9-29 ExecutionPolicy 확인

'Restricted'로 되어 있다면 'Set-ExecutionPolicy RemoteSigned' 명령어를 실행합니다.

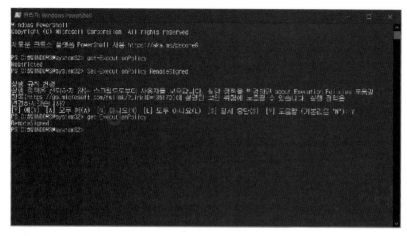

그림 9-30 ExecutionPolicy 변경

터미널에서 node.js 버전을 확인하기 위해 **node -v** 명령어를 입력하면 설치되어 있는 Node. js 버전을 확인할 수 있습니다. **npm -v** 명령어를 입력해서 npm 버전도 확인하겠습니다. npm 은 Node.js가 설치되면 자동으로 설치됩니다.

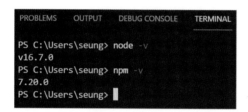

그림 9-31 터미널에서 node 버전 확인

9.3 유용한 비주얼 스튜디오 코드 확장 프로그램 설치

비주얼 스튜디오 코드에서는 웹 개발을 더욱 편리하게 할 수 있는 확장^{extension} 프로그램을 설치할 수 있습니다. 확장 프로그램은 좌측 [Extensions] 메뉴를 클릭하거나 mac에서는 ⌘+Shift+X, 윈도우에서는 Ctrl+Shift+X를 입력하면 나타납니다.

9.3.1 HTML CSS Support

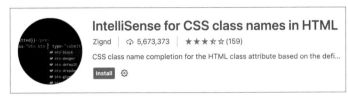

그림 9-32 HTML CSS Support

HTML CSS Support는 HTML 요소의 class 속성을 위한 CSS 클래스명 자동 완성 기능을 제공합니다. CSS 스타일 시트에 정의한 내용을 바탕으로 클래스명을 빠르게 자동 완성할 수 있기 때문에 개발자는 CSS 스타일 시트를 오가면서 클래스명을 확인하고 HTML 요소에 반영하는 시간을 줄일 수 있습니다.

9.3.2 HTML Boilerplate

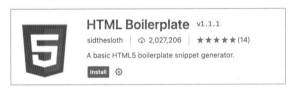

그림 9-33 HTML Snippets

HTML Boilerplate는 HTML 태그에 대한 자동 완성 기능을 제공합니다. 이런 특정 코드 블록에 대한 자동 완성 기능을 코드 스니펫snippet이라고 합니다. 여기서 스니펫은 재사용 가능한 코드의 작은 조각이라고 생각하면 됩니다. 예를 들어 select라는 키워드 입력 후 [Enter] 키를 입력하면 `<select name="" id=""></select>`와 같이 select 태그에 대한 코드 블록을 자동으로 완성해줍니다.

9.3.3 JavaScript(ES6) code snippets

JavaScript (ES6) code snippets v1.8.0
charalampos karypidis
10,783,715
★★★★★ (36)
Code snippets for JavaScript in ES6 syntax
Install

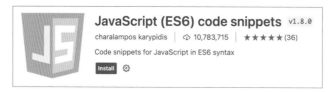

그림 9-34 JavaScript code snippets

JavaScript(ES6) code snippets는 ES6를 포함한 자바스크립트 코드 자동 완성을 지원합니다. 예를 들어 for 키워드를 입력하면 [그림 9-35]와 같이 snippet에 등록된 5개의 코드 블록을 선택할 수 있는 가이드가 나타나며, 이 중 하나를 선택하면 자동으로 코드가 완성됩니다.

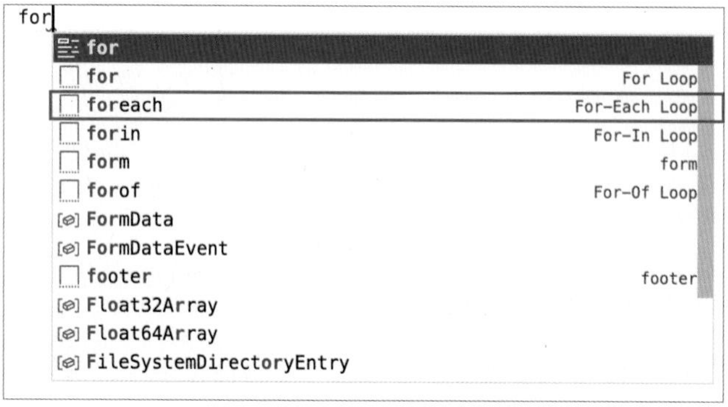

for
for
for For Loop
foreach For-Each Loop
forin For-In Loop
form form
forof For-Of Loop
FormData
FormDataEvent
footer footer
Float32Array
Float64Array
FileSystemDirectoryEntry

그림 9-35 코드 완성 가이드

다음은 첫 번째 [for(For Loop)]를 선택했을 때 자동으로 완성된 코드입니다.

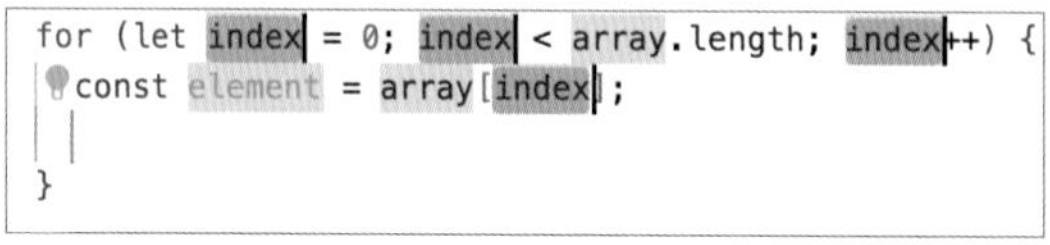

for (let index = 0; index < array.length; index++) {
const element = array[index];
}

그림 9-36 코드 자동 완성

9.3.4 ESLint

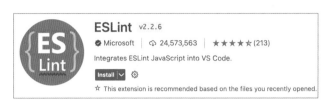

그림 9-37 ESLint

ESLint는 ES와 Lint를 합친 말입니다. ES는 ECMA Script의 줄임말이고 Lint는 소스 코드를 분석하여 프로그램 오류, 버그, 스타일 오류, 의심스러운 구조체에 표시하기 위한 도구입니다. 즉, ESLint는 자바스크립트 문법의 오류를 찾아주는 확장 프로그램입니다.

9.3.5 Prettier ESLint

그림 9-38 Prettier

Prettier ESLint는 자바스크립트와 타입스크립트 코드를 prettier-eslint 패키지에 정의된 ESLint 구성에 따라 코드 포맷 스타일을 자동으로 변경해주는 확장 프로그램입니다. 이 확장 프로그램은 prettier를 통해 코드의 형식을 지정한 다음 그 결과를 eslint--fix에 전달합니다. 이렇게 하면 prettier의 우수한 서식 기능과 Eslint의 구성 기능 모두 이점으로 얻을 수 있습니다.

9.3.6 Live Server

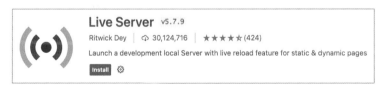

그림 9-39 Live Server

Live Server는 로컬에서 HTML 파일을 바로 웹서버로 실행할 수 있도록 해주는 확장 프로그램입니다. Live Server로 HTML 파일을 실행하면 비주얼 스튜디오 코드에서 코드를 수정하고 저장할 때마다 실행된 웹페이지를 새로고침하지 않아도 즉각적으로 반영되기 때문에 편리합니다.

9.3.7 Code Runner

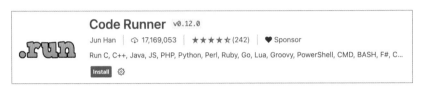

그림 9-40 Code Runner

Code Runner는 C, 자바, 파이썬, 자바스크립트 등의 언어로 개발된 코드를 바로 실행할 수 있게 해주는 확장 프로그램입니다. Code Runner를 설치하면 [그림 9-41]과 같이 비주얼 스튜디오 코드 우측 상단에 코드를 실행할 수 있는 삼각형 버튼이 나타납니다.

그림 9-41 코드 실행 버튼

이 버튼을 클릭하면 현재 파일에 작성된 코드가 실행되고 그 결과를 [그림 9-42]와 같이 [OUTPUT] 탭에 출력합니다.

그림 9-42 OUTPUT 탭에 코드 실행 결과 출력

9.3.8 CSS Peek

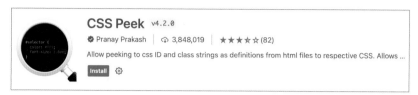

그림 9-43 OUTPUT 탭으로 코드 실행 결과 출력

CSS Peek은 HTML 요소에 작성된 클래스명을 클릭하면 CSS 파일에서 바로 찾아갈 수 있는
기능을 제공합니다.

마치며

이 책의 마지막 페이지를 넘기는 여러분이 '더 나은 웹 개발자'가 되었기를 바라는 마음으로 마지막 글을 적습니다.

우리는 단순히 HTML, CSS, 자바스크립트만을 배워서 웹을 개발하는 것이 아니라 다양한 기기 환경에 최적화된 웹을 어떻게 구축할지, 사용자 중심의 웹을 어떻게 효과적으로 제공할지 고민해야 합니다. 또한 누구나 사용할 수 있는 웹을 만드는 것이 웹 개발자의 책임이라는 것을 잊지 말아야 합니다. 그리고 무엇보다 계속해서 발전하고 변화하는 웹 세계에서 그 변화의 중심에 서야 합니다. 그렇게 함으로써 더 나은 웹 그리고 더 나은 미래를 만들 수 있습니다.

이 책은 우리가 매일 접하는 웹이 얼마나 빠르게 변화하고 있는지 보여줍니다. 그리고 기존의 웹 개발 방식에서 벗어나 더 나은 웹을 만들 수 있는 새로운 관점을 제시합니다. 이 책을 통해 다양한 실무 기술을 익히는 것을 넘어서 여러분 스스로가 더 나은 웹 개발자가 되는 여정을 시작하길 바랍니다. 그리고 모든 사람이 동등하게 정보에 접근할 수 있는 웹을 만드는 웹 개발자로 성장하길 희망합니다. 결국, 빠르게 변화하는 웹 개발 분야에서 진정한 마스터가 되는 길은 자신에게 달려 있습니다. 새로운 기술을 습득하고 실무 경험을 쌓는 것도 중요하지만 그 이상으로 필요한 것은 끊임없는 호기심과 배우는 것에 대한 열정입니다. 이것이 여러분을 진정한 웹 개발 전문가로 이끌 것입니다.

마지막으로, 이 책이 더 나은 웹 개발자가 되는 데 도움이 된다면 저는 매우 큰 보람을 느낄 것입니다. 이 책을 집필하며 여러분과 함께할 수 있어서 행복했습니다. 지금 이 페이지를 읽고 있는 여러분이 더 나은 웹 개발자 그리고 더 나은 미래를 만드는 사람으로 성장했기를 바랍니다. 감사합니다.

찾아보기

찾아보기

찾아보기

찾아보기

찾아보기